Verbtabellen Plus
ITALIENISCH

Mit Online-Übungen und -Lernvideos

von
Mimma Diaco
Laura Kraft
Giuglio Recchia

PONS

Verbtabellen Plus
ITALIENISCH

Mit Online-Übungen und -Lernvideos

von
Mimma Diaco
Laura Kraft
Giuglio Recchia

Der digitale Zugang zu den online angebotenen Zusatzmaterialien ist für mindestens zwei Jahre nach Erscheinen der aktuellen Auflage gewährleistet.

Basiert auf ISBN 978-3-12-562209-8.

Bildquellen:
Adobe Stock: **71.1** (yanlev); **Fotolia:** **75.1** (ingenium-design.de); **81.1** (germanskydive110); **83.1** (lunamarina); **91.1** (lassedesignen); **93.1** (Guy Shapira); **99.1** (Jakub Krechowicz); **107.1** (vege); **111.1** (gerald schilling); **113.1** (styf); **117.1** (Fırat); **119.1** (Lane Erickson); **135.1** (fotografci); **137.1** (BlueOrange Studio); **159.1** (Sandra Neumann); **183.1** (effe45); **187.1** (Nawez); **Getty Images:** **U1** (Corey Jenkins); **65.1** (Klaus Vedfelt); **69.1** (Yellow Dog Productions); **85.1** (ilbusca); **iStockphoto:** **6.2** (Dio5050); **6.4** (Moncherie); **6.3, 30.5** (TommL); **47.1** (Trista Weibell); **53.1** (ola, p); **55.1** (Alexander Blinow); **59.1** (kryczka); **95.1** (Sean Locke); **103.1** (lisegagne); **105.1** (Andresr); **127.1** (Jim Jurica); **163.1** (michele princigalli); **167.1** (webphotographeer); **171.1** (peter anderson); **PONS Archiv:** **6.1, 35.2, 41.2, 47.2, 49.2, 49.2, 51.2, 51.2, 53.2, 57.2, 57.2, 59.2, 59.2, 63.2, 63.2, 65.2, 65.2, 67.2, 71.2, 73.2, 75.2, 81.2, 81.2, 87.2, 89.2, 93.2, 95.2, 97.2, 99.2, 103.2, 105.2, 107.2, 113.2, 113.2, 115.2, 117.2, 119.2, 121.2, 123.2, 125.2, 127.2, 129.2, 131.2, 135.2, 137.2, 139.2, 141.2, 153.2, 155.2, 157.2, 159.2, 161.2, 165.2, 167.2, 169.2, 171.2, 175.2, 177.2, 179.2, 181.2, 185.2, 187.2, 195.2, 198.2, 200.2, 203.2, 204.2** (Vlado Golub); **PONS GmbH:** **113.3** (PONS GmbH); **Shutterstock:** **6.9** (Korn); **6.4, 6.5, 6.7, 6.8** (Sashkin); **7.3** (Elnur); **7.4, 7.6** (In Green); **7.1** (Phase4Photography); **51.1** (Renata Osinska); **57.1** (Katharina Wittfeld); **61.1.** (Diego Cervo); **63.1** (wavebreakmedia); **67.1** (Lotus_studio); **73.1** (Refat); **77.1** (Sagar Rajgor); **87.1** (Miroslava Vasileva Arnaudova); **89.1** (Dmitriy Shironosov); **101.1** (Kzenon); **109.1** (Serg Zastavkin); **115.1** (matka, Wariatka); **121.41** (Irina Magrelo); **123.1** (300dpi); **125.1** (Nikodash); **129.1** (CaptureLight); **131.1** (AISPIX); **133.1** (Stefano Chiacchiarini '74); **139.1** (altanaka); **141.1** (Suzanne Tucker); **157.1** (Elena Schweitzer); **161.1** (Pressmaster); **165.1** (mashe); **169.1** (Jostein Hauge); **173.1** (Lana K); **175.1** (Vixit); **177.1** (Ninell); **179.1** (conrado); **181.1** (QQ7); **185.1** (holbox); **Thinkstock:** **49.1** (Purestock); **79.1** (Digital Vision); **97.1** (g-stockstudio)

3. Auflage 2025

Redaktion: Francesca Giamboni, Christine Lippet, Regina Reinboth-Kämpf, Arkadiusz Wrobel
Redaktionelle Mitarbeit: Joachim Neubold, Federica Loreggian, Jacqueline Broghammer
Logoentwurf: Erwin Poell, Heidelberg
Logoüberarbeitung: Sabine Redlin, Ludwigsburg
Layout/Satz: Satzkasten, Stuttgart
Druck und Bindung: Multiprint Ltd., Kostinbrod

ISBN: 978-3-12-566004-5

Inhalt

So benutzen Sie dieses Buch ... 4
Lerntipps ... 6
Alphabetische Verbliste Italienisch - Deutsch ... 8
Alphabetische Verbliste Deutsch - Italienisch ... 26
Grammatikbegriffe im Überblick ... 45
Verbkonjugation und Anwendung ... 46
Hilfsverb essere ... 46
Hilfsverb avere ... 48
Verben der 1. Konjugation ... 50
Musterverb auf -are: amare ... 50
Sonderfälle und unregelmäßige Verben auf -are ... 52
Verben der 2. Konjugation ... 74
Musterverb auf -ere: battere ... 74
Musterverb auf -ere: credere ... 76
Sonderfälle und unregelmäßige Verben auf -ere ... 78
Verben der 3. Konjugation ... 156
Musterverb auf -ire: sentire ... 156
Sonderfälle und unregelmäßige Verben auf -ire ... 158
Passiv mit essere ... 182
Passiv mit venire ... 184
Reflexives Musterverb: lavarsi ... 186
Präpositionen der häufigsten Verben ... 188
Grammatik ... 192
Die Formen der regelmäßigen Verben ... 192
Der Indikativ ... 197
Das Presente ... 197
Das Passato prossimo ... 198
Das Passato remoto ... 198
Das Imperfetto ... 199
Gegenüberstellung von Imperfetto und Passato prossimo ... 200
Das Futuro und das Futuro anteriore ... 201
Der Imperativo - Die Befehlsform ... 202
Der Condizionale ... 202
Der Congiuntivo ... 203
Der Bedingungssatz ... 204
Das Gerundium ... 205
Der Infinitiv ... 206

So benutzen Sie dieses Buch

In den Konjugationstabellen sind alle wichtigen Konjugationsmuster der italienischen Verben dargestellt, ob regelmäßig oder unregelmäßig.
In der alphabetischen Verbliste am Anfang des Buches finden Sie die gängigsten Verben der italienischen und deutschen Sprache. Die Nummern neben den Verben verweisen auf die entsprechenden Konjugationsmuster, nach denen sich die Verben konjugieren lassen.
In der Kurzgrammatik bekommen Sie einen Überblick über die Bildung und den Gebrauch der Zeitformen und erfahren auch Wissenswertes zu den Verbkategorien.
Im Anhang finden Sie zusätzlich noch zahlreiche Beispielsätze, die Ihnen bei der Wahl der richtigen Präpositionen für die italienischen Verben helfen.

So arbeiten Sie mit den Konjugationstabellen

1. In der **alphabetischen Wortliste** (S. 8-44) Verb und Konjugationsnummer suchen.

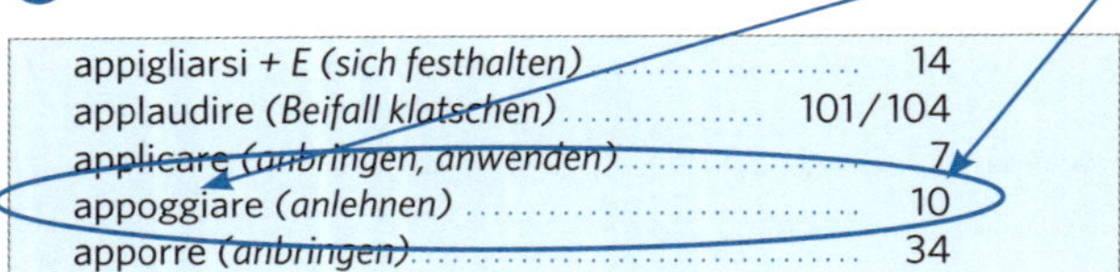

appigliarsi + *E (sich festhalten)* 14
applaudire *(Beifall klatschen)* 101/104
applicare *(anbringen, anwenden)* 7
appoggiare *(anlehnen)* 10
apporre *(anbringen)* 34

2. In den **Konjugationstabellen** (S. 46-201) zum Musterverb mit der entsprechenden Nummer blättern.

10 mangiare
essen

Regelmäßiges Verb, aber:
-gi- + -e- wird -ge- / -gi- + -i- wird -gi-

Indicativo			Congiuntivo	Condizionale
Presente	**Passato prossimo**		**Presente**	**Presente**
mangio	ho	mangiato	mangi	mangerei
mangi	hai	mangiato	mangi	mangeresti
mangia	ha	mangiato	mangi	mangerebbe
mangiamo	abbiamo	mangiato	mangiamo	mangeremmo
mangiate	avete	mangiato	mangiate	mangereste
mangiano	hanno	mangiato	mangino	mangerebbero

3. Das **gesuchte Verb** wird genau so konjugiert wie das Musterverb unter der entsprechenden Nummer.

Da das im Beispiel gesuchte Verb **appoggiare** genau so konjugiert wird wie das Musterverb **mangiare**, können Sie hier das Konjugationsmuster von **mangiare** auf das Verb **appoggiare** übertragen und die Formen selbst bilden.

appoggio
appoggi
appoggia
appoggiamo
appoggiate
appoggiano

So benutzen Sie dieses Buch

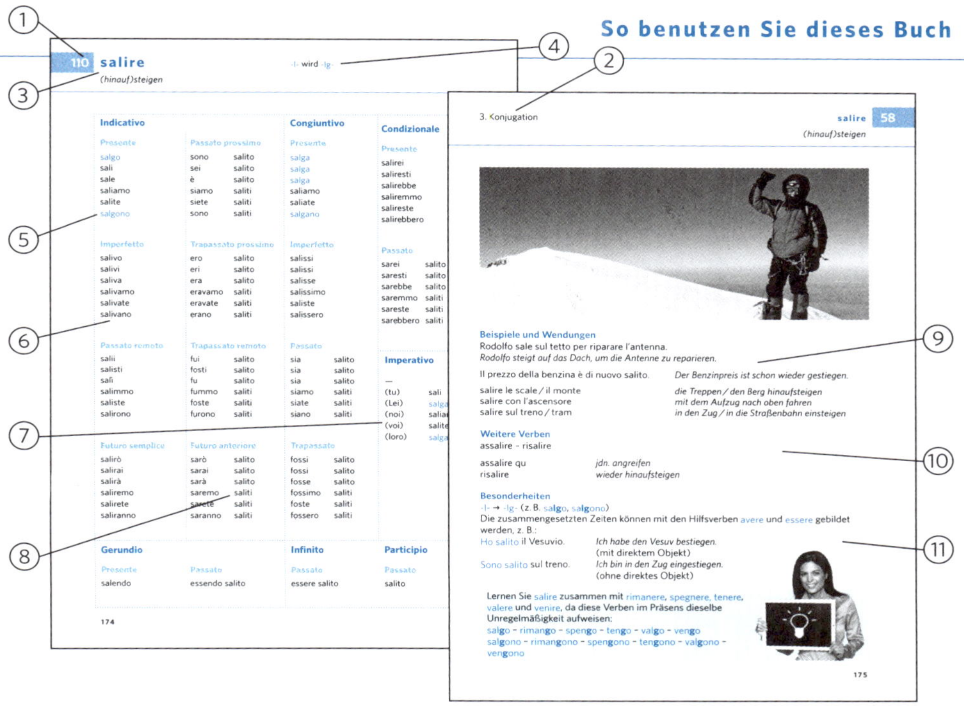

110 **salire** -l- wird -lg-
(hinauf)steigen

Indicativo		Congiuntivo	Condizionale
Presente	Passato prossimo	Presente	Presente
salgo	sono salito	salga	salirei
sali	sei salito	salga	saliresti
sale	è salito	salga	salirebbe
saliamo	siamo saliti	saliamo	saliremmo
salite	siete saliti	saliate	salireste
salgono	sono saliti	salgano	salirebbero
Imperfetto	Trapassato prossimo	Imperfetto	Passato
salivo	ero salito	salissi	sarei salito
salivi	eri salito	salissi	saresti salito
saliva	era salito	salisse	sarebbe salito
salivamo	eravamo saliti	salissimo	saremmo saliti
salivate	eravate saliti	saliste	sareste saliti
salivano	erano saliti	salissero	sarebbero saliti
Passato remoto	Trapassato remoto	Passato	Imperativo
salii	fui salito	sia salito	—
salisti	fosti salito	sia salito	(tu) sali
salì	fu salito	sia salito	(Lei) salga
salimmo	fummo saliti	siamo saliti	(noi) saliamo
saliste	foste saliti	siate saliti	(voi) salite
salirono	furono saliti	siano saliti	(loro) salgano
Futuro semplice	Futuro anteriore	Trapassato	
salirò	sarò salito	fossi salito	
salirai	sarai salito	fossi salito	
salirà	sarà salito	fosse salito	
saliremo	saremo saliti	fossimo saliti	
salirete	sarete saliti	foste saliti	
saliranno	saranno saliti	fossero saliti	

Gerundio		Infinito	Participio
Presente	Passato	Passato	Passato
salendo	essendo salito	essere salito	salito

174

3. Konjugation — **salire** 58
(hinauf)steigen

Beispiele und Wendungen
Rodolfo sale sul tetto per riparare l'antenna.
Rodolfo steigt auf das Dach, um die Antenne zu reparieren.
Il prezzo della benzina è di nuovo salito. — *Der Benzinpreis ist schon wieder gestiegen.*
salire le scale / il monte — *die Treppen / den Berg hinaufsteigen*
salire con l'ascensore — *mit dem Aufzug nach oben fahren*
salire sul treno / tram — *in den Zug / in die Straßenbahn einsteigen*

Weitere Verben
assalire - risalire
assalire qu — *jdn. angreifen*
risalire — *wieder hinaufsteigen*

Besonderheiten
-l- → -lg- (z. B. salgo, salgono)
Die zusammengesetzten Zeiten können mit den Hilfsverben avere und essere gebildet werden, z. B.:
Ho salito il Vesuvio. — *Ich habe den Vesuv bestiegen.* (mit direktem Objekt)
Sono salito sul treno. — *Ich bin in den Zug eingestiegen.* (ohne direktes Objekt)

Lernen Sie salire zusammen mit rimanere, spegnere, tenere, valere und venire, da diese Verben im Präsens dieselbe Unregelmäßigkeit aufweisen:
salgo - rimango - spengo - tengo - valgo - vengo
salgono - rimangono - spengono - tengono - valgono - vengono

175

1. Konjugationsnummer: Nach diesem Muster lassen sich alle Verben konjugieren, denen in den Verblisten dieselbe Nummer zugeordnet ist.
2. Verbgruppe: Gibt an, zu welcher der drei italienischen Verbgruppen das Musterverb gehört (1. Konjugation: Verben auf -are; 2. Konjugation: Verben auf -ere; 3. Konjugation: Verben auf -ire).
3. Musterverb mit Übersetzung.
4. Kurzcharakteristik: Merksatz zu den Besonderheiten und Unregelmäßigkeiten des Konjugationsmusters.
5. Farbliche Hervorhebung aller Formen, die vom regelmäßigen Konjugationsschema abweichen.
6. Betonungspunkte: Die meisten italienischen Wörter werden auf der vorletzten Silbe betont. Weicht eine Verbform von dieser Regel ab, ist die betonte Silbe durch einen Punkt gekennzeichnet.
7. Personalpronomen sind nicht aufgeführt, da diese in der Regel nur zur Betonung gebraucht werden. Lediglich beim Imperativ sind sie zur besseren Orientierung angegeben.
8. Verzicht auf feminine Formen: Aus Gründen der Übersichtlichkeit steht bei den mit *essere* konjugierten Verben lediglich die maskuline Form des Partizips.
9. Beispiele und Wendungen.
10. Weitere Verben: Eine Auswahl der geläufigsten Verben, die wie das Musterverb konjugiert werden.
11. Besonderheiten bei der Konjugation oder beim Gebrauch dieser Verben.

▶ Zu diesen Verbtabellen stehen Ihnen außerdem 5 Lernvideos online zur Verfügung, in denen Ihnen der Gebrauch bzw. die Bildung besonders wichtiger Verbformen erklärt wird.

So lernen Sie Verbkonjugationen

Mehrmals abschreiben

Haben Sie mit einer Konjugation Schwierigkeiten, dann schreiben Sie das Verb mehrmals ab, das hilft sich die Formen einzuprägen. Markieren Sie dann die Endungen und Besonderheiten einzelner Verbformen farbig.

Ähnliche Verben

Viele unregelmäßige Verben werden ähnlich konjugiert. Lernen Sie diese immer gemeinsam!

Tonfall ändern

Merken Sie sich die Verbformen in Beispielsätzen und sprechen Sie die konjugierten Formen mit dem zum Verb passenden Tonfall. Das Verb *hassen* sprechen Sie dann natürlich völlig anders als z. B. das Verb *lieben*.

Beispielsätze

Neue Wendungen und Verben können Sie effektiver lernen, indem Sie versuchen, sie in Beispielsätzen zu gebrauchen.
Am Besten ist ein Zusammenhang, der mit Ihrem eigenen Leben zu tun hat, denn das können Sie sich am besten merken.
Sie können zum Beispiel Ihre morgendlichen Aktivitäten durchgehen.

Textstellen markieren

Das Markieren von Textstellen oder Wörtern ermöglicht es, verschiedene Aspekte einer Fremdsprache gezielt zu üben. So können Sie zum Beispiel eine Zeitform, die Sie gerade gelernt haben, im Text markieren und in den unterschiedlichen Zusammenhängen lernen.

Synonyme und Antonyme

Erweitern Sie schnell Ihren Wortschatz, indem Sie Verben immer gleich mit dem Gegenteil (z. B. *nehmen ≠ geben*), oder mit einem Synonym (z. B. *nehmen = ergreifen*) lernen.

Verb + Präposition

Wenn ein Verb eine bestimmte Präposition braucht, dann lernen Sie diese immer mit – am besten in einem Satz.

Mehrmals pro Woche lernen

Setzen Sie sich beim Sprachenlernen realistische Ziele. Es braucht Zeit, eine Sprache zu lernen – also nehmen Sie sich nicht zu viel vor! Besser Sie lernen mehrmals pro Woche eine halbe Stunde, als nur einmal 5 Stunden.

Mit Bildern lernen

Bilder, die Ihnen irgendwie auffallen, eignen sich hervorragend zum Lernen von Wörtern und Wendungen. Entsprechendes Bildmaterial finden Sie überall: in Zeitungen, Zeitschriften und Kalendern. Schneiden Sie das aus, was Sie fasziniert, kleben Sie es in Ihr Vokabelheft und schreiben Sie dann auf, was Ihnen dazu einfällt: Reaktionen, Überlegungen, Gedankenassoziationen oder auch nur einzelne Wörter.

Vokabelkärtchen

Auch Verbformen können wie Vokabeln mit Vokabelkärtchen gelernt werden. Schreiben Sie sich dazu je eine Verbform auf ein Kärtchen und den Infinitiv mit Beschreibung der Verbform auf die Rückseite. Sie müssen dabei nicht alle Verbformen verwenden – wählen Sie einfach die aus, die am häufigsten sind, und die, die Ihnen am schwersten fallen. Testen Sie nun Ihre Kenntnisse, indem Sie immer die Seite mit dem Infinitiv ansehen und die passende Form dazu bilden.

Vorsingen

Wenn Sie musikalisch sind, hilft es Ihnen vielleicht, wenn Sie kleine Melodien erfinden und sich die Konjugationsmuster oder die Formen mit den Stammvokalwechseln vorsingen. Experimentieren Sie mit Tonhöhe und Rhythmus, oder probieren Sie einen Rap – so prägen Sie sich vor allem häufige Muster gut ein.

Sich aufnehmen

Wenn Sie zu den Menschen gehören, die gut durch Hören lernen können, dann hören Sie sich selbst zu! Nehmen Sie sich beim Sprechen der Verbkonjugationen auf und hören Sie sich immer wieder an.
Sie können bei der Aufnahme auch Pausen machen, in denen Sie das Gehörte dann noch zusätzlich nachsprechen können.

Würfeln

Trainieren Sie die Konjugationen unregelmäßiger Verben, indem Sie würfeln. Sie brauchen dazu zwei sechsseitige Würfel. Einen Würfel müssen Sie ein bisschen präparieren und auf jede Würfelseite ein Stück Papier mit einer anderen Zeitform kleben. Denken Sie sich nun ein unregelmäßiges Verb und würfeln Sie mit beiden Würfeln. Der normale Würfel gibt die Person vor (z. B. 1 - *ich*; 2 - *du*; 3 - *er, sie, es*; 4 - *wir*; 5 - *ihr*; 6 - *sie*), der Zeitenwürfel die entsprechende Zeitform. Bilden Sie die korrekte Form und auf zur nächsten Runde!

Memory

Basteln Sie Memory-Kärtchen! Die Paare können aus Infinitiv- und Partizipformen oder aus Präsens- und Vergangenheitsformen etc. bestehen, je nachdem, was Sie besonders üben wollen. Vielleicht finden Sie noch weitere Personen zum Mitspielen.

Alphabetische Verbliste Italienisch - Deutsch

In der nachstehenden Liste sind einige der wichtigsten regelmäßigen und unregelmäßigen italienischen Verben in alphabetischer Folge aufgeführt. Die Zahlen verweisen auf die Konjugationsnummern der in diesem Buch beispielhaft konjugierten Verben. Diese Musterverben sind blau hervorgehoben.
Verben, deren zusammengesetzte Zeiten mit dem Hilfsverb essere gebildet werden, sind durch + *E* gekennzeichnet, Verben mit wechselndem Gebrauch sind mit + *A/E* markiert. Alle übrigen Verben bilden die zusammengesetzten Zeiten mit avere.

Weitere verwendete Abkürzungen:
(-) = fehlt
cond. = Condizionale presente
fut. = Futuro semplice
p.p. = Participio passato
p.r. = Passato remoto
pres. = Presente
verbo imp. = verbo impersonale (unpersönliches Verb)

A

abbagliare *(blenden)* ... 14
abbaiare *(bellen)* ... 13
abbandonare *(verlassen)* ... 3
abbellire *(verschönern)* ... 104
abbigliare *(kleiden)* ... 14
abboccare *(anbeißen)* ... 7
abbracciare *(umarmen)* ... 6
abbreviare *(abkürzen)* ... 13
abbronzarsi + *E (sich bräunen)* ... 3
abbrustolire *(rösten)* ... 104
abbrutire *(verrohen)* ... 104
abdicare *(abdanken)* ... 7
abitare *(wohnen)* ... 3
abituarsi + *E (sich gewöhnen)* ... 3
abolire *(abschaffen)* ... 104
aborrire *(verabscheuen)* ... 104/101
abortire *(abtreiben)* ... 104
abrogare *(außer Kraft setzen)* ... 11
accadere + *E (geschehen)* ... 18
accalappiare *(einfangen)* ... 13
accalcare *(zusammenpferchen)* ... 7
accanirsi + *E (sich erbosen)* ... 104
accapigliarsi + *E (sich raufen)* ... 14
accasciarsi + *E (zusammensinken)* ... 9
accecare + *A/E (blind machen/erblinden)* ... 7
accelerare *(beschleunigen)* ... 3
accendere *(anzünden, einschalten)* ... 83
accerchiare *(umzingeln)* ... 13
accettare *(annehmen)* ... 3
accingersi + *E (sich anschicken)* ... 69
accludere *(beifügen)* ... 20
accogliere *(empfangen)* ... 21
accompagnare *(begleiten)* ... 3
accondiscendere *(einwilligen)* ... 83
acconsentire *(zustimmen)* ... 101
accontentare *(zufrieden stellen)* ... 3
accoppiare *(paaren)* ... 13
accorciare + *A/E (kürzen/kürzer werden)* ... 6
accorgersi + *E (bemerken)* ... 94
accorrere *(herbeieilen)* ... 57
accovacciarsi + *E (sich kauern)* ... 6
accrescere + *A/E (vergrößern/wachsen)* ... 58
accucciarsi + *E (sich hinlegen)* ... 6
accudire *(pflegen)* ... 104
accusare *(vorwerfen)* ... 3
acquisire *(erwerben)* ... 104
acquistare *(kaufen)* ... 3
acuire *(verschärfen)* ... 104
adagiare *(hinlegen)* ... 10
addirsi + *E, (-) p.r., (-) p.p. (geeignet sein)* ... 25
addivenire *(gelangen)* ... 113
addolcire *(süßen)* ... 104
addolcirsi + *E (sanfter werden)* ... 104
addomesticare *(zähmen)* ... 7
addormentarsi + *E (einschlafen)* ... 3
addurre *(vorbringen)* ... 23
adempiere *(erfüllen)* ... 22
adempire *(erfüllen)* ... 109
aderire *(haften, beitreten)* ... 104
adibire *(benutzen)* ... 104
adocchiare *(erspähen)* ... 13
adoperare *(benutzen)* ... 3
affacciarsi + *E (sich zeigen)* ... 6
affaticare *(anstrengen)* ... 7
affiancare *(nebeneinanderstellen)* ... 7
affibbiare *(zuschnallen)* ... 13

affievolirsi + *E* *(schwächer werden)* 104
affiggere *(anbringen)* 49
affittare *(vermieten, mieten)* 3
affliggere *(bedrücken)* 68
afflosciarsi + *E* *(schlaff werden)* 9
affluire + *E* *(fließen)* 104
affogare + *A/E* *(ertränken / ertrinken)* 11
affrancare *(frankieren)* 7
affumicare *(räuchern)* 7
agganciare *(zuschnallen, anhängen)* 6
agghiacciare + *A/E* *(gefrieren lassen/gefrieren)* 6
aggiogare *(einspannen)* 11
aggiungere *(hinzufügen)* 73
aggiustare *(reparieren)* 3
aggredire *(angreifen)* 104
aggregare *(angliedern)* 11
aggrovigliare *(aufrollen)* 14
agire *(handeln)* 104
aiutare *(helfen)* 3
albeggiare + *E* *(dämmern)* 10
albergare *(bewirten)* 11
allacciare *(zubinden)* 6
allargare *(erweitern)* 11
allegare *(beifügen)* 11
alleggerire *(leichter machen)* 104
allestire *(organisieren)* 104
alleviare *(erleichtern)* 13
allibire + *E* *(erstarren)* 104
alloggiare *(unterbringen)* 10
alludere *(anspielen)* 20
allungare *(verlängern)* 11
alzarsi + *E* *(aufstehen)* 3
amare *(lieben)* 3
ambire *(anstreben)* 104
ammaccare *(verbeulen)* 7
ammaliare *(bezaubern)* 5
ammattire + *E* *(verrückt werden)* 104
ammettere *(zugeben)* 77
ammiccare *(zuzwinkern)* 7
ammirare *(bewundern)* 3
ammobiliare *(möblieren)* 13
ammonire *(ermahnen)* 104
ammorbidire + *A / E*
(weich machen / weich werden) 104
ammucchiare *(anhäufen)* 13
ammuffire + *E* *(verschimmeln)* 104
ammutolire + *E* *(verstummen)* 104
amnistiare *(begnadigen)* 5
ampliare *(vergrößern)* 5
amplificare *(erweitern)* 7
andare + *E* *(gehen)* 4
angosciare *(ängstigen)* 9
angustiare *(bedrücken)* 13
annaffiare *(gießen)* 13
annebbiare *(vernebeln)* 13
annegare + *A / E* *(ertränken / ertrinken)* 11
annerire + *A / E* *(schwärzen/schwarz werden)* 104
annettere *(beifügen)* 88
annichilire *(vernichten)* 104
annoiare *(langweilen)* 13
annuire *(nicken)* 104
annunciare *(bekannt geben)* 6
annunziare *(bekannt geben)* 13
anteporre *(voranstellen)* 34
appagare *(befriedigen)* 11
appaiare *(paarweise zusammenstellen)* 13
apparecchiare *(decken)* 13
apparire + *E* *(erscheinen)* 102
appartenere + *A / E* *(gehören)* 43
appassire + *E* *(verwelken)* 104
appendere *(aufhängen)* 83
appesantire *(schwer machen)* 104
appiattire *(platt drücken)* 104
appiccicare *(kleben)* 7
appigliarsi + *E* *(sich festhalten)* 14
applaudire *(Beifall klatschen)* 101/104
applicare *(anbringen, anwenden)* 7
appoggiare *(anlehnen)* 10
apporre *(anbringen)* 34
apprendere *(begreifen, erfahren)* 83
approfittare *(ausnutzen)* 3
approfondire *(vertiefen)* 104
aprire *(öffnen)* 103
archiviare *(archivieren)* 13
ardere + *A / E* *(verbrennen / brennen)* 50
ardire *(wagen)* 104
arguire *(entnehmen)* 104
arieggiare *(lüften)* 10
arrabbiarsi + *E* *(sich ärgern)* 13
arrampicarsi + *E* *(klettern)* 7
arrangiarsi + *E* *(sich behelfen)* 10
arrecare *(überbringen)* 7
arredare *(einrichten)* 3
arrendersi + *E* *(sich ergeben)* 83
arrestare *(festnehmen)* 3
arricchire + *A / E* *(bereichern / reich werden)* 104
arricciare *(kräuseln)* 6
arringare *(eine Ansprache halten)* 11
arrivare + *E* *(ankommen)* 3
arrischiare *(riskieren)* 13
arrossire + *E* *(erröten)* 104
arrostire + *A / E* *(braten)* 104
arrugginire + *A / E* *(rostig machen / rosten)* 104
ascendere + *E* *(hinaufsteigen, besteigen)* 83

Verbliste Italienisch

asciugare + *A/E (trocknen)* 11
ascoltare *(zuhören)* 3
ascrivere *(zuschreiben)* 93
asfissiare + *A/E (ersticken)* 13
aspergere *(besprengen)* 62
aspettare *(warten)* 3
assaggiare *(probieren)* 10
assalire *(angreifen)* 110
assediare *(belagern)* 13
assentire *(zustimmen)* 101
assicurare *(versichern)* 3
assistere *(beistehen)* 86
associare *(verbinden)* 6
assolvere *(freisprechen)* 51
assomigliare *(ähneln)* 14
assopirsi + *E (einnicken)* 104
assorbire *(aufsaugen)* 101/104
assottigliare *(dünner machen)* 14
assuefarsi + *E (sich gewöhnen)* 28
assumere *(annehmen, einstellen)* 52
assurgere + *E (emporsteigen)* 53
astenersi + *E (sich enthalten)* 43
astrarre *(ablenken)* 44
attaccare *(befestigen)* 7
atteggiarsi + *E (sich aufspielen)* 10
attendere *(warten)* 83
attenersi + *E (sich halten an)* 43
atterrare + *A/E (landen)* 3
atterrire *(erschrecken)* 104
attingere *(schöpfen)* 69
attirare *(auf sich ziehen)* 3
attorcigliare *(aufwickeln)* 14
attrarre *(anziehen)* 44
attraversare *(überqueren)* 3
attribuire *(zuschreiben)* 104
attutire *(dämpfen)* 104
augurare *(wünschen)* 3
aumentare + *A/E (erhöhen/steigen)* 3
autenticare *(beglaubigen)* 7
autodistruggersi + *E (sich selbst zerstören)* 97
autoridurre *(selbst herabsetzen)* 23
avere *(haben)* 2
avvalersi + *E (Gebrauch machen)* 45
avvantaggiare *(begünstigen)* 10
avvedersi + *E,*
p.p. nur regelmäßig (bemerken) 46
avvenire + *E (geschehen)* 113
avvertire *(verständigen)* 101
avviare *(einleiten)* 5
avvicinarsi + *E (sich nähern)* 3
avvilire *(deprimieren)* 104
avvincere *(fesseln)* 99
avvinghiare *(umklammern)* 13
avvizzire + *A/E (welken lassen/verwelken)* 104
avvolgere *(einwickeln)* 100

B

baciare *(küssen)* 6
ballare *(tanzen)* 3
bandire *(ausschreiben)* 104
barricare *(versperren)* 7
bastare + *E (genügen)* 3
battere *(schlagen)* 15
bazzicare *(verkehren in)* 7
beatificare *(selig sprechen)* 7
beccare *(picken)* 7
beccheggiare *(schaukeln)* 10
benedire *(segnen)* 25
beneficare *(beschenken)* 7
bere *(trinken)* 17
bersagliare *(unter Beschuss nehmen)* 14
bilanciare *(ausgleichen)* 6
bisbigliare *(flüstern)* 14
bisticciare *(streiten)* 6
bivaccare *(im Freien übernachten)* 7
blandire *(lindern)* 104
bloccare *(sperren)* 7
boccheggiare *(nach Luft schnappen)* 10
bocciare *(durchfallen lassen)* 6
bollire *(kochen)* 101
braccare *(verfolgen)* 7
brandire *(schwingen)* 104
brigare *(eifrig bemüht sein)* 11
brucare *(abweiden)* 7
bruciare + *A/E (verbrennen/brennen)* 6
brulicare *(wimmeln)* 7
bucare *(ein Loch machen in)* 7
buscare *(kriegen)* 7
bussare *(klopfen)* 3

C

cacciare *(jagen)* 6
cadere + *E (fallen)* 18
cagliare + *A/E (gerinnen lassen/gerinnen)* 14
calciare *(schießen)* 6
caldeggiare *(befürworten)* 10
calmare *(beruhigen)* 3
calunniare *(verleumden)* 13
cambiare + *A/E (wechseln/sich verändern)* 13
camminare *(gehen)* 3
campeggiare *(zelten)* 10
cantare *(singen)* 3
capire *(verstehen)* 104
capovolgere *(umkippen)* 100

caricare (*laden*) ... 7
carpire (*entlocken*) ... 104
cascare + E (*fallen*) ... 7
castigare (*bestrafen*) ... 11
catalogare (*katalogisieren*) ... 11
causare (*verursachen*) ... 3
cavalcare (*reiten*) ... 7
cedere (*nachgeben*) ... 16
cenare (*zu Abend essen*) ... 3
cercare (*suchen*) ... 7
certificare (*bescheinigen*) ... 7
chiacchierare (*plaudern*) ... 3
chiamare (*rufen, nennen*) ... 3
chiamarsi (*heißen*) ... 3
chiarificare (*erläutern*) ... 7
chiarire + A / E (*klären / aufklaren*) ... 104
chiedere (*fragen*) ... 19
chiudere (*schließen*) ... 20
cingere (*umgeben*) ... 69
circoncidere (*beschneiden*) ... 87
circonflettere (*krümmen*) ... 88
circoscrivere (*abgrenzen*) ... 93
classificare (*einordnen*) ... 7
codificare (*verschlüsseln*) ... 7
coesistere + E (*nebeneinander bestehen*) ... 86
cogliere (*pflücken*) ... 21
coincidere (*übereinstimmen*) ... 87
coinvolgere (*hineinziehen*) ... 100
collaborare (*zusammenarbeiten*) ... 3
collegare (*verbinden*) ... 11
collezionare (*sammeln*) ... 3
collidere (*zusammenstoßen*) ... 87
collocare (*stellen, legen*) ... 7
colpire (*schlagen, treffen*) ... 104
combaciare (*zusammenpassen*) ... 6
cominciare + A / E (*beginnen*) ... 6
commerciare (*Handel treiben*) ... 6
commettere (*begehen*) ... 77
commuovere (*ergreifen*) ... 30
comparire + E (*erscheinen*) ... 102
compatire (*bemitleiden*) ... 104
compendiare (*zusammenfassen*) ... 13
competere (-) p.p. (*konkurrieren*) ... 15
compiacere + E (*gefällig sein*) ... 33
compiangere (*bedauern*) ... 81
compiere (*beenden*) ... 22
compire (*beenden*) ... 104
complicare (*komplizierter machen*) ... 7
comporre (*verfassen*) ... 34
comportarsi + E (*sich benehmen*) ... 3
comprare (*kaufen*) ... 3
comprendere (*umfassen*) ... 83
comprimere (*zusammendrücken*) ... 67
compromettere (*gefährden*) ... 77
comunicare (*bekannt geben*) ... 7
concedere (*gewähren*) ... 54
concentrarsi + E (*sich konzentrieren*) ... 3
concepire (*sich ausdenken*) ... 104
concernere (-) p.p. (*betreffen*) ... 15
conchiudere (*beenden*) ... 20
concludere (*beenden*) ... 20
conciare (*gerben, zurichten*) ... 6
conciliare (*in Einklang bringen*) ... 13
concludere (*beenden*) ... 20
concorrere (*beitragen*) ... 57
condannare (*verurteilen*) ... 3
condire (*würzen*) ... 104
condiscendere (*entgegenkommen*) ... 83
condividere (*teilen*) ... 87
condolersi + E (*sein Beileid ausdrücken*) ... 26
condurre (*führen*) ... 23
confarsi + E (*entsprechen*) ... 28
conferire (*vergeben*) ... 104
confermare (*bestätigen*) ... 3
conficcare (*hineinschlagen*) ... 7
confiscare (*beschlagnahmen*) ... 7
confluire + A / E (*zusammenfließen*) ... 104
confondere (*verwechseln*) ... 70
congiungere (*verbinden*) ... 73
conguagliare (*ausgleichen*) ... 14
coniare (*prägen*) ... 13
coniugare (*konjugieren*) ... 11
connettere (*zusammenfügen*) ... 88
conoscere (*kennen*) ... 55
conseguire + A / E (*erlangen / sich ergeben*) ... 101
consentire (*erlauben*) ... 101
considerare (*betrachten*) ... 3
consigliare (*raten zu*) ... 14
consistere + E (*bestehen*) ... 86
consolare (*trösten*) ... 3
constatare (*feststellen*) ... 3
consumare (*verbrauchen*) ... 3
contagiare (*anstecken*) ... 10
contare (*zählen*) ... 3
conteggiare (*berechnen*) ... 10
contendere (*streitig machen*) ... 83
contenere (*enthalten*) ... 43
continuare + A / E (*fortsetzen / andauern*) ... 3
contorcere (*auswringen*) ... 98
contraddire (*widersprechen*) ... 25
contraddistinguere (*auszeichnen*) ... 61
contraffare (*fälschen*) ... 28
contrapporre (*gegenüberstellen*) ... 34
contrariare (*verärgern*) ... 13

contrarre *(anspannen)* 44
contravvenire + E *(übertreten)* 113
contribuire *(beitragen)* 104
contraproporre *(den Gegenvorschlag machen)* 34
contundere *(prellen)* 56
convenire + E *(sich lohnen, zusammenkommen)* 113
convergere *(übereinstimmen)* 62
convertire *(bekehren)* 101
convincere *(überzeugen)* 99
convivere + E *(zusammenleben)* 47
convocare *(einberufen)* 7
convogliare *(leiten)* 14
copiare *(kopieren)* 13
coprire *(zudecken)* 103
coricare *(hinlegen)* 7
correggere *(verbessern)* 76
correre + A/E *(laufen)* 57
corrispondere *(entsprechen)* 89
corrodere *(zersetzen)* 90
corrompere *(bestechen)* 91
corrucciarsi + E *(sich aufregen)* 6
corrugare *(runzeln)* 11
corteggiare *(den Hof machen)* 10
cospargere *(bestreuen)* 95
cospergere *(bestreuen)* 62
costare + E *(kosten)* 3
costeggiare *(entlangfahren)* 10
costituire *(bilden)* 104
costringere *(zwingen)* 96
costruire *(bauen)* 104
credere *(glauben)* 16
crescere + A/E *(großziehen/wachsen)* 58
criticare *(kritisieren)* 7
crocefiggere *(kreuzigen)* 49
crucciare *(betrüben)* 6
cucinare *(kochen)* 3
cucire *(nähen)* 105
cuocere *(kochen)* 24
custodire *(aufbewahren)* 104

D

danneggiare *(beschädigen)* 10
dare *(geben)* 8
decadere + E *(verfallen)* 18
decidere *(entscheiden)* 87
decodificare *(entschlüsseln)* 7
decomporre *(zersetzen)* 34
decomprimere *(den Druck vermindern)* 67
decorrere + E *(vergehen)* 57
decrescere + E *(zurückgehen)* 58
dedicare *(widmen)* 7
dedurre *(folgern)* 23
defalcare *(abziehen)* 7
deferire *(anzeigen)* 104
definire *(definieren)* 104
deflettere *(abweichen)* 88
delegare *(beauftragen)* 11
deludere *(enttäuschen)* 20
demolire *(verschrotten)* 104
denunciare *(anzeigen)* 6
denunziare *(anzeigen)* 13
deperire + E *(verderben)* 104
deporre *(abstellen)* 34
deprecare *(missbilligen)* 7
deprimere *(deprimieren)* 67
deragliare *(entgleisen)* 14
deridere *(verspotten)* 87
derogare *(abweichen)* 11
descrivere *(beschreiben)* 93
desiderare *(sich wünschen)* 3
desistere *(nicht weiter verfolgen)* 86
destituire *(absetzen)* 104
destreggiarsi + E *(zurechtkommen)* 10
detenere *(innehaben)* 43
detrarre *(abziehen)* 44
deviare *(umleiten, die Richtung ändern)* 5
diagnosticare *(diagnostizieren)* 7
dichiarare *(erklären, verkünden)* 3
difendere *(verteidigen)* 83
differenziare *(unterscheiden)* 13
differire *(verschieben)* 104
diffondere *(verbreiten)* 70
digerire *(verdauen)* 104
dilagare + E *(um sich greifen)* 11
dilaniare *(zerfetzen)* 13
dileggiare *(verhöhnen)* 10
diluire *(verdünnen)* 104
dilungarsi + E *(sich auslassen)* 11
diluviare *verbo imp. (in Strömen regnen)* 6
dimagrire + E *(abnehmen)* 104
dimenticare *(vergessen)* 7
dimettere *(entlassen)* 77
diminuire + A/E *(verringern/zurückgehen)* 104
dimostrare *(zeigen)* 3
dipartire + E *(hinscheiden)* 104/101
dipendere + E *(abhängen)* 83
dipingere *(malen)* 69
dire *(sagen)* 25
dirigere *(leiten, lenken)* 64
dirompere *(zermalmen)* 91
disassuefarsi + E *(sich abgewöhnen)* 28
discendere + E *(abstammen)* 83
discernere (-) *p.p. (erkennen)* 15
dischiudere *(öffnen)* 20

discioglière (auflösen) 21
discomporre (stören) 34
disconnettere (zerlegen) 88
disconoscere (nicht anerkennen) 55
disconvenire (ungebührlich sein) 113
discorrere (sich unterhalten) 57
discutere (diskutieren) 59
disdire (absagen) 25
disegnare (zeichnen) 3
disfare (auspacken, auseinandernehmen) 28
disgiungere (trennen) 73
disilludere (ernüchtern) 20
disinvestire (flüssig machen) 101
dislocare (versetzen) 7
disobbligare (entbinden) 11
disparire (verschwinden) 102
disperare + E (verzweifeln) 3
disperdere (zerstreuen) 80
dispergere (zerstreuen) 62
dispiacere + E (leidtun) 33
disporre (anordnen) 34
dissecare (sezieren) 7
disseccare (ausdörren) 7
dissentire (nicht übereinstimmen) 101
dissociare (trennen) 6
dissolvere (auflösen) 51
dissuadere (ausreden) 60
distaccare (abtrennen) 7
distanziare (auseinanderrücken) 13
distendere (lockern) 83
distinguere (unterscheiden) 61
distogliere (ablenken) 21
distorcere (verzerren) 98
distrarre (ablenken) 44
distribuire (verteilen) 104
districare (entwirren) 7
distruggere (zerstören) 97
disturbare (stören) 3
disubbidire (nicht gehorchen) 104
disungere (entfetten) 72
disunire (trennen) 104
divagare (abschweifen) 11
divaricare (spreizen) 7
divenire + E (werden) 113
diventare + E (werden) 3
divergere (-) p.p. (auseinandergehen) 62
diversificare (unterscheiden) 7
divertire (amüsieren) 101
dividere (aufteilen) 87
divorziare (sich scheiden lassen) 13
divulgare (verbreiten) 11
dolere (wehtun) 26
dolersi + E (bedauern) 26
domandare (fragen) 3
doppiare (synchronisieren) 13
dormicchiare (schlummern) 13
dormire (schlafen) 101
dovere (müssen) 27
dragare (ausbaggern) 11
drappeggiare (drapieren) 10
dubitare (zweifeln) 3
durare + E (dauern) 3

E

eccellere + E (hervorstechen) 57
echeggiare + A / E (nachahmen / widerhallen) 10
edificare (errichten) 7
educare (erziehen) 7
effondere + A / E (gießen / strömen) 70
eleggere (wählen) 76
elencare (auflisten) 7
elidere (elidieren) 87
eliminare (beseitigen) 3
elogiare (loben) 10
eludere (umgehen) 20
emergere + E (auftauchen) 62
emettere (ausströmen) 77
emigrare + A / E (auswandern) 3
empire (füllen) 109
entrare + E (hineingehen) 3
enunciare (darlegen) 6
equipaggiare (ausrüsten) 10
equivalere + A / E (entsprechen) 45
equivocare (sich irren) 7
ergere (erheben) 63
erigere (errichten) 64
erodere (auswaschen) 90
erogare (liefern) 11
erompere (ausstoßen) 91
esagerare (übertreiben) 3
esaudire (erhören) 104
esaurire (erschöpfen) 104
escludere (ausschließen) 20
eseguire (ausführen) .... 104 / 101
esemplificare (am Beispiel erklären) 7
esibire (vorzeigen) 104
esigere (verlangen) 84
esiliare (verbannen) 13
esimere (-) p.p. (entbinden) 15
esistere + E (existieren) 86
esitare (zögern) 3
esordire (beginnen) 104
espandere (ausdehnen) 65
espatriare + E (auswandern) 13

espellere *(ausstoßen)* 66
espiare *(büßen)* 5
esplicare *(ausüben)* 7
esplodere + *A/E (abfeuern/explodieren)* 90
esporre *(ausstellen)* 34
esprimere *(ausdrücken)* 67
essere *(sein)* 1
estasiare *(hinreißen)* 13
estendere *(erweitern)* 83
estinguere *(löschen)* 61
estorcere *(erpressen)* 98
estrarre *(ziehen)* 44
estroflettersi + *E (sich nach außen biegen)* 88
estromettere *(ausschließen)* 77
evadere + *A/E (hinterziehen/ausbrechen)* 75
evincere *(entnehmen)* 99
evitare *(vermeiden)* 3
evocare *(heraufbeschwören)* 7

F

fabbricare *(herstellen)* 7
falciare *(mähen)* 6
fallire + *A/E (verfehlen/scheitern)* 104
falsificare *(fälschen)* 7
fantasticare *(fantasieren)* 7
farcire *(füllen)* 104
fare *(machen)* 28
fasciare *(verbinden)* 9
faticare *(sich abmühen)* 7
favorire *(unterstützen)* 104
fendere *(spalten)* 83
ferire *(verletzen)* 104
fermare *(anhalten)* 3
festeggiare *(feiern)* 10
fiaccare *(schwächen)* 7
fiammeggiare *(glühen)* 10
fiancheggiare *(säumen)* 10
ficcare *(stecken)* 7
fidarsi + *E (trauen)* 3
figgere *(schlagen, stecken)* 68
fingere *(vortäuschen)* 69
finire + *A/E (beenden/enden)* 104
fiorire *(blühen)* 104
firmare *(unterschreiben)* 3
fischiare *(pfeifen)* 13
flettere *(biegen)* 88
fluire + *E (fließen)* 104
fondare *(gründen)* 3
fondere *(schmelzen)* 70
forgiare *(schmieden)* 10
formare *(bilden)* 3
fornire *(liefern)* 104
fortificare *(stärken)* 7
forviare *(irreleiten)* 5
fotocopiare *(fotokopieren)* 13
fraintendere *(missverstehen)* 83
frammettere *(dazwischenschieben)* 77
frangere *(pressen)* 71
frapporre *(in den Weg legen)* 34
frastagliare *(ausschneiden)* 14
fregare *(scheuern, hereinlegen)* 11
frenare *(bremsen)* 3
friggere *(frittieren)* 68
fronteggiare *(sich stellen)* 10
frugare *(durchsuchen)* 11
fuggire + *A/E (meiden/fliehen)* 101
fumare *(rauchen)* 3
fungere *(dienen)* 72
funzionare *(funktionieren)* 3
fuoriuscire *(entweichen)* 112
fuorviare *(irreleiten)* 5

G

galleggiare *(treiben)* 10
garantire *(garantieren)* 104
gareggiare *(wetteifern)* 10
gelare + *A/E (gefrieren lassen/gefrieren)* 3
genuflettersi + *E (niederknien)* 88
germogliare + *A/E (sprießen)* 14
gestire *(verwalten)* 104
ghiacciare + *A/E (vereisen/gefrieren)* 6
giacere *(liegen)* 33
giocare *(spielen)* 7
girare *(drehen)* 3
giudicare *(beurteilen)* 7
giungere + *E (ankommen)* 73
giurare *(schwören)* 3
giustificare *(rechtfertigen)* 7
giustiziare *(hinrichten)* 13
glorificare *(ehren)* 7
godere *(genießen)* 29
gonfiare + *A/E (aufpumpen/anschwellen)* 13
gorgheggiare *(trällern)* 10
gorgogliare *(gluckern)* 14
gracchiare *(krächzen)* 13
gradire *(gern mögen)* 104
graffiare *(kratzen)* 13
grandeggiare *(hinausragen)* 10
grattugiare *(reiben)* 10
graziare *(begnadigen)* 13
gremire *(bevölkern)* 104
gridare *(schreien)* 3
grugnire *(grunzen)* 104
guadagnare *(verdienen)* 3

guardare *(ansehen)* 3
guarire + A/E *(heilen/gesund werden)* 104
guarnire *(schmücken)* 104
guerreggiare *(Krieg führen)* 10
guidare *(fahren)* 3

I

identificare *(identifizieren)* 7
illividire + A/E *(bläulich machen/blau anlaufen)* 104
illudere *(falsche Hoffnungen machen)* 20
imbarcare *(einschiffen)* 7
imbarcarsi + E *(an Bord gehen)* 7
imbastire *(heften)* 104
imbavagliare *(knebeln)* 14
imbeccare *(füttern)* 7
imbellire + A/E *(verschönern/schöner werden)* 104
imbestialire + A/E *(in Rage bringen/rasend werden)* 104
imbiancare + A/E *(weiß streichen/weiß werden)* 7
imbiondire + A/E *(blondieren/blond werden)* 104
imbizzarrire + E *(scheuen)* 104
imboccare *(füttern)* 7
imbonire *(für sich gewinnen)* 104
imborghesire + A/E *(verspießern)* 104
imboscare *(im Wald verstecken)* 7
imboschire + A/E *(aufforsten/sich bewalden)* 104
imbottigliare *(in Flaschen abfüllen)* 14
imbracciare *(schultern)* 6
imbrigliare *(zäumen)* 14
imbroccare *(erraten)* 7
imbrogliare *(betrügen)* 14
imbronciare + E *(schmollen)* 6
imbrunire + E *(dämmern)* 104
imbruttire + A/E *(hässlich machen/hässlich werden)* 104
imbucare *(einwerfen)* 7
imitare *(nachahmen)* 3
immaginare *(sich vorstellen)* 3
immergere *(eintauchen)* 62
immettere *(einführen)* 77
immischiare *(hineinziehen)* 13
immiserire + A/E *(verarmen lassen/verarmen)* 104
impaccare *(einpacken)* 7
impacciare *(behindern)* 6
impadronirsi + E *(sich aneignen)* 104
impagliare *(mit Stroh umwickeln)* 14
impallidire + E *(blass werden)* 104
imparare *(lernen)* 3
impartire *(erteilen)* 104
impaurire + A/E *(verängstigen/erschrecken)* 104
impazzire + E *(verrückt werden)* 104
impedire *(verhindern)* 104
impensierire *(beunruhigen)* 104
impermalire *(kränken)* 104
impiccare *(erhängen)* 7
impicciare *(stören)* 6
impiegare *(verwenden, brauchen)* 11
impietosire *(Mitleid erregen)* 104
impigliare *(verhaken)* 14
implicare *(mit sich bringen)* 7
implodere + E *(implodieren)* 90
impoltronire + A/E *(träge machen/träge werden)* 104
imporre *(auferlegen)* 34
importare + A/E *(importieren/wichtig sein)* 3
impoverire + A/E *(arm machen/verarmen)* 104
impratichire *(einarbeiten)* 104
imprecare *(fluchen)* 7
imprimere *(aufdrücken)* 67
imputridire + A/E *(schlecht werden lassen/verfaulen)* 104
inacidire + A/E *(verbittern/sauer werden)* 104
inarcare *(krümmen)* 7
inaridire + A/E *(austrocknen)* 104
inasprire + A/E *(verschärfen/sauer werden)* 104
incagliare + A/E *(behindern/auflaufen)* 14
incanutire + A/E *(ergrauen lassen/grau werden)* 104
incapricciarsi + E *(sich vernarren)* 6
incaricare *(beauftragen)* 7
incarnire + E *(einwachsen)* 104
incendiare *(anzünden)* 13
incenerire *(einäschern)* 104
incidere *(einschneiden, sich auswirken)* 87
incipriare *(pudern)* 13
includere *(einschließen)* 20
incombere (-) p.p. *(drohen)* 15
incominciare + A/E *(beginnen)* 6
incontrare *(treffen)* 3
incoraggiare *(ermutigen)* 10
incorniciare *(einrahmen)* 6
incorrere + E *(geraten)* 57
incrociare *(kreuzen)* 6
incrudelire + A/E *(verrohen)* 104
inculcare *(einschärfen)* 7
incuriosire *(neugierig machen)* 104
incutere *(einflößen)* 59
indagare *(ermitteln)* 11
indebolire + A/E *(schwächen/schwach werden)* 104
indicare *(zeigen)* 7
indietreggiare + A/E *(zurückweichen)* 10
indire *(einberufen)* 25

indispettire + A / E *(verärgern / sich ärgern)* 104
indisporre *(verstimmen)* ... 34
indiziare *(verdächtigen)* ... 13
indovinare *(erraten)* ... 3
indugiare *(zögern)* ... 10
indulgere *(nachgeben)* ... 74
indurire + A / E *(hart machen / sich verhärten)* .. 104
indurre *(veranlassen)* ... 23
industriarsi + E *(sich bemühen)* ... 13
inebriare *(berauschen)* ... 13
inerpicarsi + E *(sich hochschlängeln)* ... 7
infastidire *(belästigen)* ... 104
inferocire + A / E
(wütend machen / wütend werden) ... 104
infiacchire + A / E
(schwächen / schwach werden) ... 104
infierire *(wüten)* ... 104
infiggere *(hineinschlagen)* ... 68
infinocchiare *(übers Ohr hauen)* ... 13
infischiarsi + E *(pfeifen auf)* ... 13
infittire + A / E *(vermehren / dichter werden)* 104
infliggere *(auferlegen)* ... 68
influenzare *(beeinflussen)* ... 3
influire *(beeinflussen)* ... 104
infoltire + A / E *(verdichten / dichter werden)* 104
infondere *(einflößen)* ... 70
inforcare *(aufgabeln)* ... 7
informare *(informieren)* ... 3
informicolirsi + E *(einschlafen)* ... 104
inframmettere *(dazwischenstellen)* ... 77
infrangere *(zerbrechen)* ... 71
infuriare + A / E *(wütend machen / toben)* ... 13
ingabbiare *(in einen Käfig sperren)* ... 13
ingaggiare *(einstellen)* ... 10
ingannare *(betrügen)* ... 3
ingelosire + A / E
(eifersüchtig machen / eifersüchtig werden) 104
ingerire *(einnehmen)* ... 104
inghiottire *(schlucken)* ... 104 / 101
ingiallire + A / E *(gelb färben / gelb werden)* 104
ingigantire + A / E
(aufbauschen / riesengroß werden) ... 104
ingiungere *(anordnen)* ... 73
ingiuriare *(beleidigen)* ... 13
ingoiare *(verschlingen)* ... 13
ingorgarsi + E *(sich stauen)* ... 11
ingrandire *(vergrößern)* ... 104
ingrassare + A / E *(dick machen / zunehmen)* 3
ingraziarsi + E *(sich einschmeicheln)* ... 13
inibire *(hemmen)* ... 104
inimicarsi + E *(sich verfeinden)* ... 7
iniziare + A / E *(anfangen)* ... 13
innaffiare *(gießen)* ... 13
innamorarsi + E *(sich verlieben)* ... 3
innervosire *(nervös machen)* ... 104
innescare *(zünden)* ... 7
inorgoglire + A / E *(stolz machen / stolz sein)* 106
inorridire + A / E *(entsetzen)* ... 104
inquinare *(verschmutzen)* ... 3
inquisire *(ermitteln)* ... 104
inscrivere *(einbeschreiben)* ... 93
insediare *(in ein Amt einsetzen)* ... 13
insegnare *(unterrichten)* ... 3
inseguire *(verfolgen)* ... 101
inserire *(stecken)* ... 104
insidiare *(in einen Hinterhalt locken)* ... 13
insignire *(auszeichnen)* ... 104
insistere *(bestehen)* ... 86
insorgere + E *(sich auflehnen)* ... 94
insospettire + A / E
(argwöhnisch machen / Verdacht schöpfen) 104
insudiciare *(beschmutzen)* ... 6
insultare *(beleidigen)* ... 3
insuperbire + A / E *(stolz machen / stolz werden)* 104
intaccare *(angreifen)* ... 7
intagliare *(schnitzen)* ... 14
intarsiare *(intarsieren)* ... 13
intascare *(einstecken)* ... 7
intendere *(verstehen, meinen)* ... 83
intenerire + A / E *(rühren / zart werden)* ... 104
intensificare *(verstärken)* ... 7
intercorrere + E *(dazwischen liegen)* ... 57
interdire *(verbieten)* ... 25
interessarsi + E *(sich interessieren)* ... 3
interferire *(sich einmischen)* ... 104
interporre *(in den Weg legen)* ... 34
interrogare *(befragen)* ... 11
interrompere *(unterbrechen)* ... 91
intervenire + E *(eingreifen)* ... 113
intimidire + A / E
(einschüchtern / schüchtern werden) ... 104
intimorire *(Angst einjagen)* ... 104
intingere *(eintauchen)* ... 69
intonacare *(verputzen)* ... 7
intorpidire + A / E
(gefühllos machen / einschlafen) ... 104
intossicare *(vergiften)* ... 7
intralciare *(behindern)* ... 6
intraprendere *(unternehmen)* ... 83
intrattenere *(unterhalten)* ... 43
intrav(v)edere *(erblicken)* ... 46
intrecciare *(flechten)* ... 6
intrigare *(intrigieren)* ... 11
introdurre *(einführen)* ... 23

intromettersi + *E* (*sich einmischen*) 77
intuire (*erahnen*) 104
invadere (*einfallen*) 75
invaghirsi + *E* (*sich verlieben*) 104
invecchiare + *A/E* (*alt machen/alt werden*) 13
inveire (*wettern*) 104
inventare (*erfinden*) 3
invertire (*umkehren*) 101
investigare (*untersuchen*) 11
investire (*anfahren, investieren*) 101
inviare (*senden*) 5
invidiare (*beneiden*) 13
invigorire + *A/E* (*kräftigen/kräftiger werden*) 104
invitare (*einladen*) 3
invocare (*anflehen*) 7
invogliare (*anregen*) 14
ipotecare (*mit einer Hypothek belasten*) 7
irradiare + *A/E* (*ausstrahlen/ausgehen*) 13
irretire (*umgarnen*) 104
irridere (*verspotten*) 87
irrigare (*bewässern*) 11
irrigidire + *A/E* (*steif machen/steif werden*) 104
irrompere + *E* (*eindringen*) 91
iscrivere (*anmelden*) 93
istigare (*anstiften*) 11
istituire (*gründen*) 104
istruire (*lehren*) 104

L

lambire (*ablecken*) 104
lamentarsi + *E* (*sich beklagen*) 3
lampeggiare + *A/E* (*leuchten, aufblenden/blitzen*) 10
lanciare (*werfen*) 6
languire (*schmachten*) 104/101
largheggiare (*großzügig sein*) 10
lasciare (*lassen*) 9
lastricare (*pflastern*) 7
lavare (*waschen*) 3
lavorare (*arbeiten*) 3
leccare (*lecken*) 7
ledere (*schaden*) 80
legare (*anbinden*) 11
leggere (*lesen*) 76
lenire (*lindern*) 104
levare (*heben, beseitigen*) 3
levigare (*schleifen*) 11
liberare (*befreien*) 3
licenziare (*entlassen*) 13
limitare (*begrenzen*) 3
linciare (*lynchen*) 6
lisciare (*glätten*) 9
litigare (*streiten*) 11
lottare (*kämpfen*) 3
lubrificare (*schmieren*) 7
luccicare (*glänzen*) 7
lusingare (*schmeicheln*) 11
lussureggiare (*reich sein an*) 10

M

macchiare (*beklеckern*) 13
magnificare (*verherrlichen*) 7
maledire (*verfluchen*) 25
mancare + *A/E* (*verpassen/fehlen*) 7
mandare (*schicken*) 3
maneggiare (*umgehen*) 10
mangiare (*essen*) 10
manomettere (*aufbrechen*) 78
mantenere (*aufrechterhalten*) 43
marcare (*kennzeichnen*) 7
marchiare (*kennzeichnen*) 13
marciare (*marschieren*) 6
marcire + *E* (*verfaulen*) 104
massaggiare (*massieren*) 10
masticare (*kauen*) 7
mediare (*vermitteln*) 13
mendicare (*betteln*) 7
mentire (*lügen*) 101/104
meravigliare (*verwundern*) 14
mercanteggiare (*feilschen*) 10
meritare (*verdienen*) 3
mescere *p.p.: mesciuto* (*einschenken*) 15
mettere (*stellen, legen, setzen*) 77
minacciare (*bedrohen*) 6
mistificare (*verfälschen*) 7
misurare (*messen*) 3
mitigare (*mildern*) 11
modificare (*umändern*) 7
moltiplicare (*multiplizieren*) 7
montare + *A/E* (*aufbauen/steigen*) 3
mordere (*beißen*) 78
morire + *E* (*sterben*) 107
morsicare (*beißen*) 7
mostrare (*zeigen*) 3
muggire (*muhen*) 104
mungere (*melken*) 72
munire (*ausrüsten*) 104
muovere (*bewegen*) 30

N

nascere + *E* (*geboren werden*) 79
nascondere (*verstecken*) 89
naufragare + *A/E* (*Schiffbruch erleiden*) 11

navigare *(fahren, segeln)* 11
negare *(leugnen)* 11
negoziare *(verhandeln)* 13
nevicare + A / E, *verbo imp. (schneien)* 7
nidificare *(nisten)* 7
nitrire *(wiehern)* 104
noleggiare *(mieten, vermieten)* 10
notificare *(mitteilen)* 7
nuocere *(schaden)* 31
nuotare *(schwimmen)* 3
nutrire *(ernähren)* .... 101 / 104

O

obbligare *(verpflichten)* 11
obliare *(vergessen)* 5
occhieggiare *(liebäugeln mit)* 10
occludere *(verstopfen)* 20
occorrere + E *(benötigt werden)* 57
occuparsi + E *(sich kümmern)* 3
odiare *(hassen)* 13
offendere *(beleidigen)* 83
offrire *(anbieten)* 108
offuscare *(verdunkeln)* 7
oliare *(ölen)* 13
oltraggiare *(schwer beleidigen)* 10
ombreggiare *(beschatten)* 10
omettere *(auslassen)* 77
omologare *(vereinheitlichen)* 11
ondeggiare *(schwanken)* 10
opporre *(entgegensetzen)* 34
opprimere *(belasten, unterdrücken)* 67
ordinare *(bestellen)* 3
ordire *(anzetteln)* 104
organizzare *(organisieren)* 3
origliare *(lauschen)* 14
ormeggiare *(festmachen)* 10
osare *(es wagen)* 3
ospitare *(beherbergen)* 3
osteggiare *(bekämpfen)* 10
ostruire *(verstopfen)* 104
ottenere *(erreichen)* 43
ovviare *(entgegentreten)* 5
oziare *(faulenzen)* 13

P

pacificare *(versöhnen)* 7
padroneggiare *(beherrschen)* 10
pagare *(zahlen)* 11
palleggiare *(dribbeln)* 10
paragonare *(vergleichen)* 3
parcheggiare *(parken)* 10
pareggiare *(unentschieden spielen)* 10
parere + E *(scheinen)* 32
parificare *(gleichstellen)* 7
parlare *(sprechen)* 3
parteggiare *(Partei ergreifen)* 10
partire + E *(abreisen)* 101
partorire *(gebären)* 104
passare + A / E
(verbringen, geben / vorbeigehen) 3
passeggiare *(spazierengehen)* 10
pasticciare *(verpfuschen)* 6
patire *(leiden)* 104
patteggiare *(verhandeln)* 10
pattuire *(vereinbaren)* 104
peccare *(sündigen)* 7
peggiorare + A / E
(verschlechtern / sich verschlimmern) 3
pensare *(denken)* 3
pentirsi + E *(es bereuen)* 101
percepire *(wahrnehmen)* 104
percorrere *(entlangfahren)* 57
percuotere *(schlagen)* 39
perdere *(verlieren)* 80
perire + E *(umkommen)* 104
permanere + E (-) *p.p. (bleiben)* 36
permettere *(erlauben)* 77
perquisire *(durchsuchen)* 104
perseguire *(verfolgen)* 101
persistere *(beharren)* 86
persuadere *(überzeugen)* 60
pervadere *(erfüllen)* 75
pervenire + E *(eintreffen)* 113
pesare *(wiegen)* 3
pescare *(fischen, angeln)* 7
pettinarsi + E *(sich kämmen)* 3
piacere + E *(gefallen)* 33
piangere *(weinen)* 81
pianificare *(planen)* 7
piccarsi + E *(sich einbilden)* 7
picchiare *(verprügeln)* 13
piegare *(falten)* 11
pietrificare *(erstarren lassen)* 7
pigiare *(drücken)* 10
pigliare *(nehmen)* 14
piluccare *(knabbern)* 7
piovere + A / E, *verbo imp. (regnen)* 82
pisciare *(pinkeln)* 9
pizzicare *(zwicken)* 7
placare *(beruhigen)* 7
placcare *(vergolden)* 7
plagiare *(plagiieren)* 10
poggiare *(stellen, ablegen)* 10
poltrire *(faulenzen)* 104

pontificare *(das Pontifikalamt zelebrieren)* 7
porgere *(reichen)* 94
porre *(legen, stellen)* 34
portare *(tragen, bringen)* 3
posporre *(verschieben)* 34
possedere *(besitzen)* 40
posteggiare *(parken)* 10
potere *(können, dürfen)* 35
pranzare *(zu Mittag essen)* 3
praticare *(ausüben)* 7
preavvertire *(im Voraus benachrichtigen)* 101
precedere *(vorangehen)* 16
precidere *(abschneiden)* 87
precludere *(versperren)* 20
precorrere *(zuvorkommen)* 57
predicare *(predigen)* 7
prediligere *(bevorzugen)* 64
predire *(voraussagen)* 25
predisporre *(vorbereiten)* 34
preesistere + E *(vorher bestehen)* 86
preferire *(vorziehen)* 104
prefiggere *(festsetzen)* 49
pregare *(beten, bitten)* 11
preludere *(ankündigen)* 20
premiare *(auszeichnen)* 13
premunire *(schützen)* 104
prendere *(nehmen)* 83
prenotare *(buchen, reservieren)* 3
preoccuparsi + E *(sich Sorgen machen)* 3
preparare *(vorbereiten)* 3
presagire *(vorhersehen)* 104
prescindere *(absehen)* 92
prescrivere *(vorschreiben)* 93
presentire *(vorausahnen)* 101
prestare *(ausleihen)* 3
presumere *(annehmen)* 52
presupporre *(voraussetzen)* 34
pretendere *(verlangen)* 83
prevalere + A/E *(überwiegen)* 45
prevedere *(voraussehen)* 46
prevenire + E *(vorbeugen)* 113
primeggiare *(führend sein)* 10
privilegiare *(privilegieren)* 10
prodigare *(verschwenden)* 11
produrre *(produzieren)* 23
proferire *(aussprechen)* 104
profondere *(austeilen)* 70
progredire + A/E *(Fortschritte machen)* 104
proibire *(verbieten)* 104
prolungare *(verlängern)* 11
promettere *(versprechen)* 77
promulgare *(erlassen)* 11
promuovere *(versetzen, befördern)* 30
pronosticare *(voraussagen)* 7
pronunciare *(aussprechen)* 6
pronunziare *(aussprechen)* 13
propagare *(verbreiten)* 11
propendere *(neigen)* 83
proporre *(vorschlagen)* 34
prorogare *(verschieben)* 11
prorompere *(ausbrechen)* 91
prosciogliere *(freisprechen)* 21
prosciugare *(trockenlegen)* 11
proseguire + A/E *(fortsetzen/andauern)* 101
prostituire *(prostituieren)* 104
proteggere *(schützen)* 76
protendere *(ausstrecken)* 83
protrarre *(hinausziehen)* 44
provare *(versuchen, empfinden)* 3
provenire + E *(stammen)* 113
provocare *(provozieren)* 7
provvedere *(sorgen)* 46
pubblicare *(veröffentlichen)* 7
pulire *(putzen)* 104
pungere *(stechen)* 72
punire *(bestrafen)* 104
punzecchiare *(stechen)* 13
purgare *(reinigen, säubern)* 11
purificare *(reinigen)* 7
putrefare *(verderben)* 28
puzzare *(stinken)* 3

Q

quadruplicare *(vervierfachen)* 7
qualificare *(bezeichnen)* 7

R

rabbrividire + E *(erschauern)* 104
rabbuiarsi + E *(dunkel werden)* 13
racchiudere *(enthalten)* 20
raccogliere *(aufheben, sammeln)* 21
raccomandare *(empfehlen)* 3
raccontare *(erzählen)* 3
raccorciare *(kürzen)* 6
raddolcire *(süßen)* 104
radere *(rasieren)* 75
radiare *(streichen)* 13
radicare + E *(Wurzeln schlagen)* 7
raffreddarsi + E *(sich abkühlen, sich erkälten)* 3
raggiungere *(erreichen)* 73
raggrinzire + A/E *(runzlig machen/runzlig werden)* 104
ragionare *(nachdenken)* 3
ragliare *(iahen)* 14

rallentare *(langsamer fahren)* 3
rammaricarsi + *E (bedauern)* 7
rammollire + *A / E (erweichen / weich werden)* 104
rannicchiarsi + *E (sich zusammenkauern)* 13
rapire *(entführen)* 104
rapprendersi + *E (gerinnen)* 83
rappresentare *(darstellen)* 3
rarefare *(verdünnen)* 28
raschiare *(abkratzen)* 13
rassomigliare *(ähneln)* 14
rattrappire *(verkrampfen)* 104
ravvedersi + *E, p.p. nur regelmäßig (sein Unrecht einsehen)* 46
ravviare *(aufräumen)* 5
ravvolgere *(einwickeln)* 100
razziare *(plündern)* 5
reagire *(reagieren)* 104
realizzare *(verwirklichen)* 3
recare *(bereiten)* 7
recidere *(abschneiden)* 87
recingere *(umgeben)* 69
recludere *(einsperren)* 20
redarguire *(tadeln)* 104
redigere *(aufsetzen)* 84
redimere *(befreien)* 85
reggere *(festhalten, aushalten)* 76
registrare *(aufnehmen)* 3
regredire *(nachlassen)* 104
relegare *(verbannen)* 11
rendere *(zurückgeben, leisten)* 83
repellere *(abstoßen)* 66
replicare *(erwidern)* 7
reprimere *(unterdrücken)* 67
requisire *(beschlagnahmen)* 104
resistere *(widerstehen)* 86
respingere *(abweisen)* 69
respirare *(atmen)* 3
restare + *E (bleiben)* 3
restituire *(zurückgeben)* 104
restringere *(enger machen)* 96
retrarre *(zurückziehen)* 44
retribuire *(entlohnen)* 104
retrocedere + *A / E (degradieren / zurückweichen)* 54
rettificare *(begradigen)* 7
revocare *(widerrufen)* 7
riandare + *A / E, pres.: rivà (wieder gehen)* 4
riaprire *(wieder öffnen)* 103
riardere + *A / E (wieder entfachen / sich wieder entzünden)* 50
riassumere *(zusammenfassen)* 52
riavere *(zurückbekommen)* 2
ribadire *(bekräftigen)* 104
ribollire *(wieder aufkochen)* 101
ricadere + *E (wieder hinfallen)* 18
ricalcare *(durchpausen)* 7
ricevere *(erhalten, bekommen)* 29
richiedere *(wieder fragen, erfordern)* 19
richiudere *(wieder schließen)* 20
riconciliare *(wieder versöhnen)* 13
ricondurre *(zurückbringen)* 23
riconoscere *(erkennen)* 55
ricoprire *(bedecken)* 103
ricordarsi + *E (sich erinnern)* 3
ricorrere + *A / E (noch einmal laufen / wiederkehren)* 57
ricostruire *(wieder aufbauen)* 104
ricucire *(zunähen)* 105
ridacchiare *(kichern)* 13
ridare *pres.: ridò (zurückgeben)* 8
ridere *(lachen)* 87
ridire *(noch einmal sagen)* 25
ridurre *(verringern)* 23
riempire *(füllen)* 109
riepilogare *(zusammenfassen)* 11
rifare *(noch einmal machen)* 28
riferire *(berichten)* 104
rifinire *(fein bearbeiten)* 104
rifiutare *(ablehnen)* 3
riflettere *(widerspiegeln, nachdenken)* 88
rifondere *(vergüten)* 70
rifornire *(versorgen)* 104
rifrangere *(brechen)* 71
rifuggire *(wieder flüchten)* 101
rifugiarsi + *E (flüchten)* 10
rigare *(Linien ziehen auf)* 11
rilanciare *(wieder werfen)* 6
rilasciare *(ausstellen)* 9
rilassarsi + *E (sich entspannen)* 3
rilegare *(binden)* 11
rileggere *(wieder lesen)* 76
rimandare *(zurückschicken, verschieben)* 3
rimanere + *E (bleiben)* 36
rimbambire + *E (verblöden)* 104
rimboccare *(hochkrempeln)* 7
rimediare *(wieder gutmachen)* 13
rimettere *(zurückstellen)* 77
rimorchiare *(abschleppen)* 13
rimordere *(quälen)* 78
rimpatriare + *E (in die Heimat zurückkehren)* 13
rimpiangere *(nachtrauern)* 81
rimproverare *(vorwerfen)* 3
rimuovere *(beseitigen)* 30
rinascere *(wieder geboren werden)* 79

rinchiudere *(einsperren)* 20
rincorrere + *E (nachlaufen)* 57
rincrescere + *E (leidtun)* 58
rincrudire + *A / E*
(verschärfen / sich verschlimmern) 104
rinfacciare *(vorwerfen)* 6
rinfrancare *(aufmuntern)* 7
rinfrescare + *A / E (abkühlen / kühler werden)* 7
ringhiare *(knurren)* 13
ringiovanire + *A / E*
(jünger machen / jünger werden) 104
ringraziare *(danken)* 13
rinnegare *(verleugnen)* 11
rinsavire + *E (vernünftig werden)* 104
rintoccare + *A / E (läuten)* 7
rintracciare *(ausfindig machen)* 6
rinunciare *(verzichten)* 6
rinunziare *(verzichten)* 13
rinvenire + *A / E*
(auffinden / wieder zu sich kommen) 113
rinviare *(verschieben)* 5
rinvigorire + *A / E*
(stärken / wieder zu Kräften kommen) 104
ripagare *(belohnen)* 11
riparare *(schützen, reparieren)* 3
ripartire + *A / E*
(aufteilen / wieder abreisen) 104 / 101
ripercuotersi + *E (sich auswirken)* 39
ripescare *(aufstöbern)* 7
ripetere *(wiederholen)* 15
ripiegare *(zusammenfalten)* 11
riporre *(wieder stellen, wieder legen)* 34
riposare *(ausruhen)* 3
riprendere *(wieder nehmen, fortsetzen)* 83
riprodurre *(reproduzieren)* 23
ripromettersi + *E (sich vornehmen)* 77
riproporsi + *E (sich wiederholen)* 34
ripudiare *(verstoßen)* 13
ripulire *(wieder sauber machen)* 104
risalire + *A / E (wieder hinaufgehen)* 110
risapere *pres.: risò, risà (erfahren)* 37
risarcire *(entschädigen)* 104
rischiare *(riskieren)* 13
riscuotere *(erzielen)* 39
risentire *(leiden)* 101
riservare *(reservieren)* 3
risolvere *(lösen)* 51
risorgere + *E (wieder aufleben)* 94
risparmiare *(sparen)* 13
risplendere + *E (strahlen)* 83
rispondere *(antworten)* 89
ristabilire *(wiederherstellen)* 104
ritagliare *(ausschneiden)* 14
ritardare *(sich verspäten)* 3
ritenere *(glauben)* 43
ritoccare *(nachbessern)* 7
ritorcere *(zurückgeben)* 98
ritornare + *E (zurückkommen)* 3
ritrarre *(darstellen)* 44
riunire *(versammeln)* 104
riuscire + *E (es schaffen)* 112
rivalersi + *E (wieder in Anspruch nehmen)* 45
rivangare *(wieder aufrühren)* 11
rivedere *(wieder sehen)* 46
rivendicare *(fordern)* 7
riverire *(achten)* 104
rivestire *(verkleiden)* 101
rivivere + *E (wieder lebendig werden)* 47
rivolgere *(richten)* 100
rodere *(nagen)* 90
rompere *(zerbrechen)* 91
rosicchiare *(knabbern)* 13
rovesciare *(verschütten, umwerfen)* 9
rovinare *(ruinieren)* 3
rubare *(stehlen)* 3
ruggire *(brüllen)* 104
rumoreggiare *(toben)* 10
russare *(schnarchen)* 3

S

saccheggiare *(plündern)* 10
sacrificare *(opfern)* 7
saggiare *(prüfen)* 10
salire + *E (hochgehen, einsteigen)* 110
saltare + *A / E (springen)* 3
salvare *(retten)* 3
sancire *(bestätigen)* 104
sanificare *(pasteurisieren)* 7
sapere *(wissen, erfahren, können)* 37
saziare *(sättigen)* 13
sbadigliare *(gähnen)* 14
sbagliare *(einen Fehler machen)* 14
sbalordire *(verblüffen)* 104
sbaragliare *(besiegen)* 14
sbarcare + *A / E*
(aussteigen lassen / an Land gehen) 7
sbiadire + *A / E (ausbleichen)* 104
sbiancare + *A / E (bleichen / erblassen)* 7
sbigottire + *A / E (erschüttern / bestürzt sein)* 104
sbilanciare *(aus dem Gleichgewicht bringen)* 6
sbizzarrirsi + *E (sich austoben)* 104
sbloccare *(freigeben)* 7
sboccare + *A / E (abgießen / münden)* 7
sbocciare + *E (aufblühen)* 6

Verbliste Italienisch

sbollire + *A/E*
(nicht mehr kochen/nachlassen) 101/104
sbrigare *(erledigen)* 11
sbrigarsi + *E (sich beeilen)* 11
sbrogliare *(entwirren)* 14
sbucare + *E (auftauchen)* 7
sbucciare *(schälen)* 6
scacciare *(wegjagen)* 6
scadere + *E (ablaufen)* 18
scagliare *(schleudern)* 14
scaldare *(wärmen)* 3
scalfire *(schürfen)* 104
scambiare *(verwechseln)* 13
scandagliare *(loten)* 14
scandire *(deutlich aussprechen)* 104
scarabocchiare *(kritzeln)* 13
scaricare *(ausladen)* 7
scarseggiare *(knapp sein)* 10
scaturire + *E (entspringen)* 104
scavalcare *(klettern über)* 7
scegliere *(auswählen)* 38
scendere + *E*
(hinuntergehen, aussteigen, sinken) 83
sceneggiare *(in ein Drehbuch umarbeiten)* 10
schernire *(verhöhnen)* 104
scherzare *(Spaß machen)* 3
schiacciare *(zerdrücken)* 6
schiaffeggiare *(ohrfeigen)* 10
schiarire + *A/E (aufhellen/sich aufhellen)* 104
schioccare *(schnalzen mit)* 7
schiudere *(leicht öffnen)* 20
sciare *(Ski laufen)* 5
scindere *(trennen)* 92
scioccare *(schockieren)* 7
sciogliere *(auflösen)* 21
scivolare + *E (rutschen)* 3
scoccare + *A/E (schlagen)* 7
scocciare *(nerven)* 6
scolorire + *A/E (ausbleichen)* 104
scolpire *(meißeln)* 104
scommettere *(wetten)* 77
scomparire + *E (verschwinden)* 102
scompigliare *(zerzausen)* 14
scomporre *(durcheinanderbringen)* 34
scomunicare *(exkommunizieren)* 7
sconfiggere *(besiegen)* 68
scongiungere *(trennen)* 73
sconnettere *(faseln)* 88
sconsigliare *(abraten)* 14
scontorcersi + *E (sich krümmen)* 98
sconvenire + *E (sich nicht schicken)* 113
sconvolgere *(erschüttern)* 100
scoperchiare *(abdecken)* 13
scoppiare + *E (platzen)* 13
scoprire *(entdecken)* 103
scoraggiare *(entmutigen)* 10
scorgere *(erblicken)* 94
scorrere + *A/E (durchblättern/fließen)* 57
scorticare *(aufschürfen)* 7
screziare *(besprenkeln)* 13
scrivere *(schreiben)* 93
scrosciare + *A/E (prasseln)* 9
scucire *(auftrennen)* 105
scuocere *(verkochen)* 24
scuotere *(schütteln)* 39
scusarsi + *E (sich entschuldigen)* 3
sdoppiare *(aufteilen)* 13
sdraiarsi + *E (sich hinlegen)* 13
seccare + *A/E (trocknen)* 7
sedere *(sitzen)* 40
sedurre *(verführen)* 23
segare *(sägen)* 11
segregare *(isolieren)* 11
seguire + *A/E (folgen)* 101
sembrare + *E (scheinen)* 3
semplificare *(vereinfachen)* 7
sentenziare *(verhängen)* 13
sentire *(hören)* 101
separare *(trennen)* 3
seppellire *(begraben)* 104
serpeggiare *(sich schlängeln)* 10
servire + *A/E (bedienen/nützen)* 101
seviziare *(misshandeln)* 13
sfare *(auseinandernehmen)* 28
sfasciare *(den Verband abnehmen von)* 9
sfidare *(herausfordern)* 3
sfiorire + *E (verwelken)* 104
sfociare + *E (münden)* 6
sfogare + *A/E (auslassen/entweichen)* 11
sfoggiare *(prunken)* 10
sfogliare *(durchblättern)* 14
sfrecciare + *E (vorbeischießen)* 6
sfregiare *(verunstalten)* 10
sfruttare *(ausnutzen)* 3
sfuggire + *A/E (meiden/entwischen)* 101
sganasciarsi + *E (sich die Kinnlade ausrenken)* ... 9
sganciare *(abhängen)* 6
sgonfiare + *A/E*
(Luft ablassen aus/abschwellen) 13
sgorgare + *E (sprudeln)* 11
sgranchirsi + *E (sich die Beine vertreten)* 104
sgranocchiare *(knabbern)* 13
sgualcire *(zerknittern)* 104
sguinzagliare *(von der Leine lassen)* 14

sgusciare *(enthülsen)* ... 9
significare *(bedeuten)* ... 7
simboleggiare *(symbolisieren)* ... 10
slacciare *(aufbinden)* ... 6
slanciarsi + E *(sich stürzen)* ... 6
slegare *(aufbinden)* ... 11
slogare *(sich verstauchen)* ... 11
sloggiare *(vertreiben)* ... 10
smacchiare *(die Flecken entfernen aus)* ... 13
smagliare *(Laufmaschen machen in)* ... 14
smaltire *(aufbrauchen)* ... 104
smarrire *(verlieren)* ... 104
smerciare *(absetzen)* ... 6
sminuire *(herabsetzen)* ... 104
smuovere *(verrücken)* ... 30
snellire *(schlank machen)* ... 104
sobbarcarsi + E *(sich aufbürden)* ... 7
sobbollire *(köcheln)* ... 101
socchiudere *(anlehnen)* ... 20
soccorrere *(zu Hilfe kommen)* ... 57
soddisfare *(zufriedenstellen)* ... 28
soffiare *(blasen)* ... 13
soffocare + A / E *(ersticken)* ... 7
soffondere *(färben)* ... 70
soffriggere *(anbraten)* ... 68
soffrire *(leiden)* ... 108
sofisticare *(panschen)* ... 7
soggiacere + E *(unterliegen)* ... 33
soggiungere *(hinzufügen)* ... 73
sognare *(träumen)* ... 3
solidificare + A / E *(fest werden lassen / erstarren)* ... 7
solleticare *(anregen)* ... 7
somigliare *(ähneln)* ... 14
sommergere *(überschwemmen)* ... 62
sommuovere *(aufhetzen)* ... 30
sonnecchiare *(dösen)* ... 13
sopportare *(ertragen)* ... 3
sopprimere *(abschaffen)* ... 67
sopraffare *(überwältigen)* ... 28
sopraggiungere + E *(auftauchen)* ... 73
soprassedere *(aufschieben)* ... 40
sopravvenire + E *(plötzlich auftreten)* ... 113
sopravvivere + E *(überleben)* ... 47
soprintendere *(vorstehen)* ... 83
sorbire *(schlürfen)* ... 104
sorgere + E *(aufgehen)* ... 94
sorpassare *(überholen)* ... 3
sorprendere *(überraschen)* ... 83
sorreggere *(stützen)* ... 76
sorridere *(lächeln)* ... 87
sorseggiare *(in kleinen Schlucken trinken)* ... 10
sorteggiare *(auslosen)* ... 10
sorvegliare *(überwachen)* ... 14
sospendere *(aussetzen)* ... 83
sospingere *(treiben zu)* ... 69
sostenere *(stützen, behaupten)* ... 43
sostituire *(auswechseln, ersetzen)* ... 104
sottacere *(verschweigen)* ... 42
sottendere *(mit sich bringen)* ... 83
sottintendere *(durchblicken lassen)* ... 83
sottoesporre *(unterbelichten)* ... 34
sottomettere *(unterwerfen)* ... 77
sottoporre *(unterziehen)* ... 34
sottoscrivere *(unterzeichnen)* ... 93
sottostare + E *(unterstehen)* ... 12
sottrarre *(entziehen)* ... 44
sovraccaricare *(überladen)* ... 7
sovraesporre *(überbelichten)* ... 34
sovraimporre *(Steuerzuschläge erheben)* ... 34
sovraintendere *(vorstehen)* ... 83
sovrapporre *(übereinanderlegen)* ... 34
sovrimporre *(Steuerzuschläge erheben)* ... 34
sovrintendere *(vorstehen)* ... 83
sovvenire + A / E *(helfen / in den Sinn kommen)* ... 113
sovvertire *(umstürzen)* ... 101
spaccare *(zerbrechen)* ... 7
spacciare *(in Umlauf bringen)* ... 6
spalancare *(aufsperren)* ... 7
spandere *(ausbreiten)* ... 65
sparecchiare *(den Tisch abräumen)* ... 13
spargere *(ausstreuen)* ... 95
sparire + E *(verschwinden)* ... 104
sparpagliare *(verstreuen)* ... 14
spartire *(aufteilen)* ... 104
spaventare *(erschrecken)* ... 3
spazientirsi + E *(die Geduld verlieren)* ... 104
specchiarsi + E *(in den Spiegel sehen)* ... 13
specificare *(genauer angeben)* ... 7
spedire *(schicken)* ... 104
spegnere *(ausmachen)* ... 41
spendere *(ausgeben)* ... 83
sperare *(hoffen)* ... 3
spiacere + E *(leidtun)* ... 33
spiare *(bespitzeln)* ... 5
spiccare *(hervorstechen)* ... 7
spicciare *(erledigen)* ... 6
spiegare *(erklären)* ... 11
spingere *(schieben)* ... 69
splendere *(strahlen)* ... 83
spogliare *(ausziehen)* ... 14
sporcare *(schmutzig machen)* ... 7
sporgere + A / E *(hinausstrecken / herausragen)* ... 94
sposare *(heiraten)* ... 3

sprecare *(verschwenden)* 7
sprovvedere *fut. + cond. regelmäßig (alle nötigen Mittel entziehen)* 46
spurgare *(ausspülen)* 11
sputare *(spucken)* 3
squagliarsi + *E (schmelzen, sich davonmachen)* 14
squalificare *(disqualifizieren)* 7
squittire *(quieken)* 104
sradicare *(entwurzeln)* 7
stabilire *(festlegen)* 104
staccare *(abtrennen)* 7
stagliarsi + *E (sich abheben)* 14
stampare *(drucken)* 3
stancare *(ermüden)* 7
stanziare *(bereitstellen)* 13
stare + *E (sein, bleiben)* 12
starnutire *(niesen)* 104
stendere *(ausstrecken)* 83
stimare *(schätzen)* 3
stingere *(bleichen)* 69
stirare *(bügeln)* 3
stizzirsi + *E (sich ärgern)* 104
storcere *(verbiegen)* 98
stordire *(benommen machen)* 104
stormire *(rascheln)* 104
storpiare *(verkrüppeln)* 13
strabenedire *(vieltausendmal segnen)* 25
stracciare *(zerreißen)* 6
stracuocere *(zu lange kochen)* 24
strafare *(übertreiben)* 28
stragodere *(sich freuen wie ein Schneekönig)* 29
stralciare *(streichen)* 6
stramaledire *(in Grund und Boden verfluchen)* 25
straperdere *(viel Geld verlieren)* 80
strappare *(zerreißen)* 3
strascicare *(nachschleifen)* 7
stravedere *(abgöttisch lieben)* 46
stravincere *(haushoch gewinnen)* 99
stravolere *(zu viel wollen)* 48
stravolgere *(verdrehen)* 100
straziare *(quälen)* 13
stregare *(verhexen)* 11
stringere *(drücken)* 96
strisciare *(schleifen)* 9
stroncare *(abreißen)* 7
stropicciare *(zerknautschen)* 6
struggere *(aufzehren)* 97
stuccare *(verputzen)* 7
studiare *(lernen, studieren)* 13
stupefare *(erstaunen)* 28
stupire + *A / E (erstaunen / staunen)* 104
stuzzicare *(reizen)* 7
subire *(erleiden)* 104
succedere + *E (geschehen)* 54
succhiare *(saugen)* 13
succingere *(hochschürzen)* 69
sudare *(schwitzen)* 3
suddividere *(aufteilen)* 87
suggerire *(empfehlen)* 104
suonare *(spielen)* 3
supplicare *(anflehen)* 7
supplire *(vertreten)* 104
supporre *(vermuten)* 34
susseguire *(folgen)* 101
sussistere + *E (bestehen)* 86
svagare *(ablenken)* 11
svaligiare *(ausrauben)* 10
svanire + *E (verschwinden)* 104
svegliare *(wecken)* 14
svenire + *E (ohnmächtig werden)* 113
svestire *(ausziehen)* 101
sviare *(ablenken)* 5
svilire *(erniedrigen)* 104
sviluppare *(entwickeln)* 3
svolgere *(ausführen)* 100

T

tacere *(schweigen)* 42
tagliare *(schneiden)* 14
taglieggiare *(erpressen)* 10
tartagliare *(stottern)* 14
telefonare *(telefonieren)* 3
temporeggiare *(Zeit gewinnen)* 10
tendere *(spannen, neigen zu)* 83
tenere *(halten)* 43
tentare *(versuchen)* 3
terminare + *A / E (beenden / enden)* 3
testimoniare *(bezeugen)* 13
timbrare *(abstempeln)* 3
tingere *(färben)* 69
tiranneggiare *(tyrannisieren)* 10
tirare *(ziehen, werfen)* 3
toccare + *A / E (berühren / an der Reihe sein)* 7
togliere *(wegräumen)* 21
tonificare *(stärken)* 7
torcere *(verdrehen)* 98
torchiare *(pressen)* 13
tornare + *E (zurückkehren)* 3
torrefare *(rösten)* 28
tossire *(husten)* 104
traboccare + *A / E (überlaufen)* 7

tracciare *(abstecken)* ... 6
tradire *(verraten, betrügen)* ... 104
tradurre *(übersetzen)* ... 23
trafficare *(handeln)* ... 7
trafiggere *(durchbohren)* ... 68
trafugare *(entwenden)* ... 11
tralasciare *(auslassen)* ... 9
tramettere *(dazwischenstellen)* ... 78
tramortire + *A/E (bewusstlos machen/ohnmächtig werden)* ... 104
trangugiare *(hinunterschlingen)* ... 10
transigere *(nachgeben)* ... 84
trarre *(ziehen, entnehmen)* ... 44
trasalire + *A/E (zusammenfahren)* ... 104
trascendere *(zu weit gehen)* ... 83
trascorrere + *A/E (verbringen/vergehen)* ... 57
trascrivere *(abschreiben)* ... 93
trascurare *(vernachlässigen)* ... 3
trasferire *(versetzen)* ... 104
trasfondere *(übertragen)* ... 70
trasformare *(verwandeln)* ... 3
trasgredire *(übertreten)* ... 104
traslocare *(umziehen)* ... 7
trasmettere *(übertragen)* ... 77
trasparire + *E (durchscheinen)* ... 102
trasporre *(umsetzen)* ... 34
trasportare *(transportieren)* ... 3
trattare *(behandeln)* ... 3
tratteggiare *(stricheln)* ... 10
trattenere *(aufhalten, zurückhalten)* ... 43
travagliare *(plagen)* ... 14
travestire *(verkleiden)* ... 101
traviare *(auf Abwege führen)* ... 5
travolgere *(überfahren, überwältigen)* ... 100
trebbiare *(dreschen)* ... 13
tremare *(zittern)* ... 3
trinciare *(tranchieren)* ... 6
triplicare *(verdreifachen)* ... 7
troncare *(abschlagen)* ... 7
troneggiare *(thronen)* ... 10
trovare *(finden)* ... 3
truccare *(schminken)* ... 7
tumefare *(anschwellen lassen)* ... 28

U

ubbidire *(gehorchen)* ... 104
ubriacare *(betrunken machen)* ... 7
uccidere *(töten)* ... 87
udire *(hören)* ... 111
uguagliare *(gleichmachen)* ... 14
umiliare *(demütigen)* ... 13
ungere *(einfetten)* ... 72
unificare *(vereinigen)* ... 7
unire *(verbinden)* ... 104
urgere *(-) p.r., (-) p.p. (dringend nötig sein)* ... 15
urlare *(schreien)* ... 3
usare *(benutzen)* ... 3
uscire + *E (ausgehen)* ... 112

V

vagare *(umherziehen)* ... 11
vagheggiare *(sich herbeisehnen)* ... 10
vagliare *(abwägen)* ... 14
valere + *A/E (wert sein)* ... 45
valicare *(passieren)* ... 7
vaneggiare *(fantasieren)* ... 10
vangare *(umgraben)* ... 11
varcare *(überschreiten)* ... 7
variare + *A/E (abändern/sich ändern)* ... 13
vedere *(sehen)* ... 46
vegliare *(wachen)* ... 14
veleggiare *(segeln)* ... 10
vendemmiare *(lesen)* ... 13
vendere *(verkaufen)* ... 16
vendicare *(rächen)* ... 7
venire + *E (kommen, kosten)* ... 113
vergare *(mit der Hand schreiben)* ... 11
vergognarsi + *E (sich schämen)* ... 3
verificare *(prüfen)* ... 7
verniciare *(streichen)* ... 6
vestire *(anziehen, sich kleiden)* ... 101
vezzeggiare *(verhätscheln)* ... 10
viaggiare *(reisen)* ... 10
vigere *(-) p.r., (-) p.p. (in Kraft sein)* ... 15
vilipendere *(beschimpfen)* ... 83
villeggiare *(Urlaub machen)* ... 10
vincere *(gewinnen)* ... 99
visitare *(besichtigen, untersuchen)* ... 3
vivere + *A/E (leben)* ... 47
vivificare *(erfrischen)* ... 7
viziare *(verwöhnen)* ... 13
vociare *(schreien)* ... 6
vogare *(rudern)* ... 11
volare + *A/E (fliegen)* ... 3
volere *(wollen)* ... 48
volgere *(richten)* ... 100
volteggiare *(kreisen)* ... 10
vuotare *(leeren)* ... 3

X

xerocopiare *(xerokopieren)* ... 13

Z

zoppicare *(hinken)* ... 7

Alphabetische Verbliste Deutsch - Italienisch

Hier finden Sie die Verbliste alphabetisch nach den deutschen Verben sortiert. Die Nummern hinter den italienischen Verben verweisen auf das entsprechende Konjugationsmuster. Die vorne im Buch vollständig konjugierten Musterverben sind in dieser Liste blau gedruckt.

A

abändern *(variare + A)* ... 13
abdanken *(abdicare)* ... 7
abdecken *(scoperchiare)* ... 13
abfeuern *(esplodere + A)* ... 90
abfüllen, in Flaschen *(imbottigliare)* ... 14
abgewöhnen, sich *(disassuefarsi + E)* ... 28
abgießen *(sboccare + A)* ... 7
abgrenzen *(circoscrivere)* ... 93
abhängen *(dipendere + E)* ... 83
abhängen *(sganciare)* ... 6
abheben, sich *(stagliarsi + E)* ... 14
abkratzen *(raschiare)* ... 13
abkühlen *(rinfrescare + A)* ... 7
abkühlen, sich *(raffreddarsi + E)* ... 3
abkürzen *(abbreviare)* ... 13
ablaufen *(scadere + E)* ... 18
ablecken *(lambire)* ... 104
ablegen *(poggiare)* ... 10
ablehnen *(rifiutare)* ... 3
ablenken *(astrarre, distrarre)* ... 44
ablenken *(distogliere)* ... 21
ablenken *(svagare)* ... 11
ablenken *(sviare)* ... 5
abmühen, sich *(faticare)* ... 7
abnehmen *(dimagrire + E)* ... 104
abraten *(sconsigliare)* ... 14
abräumen, den Tisch *(sparecchiare)* ... 13
abreisen *(partire + E)* ... 101
abreißen *(stroncare)* ... 7
absagen *(disdire)* ... 25
abschaffen *(abolire)* ... 104
abschaffen *(sopprimere)* ... 67
abschlagen *(troncare)* ... 7
abschleppen *(rimorchiare)* ... 13
abschneiden *(precidere, recidere)* ... 87
abschreiben *(trascrivere)* ... 93
abschweifen *(divagare)* ... 11
abschwellen *(sgonfiare + E)* ... 13
absehen *(prescindere)* ... 92
absetzen *(destituire)* ... 104
absetzen *(smerciare)* ... 6
abstammen *(discendere + E)* ... 83
abstecken *(tracciare)* ... 6
abstellen *(deporre)* ... 34
abstempeln *(timbrare)* ... 3
abstoßen *(repellere)* ... 66
abtreiben *(abortire)* ... 104
abtrennen *(distaccare, staccare)* ... 7
abwägen *(vagliare)* ... 14
abweichen *(deflettere)* ... 88
abweichen *(derogare)* ... 11
abweiden *(brucare)* ... 7
abweisen *(respingere)* ... 69
abziehen *(defalcare)* ... 7
abziehen *(detrarre)* ... 44
achten *(riverire)* ... 104
ähneln *(assomigliare, rassomigliare, somigliare)* ... 14
alt machen *(invecchiare + A)* ... 13
alt werden *(invecchiare + E)* ... 13
amüsieren *(divertire)* ... 101
an der Reihe sein *(toccare + E)* ... 7
an Land gehen *(sbarcare + E)* ... 7
anbeißen *(abboccare)* ... 7
anbieten *(offrire)* ... 108
anbinden *(legare)* ... 11
anbraten *(soffriggere)* ... 68
anbringen *(affiggere)* ... 49
anbringen *(applicare)* ... 7
anbringen *(apporre)* ... 34
andauern *(continuare + E)* ... 3
andauern *(proseguire + E)* ... 101
ändern, sich *(variare + E)* ... 13
aneignen, sich *(impadronirsi + E)* ... 104
anerkennen, nicht *(disconoscere)* ... 55
anfahren, *(jdn.)* *(investire)* ... 101
anfangen *(iniziare + A/E)* ... 13
anflehen *(invocare, supplicare)* ... 7
angeln *(pescare)* ... 7
angliedern *(aggregare)* ... 11
angreifen *(aggredire)* ... 104
angreifen *(assalire)* ... 110
angreifen *(intaccare)* ... 7
Angst einjagen *(intimorire)* ... 104
ängstigen *(angosciare)* ... 9
anhalten *(fermare)* ... 3

anhängen (*agganciare*) 6
anhäufen (*ammucchiare*) 13
ankommen (*arrivare + E*) 3
ankommen (*giungere + E*) 73
ankündigen (*preludere*) 20
anlehnen (*appoggiare*) 10
anlehnen (*socchiudere*) 20
anmelden (*iscrivere*) 93
annehmen (*accettare*) 3
annehmen (*assumere, presumere*) 52
anordnen (*disporre*) 34
anordnen (*ingiungere*) 73
anregen (*invogliare*) 14
anregen (*solleticare*) 7
anschicken, sich (*accingersi + E*) 69
anschwellen (*gonfiare + E*) 13
anschwellen lassen (*tumefare*) 28
ansehen (*guardare*) 3
anspannen (*contrarre*) 44
anspielen (*alludere*) 20
anstecken (*contagiare*) 10
anstiften (*istigare*) 11
anstreben (*ambire*) 104
anstrengen (*affaticare*) 7
antworten (*rispondere*) 89
anwenden (*applicare*) 7
anzeigen (*deferire*) 104
anzeigen (*denunciare*) 6
anzeigen (*denunziare*) 13
anzetteln (*ordire*) 104
anziehen (*attrarre*) 44
anziehen (*vestire*) 101
anzünden (*accendere*) 83
anzünden (*incendiare*) 13
arbeiten (*lavorare*) 3
archivieren (*archiviare*) 13
ärgern, sich (*arrabbiarsi + E*) 13
ärgern, sich (*indispettire + E, stizzirsi + E*) 104
argwöhnisch machen (*insospettire + A*) 104
arm machen (*impoverire + A*) 104
atmen (*respirare*) 3
auf Abwege führen (*traviare*) 5
auf sich ziehen (*attirare*) 3
aufbauen (*montare + A*) 3
aufbauschen (*ingigantire + A*) 104
aufbewahren (*custodire*) 104
aufbinden (*slacciare*) 6
aufbinden (*slegare*) 11
aufblenden (*lampeggiare + A*) 10
aufblühen (*sbocciare + E*) 6
aufbrauchen (*smaltire*) 104
aufbrechen (*manomettere*) 78
aufbürden, sich (*sobbarcarsi + E*) 7
aufdrücken (*imprimere*) 67
auferlegen (*imporre*) 34
auferlegen (*infliggere*) 68
auffinden (*rinvenire + A*) 113
aufforsten (*imboschire + A*) 104
aufgabeln (*inforcare*) 7
aufgehen (*sorgere + E*) 94
aufhalten (*trattenere*) 43
aufhängen (*appendere*) 83
aufheben (*raccogliere*) 21
aufhellen (*schiarire + A*) 104
aufhellen, sich (*schiarire + E*) 104
aufhetzen (*sommuovere*) 30
aufklaren (*chiarire + E*) 104
auflaufen (*incagliare + E*) 14
auflehnen, sich (*insorgere + E*) 94
auflisten (*elencare*) 7
auflösen (*disciogliere, sciogliere*) 21
auflösen (*dissolvere*) 51
aufmuntern (*rinfrancare*) 7
aufnehmen (*registrare*) 3
aufpumpen (*gonfiare + A*) 13
aufräumen (*ravviare*) 5
aufrechterhalten (*mantenere*) 43
aufregen, sich (*corrucciarsi + E*) 6
aufrollen (*aggrovigliare*) 14
aufsaugen (*assorbire*) 101/104
aufschieben (*soprassedere*) 40
aufschürfen (*scorticare*) 7
aufsetzen (*redigere*) 84
aufsperren (*spalancare*) 7
aufspielen, sich (*atteggiarsi + E*) 10
aufstehen (*alzarsi + E*) 3
aufstöbern (*ripescare*) 7
auftauchen (*emergere + E*) 62
auftauchen (*sbucare + E*) 7
auftauchen (*sopraggiungere + E*) 73
aufteilen (*dividere, suddividere*) 87
aufteilen (*sdoppiare*) 13
aufteilen (*spartire, ripartire + A*) 104/101
auftrennen (*scucire*) 105
aufwickeln (*attorcigliare*) 14
aufzehren (*struggere*) 97
ausbaggern (*dragare*) 11
ausbleichen (*sbiadire + A/E, scolorire + A/E*) 104
ausbrechen (*evadere + E*) 75
ausbrechen (*prorompere*) 91
ausbreiten (*spandere*) 65
ausdehnen (*espandere*) 65
ausdenken, sich (*concepire*) 104

Verbliste Deutsch

ausdörren (*disseccare*) 7
ausdrücken (*esprimere*) 67
auseinandernehmen (*disfare, sfare*) 28
auseinandergehen (*divergere, (-) p.p.*) 62
auseinanderrücken (*distanziare*) 13
ausfindig machen (*rintracciare*) 6
ausführen (*eseguire*) 104/101
ausführen (*svolgere*) 100
ausgeben (*spendere*) 83
ausgehen (*irradiare + E*) 13
ausgehen (*uscire + E*) 112
ausgleichen (*bilanciare*) 6
ausgleichen (*conguagliare*) 14
aushalten (*reggere*) 76
ausladen (*scaricare*) 7
auslassen (*omettere*) 77
auslassen (*tralasciare*) 9
auslassen (*sfogare + A*) 11
auslassen, sich (*dilungarsi + E*) 11
ausleihen (*prestare*) 3
auslosen (*sorteggiare*) 10
ausmachen (*spegnere*) 41
ausnutzen (*approfittare, sfruttare*) 3
auspacken (*disfare*) 28
ausrauben (*svaligiare*) 10
ausreden, etw. (*dissuadere*) 60
ausruhen (*riposare*) 3
ausrüsten (*equipaggiare*) 10
ausrüsten (*munire*) 104
ausschließen (*escludere*) 20
ausschließen (*estromettere*) 77
ausschneiden (*frastagliare, ritagliare*) 14
ausschreiben (*bandire*) 104
aussetzen (*sospendere*) 83
aussprechen (*proferire*) 104
aussprechen (*pronunciare*) 6
aussprechen (*pronunziare*) 13
aussprechen, deutlich (*scandire*) 104
ausspülen (*spurgare*) 11
aussteigen (*scendere + E*) 83
aussteigen lassen (*sbarcare + A*) 7
ausstellen (*esporre*) 34
ausstellen (*rilasciare*) 9
ausstoßen (*erompere*) 91
ausstoßen (*espellere*) 66
ausstrahlen (*irradiare + A*) 13
ausstrecken (*protendere, stendere*) 83
ausstreuen (*spargere*) 95
ausströmen (*emettere*) 77
austeilen (*profondere*) 70
austoben, sich (*sbizzarrirsi + E*) 104
austrocknen (*inaridire + A/E*) 104
ausüben (*esplicare, praticare*) 7
auswählen (*scegliere*) 38
auswandern (*emigrare + A/E*) 3
auswandern (*espatriare + E*) 13
auswaschen (*erodere*) 90
auswechseln (*sostituire*) 104
auswirken, sich (*incidere*) 87
auswirken, sich (*ripercuotersi + E*) 39
auswringen (*contorcere*) 98
auszeichnen (*contraddistinguere*) 61
auszeichnen (*insignire*) 104
auszeichnen (*premiare*) 13
ausziehen (*spogliare*) 14
ausziehen (*svestire*) 101

B

bauen (*costruire*) 104
bearbeiten, fein (*rifinire*) 104
beauftragen (*delegare*) 11
beauftragen (*incaricare*) 7
bedauern (*compiangere*) 81
bedauern (*dolersi + E*) 26
bedauern (*rammaricarsi + E*) 7
bedecken (*ricoprire*) 103
bedeuten (*significare*) 7
bedienen (*servire + A*) 101
bedrohen (*minacciare*) 6
bedrücken (*affliggere*) 68
bedrücken (*angustiare*) 13
beeilen, sich (*sbrigarsi + E*) 11
beeinflussen (*influenzare*) 3
beeinflussen (*influire*) 104
beenden (*compiere*) 22
beenden (*compire, finire + A*) 104
beenden (*conchiudere, concludere*) 20
beenden (*terminare + A*) 3
befestigen (*attaccare*) 7
befördern (*promuovere*) 30
befragen (*interrogare*) 11
befreien (*liberare*) 3
befreien (*redimere*) 85
befriedigen (*appagare*) 11
befürworten (*caldeggiare*) 10
begehen (*commettere*) 77
beginnen (*cominciare + A/E, incominciare + A/E*) 6
beginnen (*esordire*) 104
beglaubigen (*autenticare*) 7
begleiten (*accompagnare*) 3
begnadigen (*amnistiare*) 5
begnadigen (*graziare*) 13
begraben (*seppellire*) 104

begradigen *(rettificare)* 7
begreifen *(apprendere)* 83
begrenzen *(limitare)* 3
begünstigen *(avvantaggiare)* 10
behandeln *(trattare)* 3
beharren *(persistere)* 86
behaupten *(sostenere)* 43
behelfen, sich *(arrangiarsi + E)* 10
beherbergen *(ospitare)* 3
beherrschen *(padroneggiare)* 10
behindern *(impacciare, intralciare)* 6
behindern *(incagliare + A)* 14
Beifall klatschen *(applaudire)* 101/104
beifügen *(accludere)* 20
beifügen *(allegare)* 11
beifügen *(annettere)* 88
beißen *(mordere)* 78
beißen *(morsicare)* 7
beistehen *(assistere)* 86
beitragen *(concorrere)* 57
beitragen *(contribuire)* 104
beitreten *(aderire)* 104
bekämpfen *(osteggiare)* 10
bekanntgeben *(annunciare)* 6
bekanntgeben *(annunziare)* 13
bekanntgeben *(comunicare)* 7
bekehren *(convertire)* 101
beklagen, sich *(lamentarsi + E)* 3
bekleckern *(macchiare)* 13
bekommen *(ricevere)* 29
bekräftigen *(ribadire)* 104
belagern *(assediare)* 13
belasten *(opprimere)* 67
belasten, mit einer Hypothek *(ipotecare)* 7
belästigen *(infastidire)* 104
beleidigen *(ingiuriare)* 13
beleidigen *(insultare)* 3
beleidigen *(offendere)* 83
beleidigen, schwer *(oltraggiare)* 10
bellen *(abbaiare)* 13
belohnen *(ripagare)* 11
bemerken *(accorgersi + E)* 94
bemerken *(avvedersi + E, p.p. nur regelmäßig)* 46
bemitleiden *(compatire)* 104
benachrichtigen, im Voraus *(preavvertire)* 101
benehmen, sich *(comportarsi + E)* 3
beneiden *(invidiare)* 13
benommen machen *(stordire)* 104
benötigt werden *(occorrere + E)* 57
benutzen *(adibire)* 104
benutzen *(adoperare, usare)* 3
berauschen *(inebriare)* 13
berechnen *(conteggiare)* 10
bereichern *(arricchire + A)* 104
bereiten *(recare)* 7
bereitstellen *(stanziare)* 13
bereuen *(pentirsi + E)* 101
berichten *(riferire)* 104
beruhigen *(calmare)* 3
beruhigen *(placare)* 7
berühren *(toccare + A)* 7
beschädigen *(danneggiare)* 10
beschatten *(ombreggiare)* 10
bescheinigen *(certificare)* 7
beschenken *(beneficare)* 7
beschimpfen *(vilipendere)* 83
beschlagnahmen *(confiscare)* 7
beschlagnahmen *(requisire)* 104
beschleunigen *(accelerare)* 3
beschmutzen *(insudiciare)* 6
beschneiden *(circoncidere)* 87
beschreiben *(descrivere)* 93
beseitigen *(eliminare, levare)* 3
beseitigen *(rimuovere)* 30
besichtigen *(visitare)* 3
besiegen *(sbaragliare)* 14
besiegen *(sconfiggere)* 68
besitzen *(possedere)* 40
bespitzeln *(spiare)* 5
besprengen *(aspergere)* 62
besprenkeln *(screziare)* 13
bestätigen *(confermare)* 3
bestätigen *(sancire)* 104
bestechen *(corrompere)* 91
bestehen *(consistere + E, insistere, sussistere + E)* 86
bestehen, nebeneinander *(coesistere + E)* 86
bestehen, vorher *(preesistere + E)* 86
besteigen *(ascendere + E)* 83
bestellen *(ordinare)* 3
bestrafen *(castigare)* 11
bestrafen *(punire)* 104
bestreuen *(cospargere)* 95
bestreuen *(cospergere)* 62
bestürzt sein *(sbigottire + E)* 104
beten *(pregare)* 11
betrachten *(considerare)* 3
betreffen *(concernere, (-) p.p.)* 15
betrüben *(crucciare)* 6
betrügen *(imbrogliare)* 14
betrügen *(ingannare)* 3
betrügen *(tradire)* 104
betrunken machen *(ubriacare)* 7
betteln *(mendicare)* 7

beunruhigen *(impensierire)* 104
beurteilen *(giudicare)* 7
bevölkern *(gremire)* 104
bevorzugen *(prediligere)* 64
bewässern *(irrigare)* 11
bewegen *(muovere)* 30
bewirten *(albergare)* 11
bewundern *(ammirare)* 3
bewusstlos machen *(tramortire + A)* 104
bezaubern *(ammaliare)* 5
bezeichnen *(qualificare)* 7
bezeugen *(testimoniare)* 13
biegen *(flettere)* 88
biegen, sich nach außen *(estroflettersi + E)* 88
bilden *(costituire)* 104
bilden *(formare)* 3
binden *(rilegare)* 11
bitten *(pregare)* 11
blasen *(soffiare)* 13
blass werden *(impallidire + E)* 104
blau anlaufen *(illividire + E)* 104
bläulich machen *(illividire + A)* 104
bleiben *(restare + E)* 3
bleiben *(permanere + E, (-) p.p., rimanere + E)* 36
bleiben *(stare + E)* 12
bleichen *(stingere)* 69
bleichen *(sbiancare + A)* 7
blenden *(abbagliare)* 14
blind machen *(accecare + A)* 7
blitzen *(lampeggiare + E)* 10
blond werden *(imbiondire + E)* 104
blondieren *(imbiondire + A)* 104
blühen *(fiorire)* 104
braten *(arrostire + A/E)* 104
brauchen *(impiegare)* 11
bräunen, sich *(abbronzarsi + E)* 3
bremsen *(frenare)* 3
brennen *(ardere + E)* 50
brennen *(bruciare + E)* 6
bringen *(portare)* 3
bringen, in Umlauf *(spacciare)* 6
bringen, mit sich *(implicare)* 7
brüllen *(ruggire)* 104
buchen *(prenotare)* 3
bügeln *(stirare)* 3
büßen *(espiare)* 5

D

dämmern *(albeggiare + E)* 10
dämmern *(imbrunire + E)* 104
dämpfen *(attutire)* 104
danken *(ringraziare)* 13
darlegen *(enunciare)* 6
darstellen *(rappresentare)* 3
darstellen *(ritrarre)* 44
dauern *(durare + E)* 3
davonmachen, sich *(squagliarsi + E)* 14
dazwischenliegen *(intercorrere + E)* 57
dazwischenschieben *(frammettere)* 77
dazwischenstellen *(inframmettere)* 77
dazwischenstellen *(tramettere)* 78
decken *(apparecchiare)* 13
definieren *(definire)* 104
degradieren *(retrocedere + A)* 54
demütigen *(umiliare)* 13
den Gegenvorschlag machen *(controproporre)* 34
den Hof machen *(corteggiare)* 10
denken *(pensare)* 3
deprimieren *(avvilire)* 104
deprimieren *(deprimere)* 67
diagnostizieren *(diagnosticare)* 7
dichter werden *(infittire + E, infoltire + E)* 104
dick machen *(ingrassare + A)* 3
dienen *(fungere)* 72
diskutieren *(discutere)* 59
disqualifizieren *(squalificare)* 7
dösen *(sonnecchiare)* 13
drapieren *(drappeggiare)* 10
drehen *(girare)* 3
dreschen *(trebbiare)* 13
dribbeln *(palleggiare)* 10
dringend nötig sein *(urgere, (-) p.r., (-) p.p.)* 15
drohen *(incombere, (-) p.p.)* 15
drucken *(stampare)* 3
drücken *(pigiare)* 10
drücken *(stringere)* 96
dunkel werden *(rabbuiarsi + E)* 13
dünner machen *(assottigliare)* 14
durchblättern *(sfogliare)* 14
durchblättern *(scorrere + A)* 57
durchblicken lassen *(sottintendere)* 83
durchbohren *(trafiggere)* 68
durcheinanderbringen *(scomporre)* 34
durchfallen lassen *(bocciare)* 6
durchpausen *(ricalcare)* 7
durchscheinen *(trasparire + E)* 102
durchsuchen *(frugare)* 11
durchsuchen *(perquisire)* 104
dürfen *(potere)* 35

E

ehren *(glorificare)* 7
eifersüchtig machen *(ingelosire + A)* 104
eifersüchtig werden *(ingelosire + E)* 104

eifrig bemüht sein *(brigare)* 11
ein Loch machen in *(bucare)* 7
einarbeiten *(impratichire)* 104
einäschern *(incenerire)* 104
einberufen *(convocare)* 7
einberufen *(indire)* 25
einbeschreiben *(inscrivere)* 93
einbilden, sich *(piccarsi + E)* 7
eindringen *(irrompere + E)* 91
einen Fehler machen *(sbagliare)* 14
einfallen *(invadere)* 75
einfangen *(accalappiare)* 13
einfetten *(ungere)* 72
einflößen *(incutere)* 59
einflößen *(infondere)* 70
einführen *(immettere)* 77
einführen *(introdurre)* 23
eingreifen *(intervenire + E)* 113
einladen *(invitare)* 3
einleiten *(avviare)* 5
einmischen, sich *(interferire)* 104
einmischen, sich *(intromettersi + E)* 77
einnehmen *(ingerire)* 104
einnicken *(assopirsi + E)* 104
einordnen *(classificare)* 7
einpacken *(impaccare)* 7
einrahmen *(incorniciare)* 6
einrichten *(arredare)* 3
einschalten *(accendere)* 83
einschärfen *(inculcare)* 7
einschenken *(mescere, p.p.: mesciuto)* 15
einschiffen *(imbarcare)* 7
einschlafen *(addormentarsi + E)* 3
einschlafen *(informicolirsi + E, intorpidire + E)* ... 104
einschließen *(includere)* 20
einschmeicheln, sich *(ingraziarsi + E)* 13
einschneiden *(incidere)* 87
einschüchtern *(intimidire + A)* 104
einsetzen, in ein Amt *(insediare)* 13
einspannen *(aggiogare)* 11
einsperren *(recludere, rinchiudere)* 20
einstecken *(intascare)* 7
einsteigen *(salire + E)* 110
einstellen *(assumere)* 52
einstellen *(ingaggiare)* 10
eintauchen *(immergere)* 62
eintauchen *(intingere)* 69
eintreffen *(pervenire + E)* 113
einwachsen *(incarnire + E)* 104
einwerfen *(imbucare)* 7
einwickeln *(avvolgere, ravvolgere)* 100
einwilligen *(accondiscendere)* 83
elidieren *(elidere)* 87
empfangen *(accogliere)* 21
empfehlen *(raccomandare)* 3
empfehlen *(suggerire)* 104
empfinden *(provare)* 3
emporsteigen *(assurgere + E)* 53
enden *(finire + E)* 104
enden *(terminare + E)* 3
enger machen *(restringere)* 96
entbinden *(disobbligare)* 11
entbinden *(esimere, (-) p.p.)* 15
entdecken *(scoprire)* 103
entfetten *(disungere)* 72
entführen *(rapire)* 104
entgegenkommen *(condiscendere)* 83
entgegensetzen *(opporre)* 34
entgegentreten *(ovviare)* 5
entgleisen *(deragliare)* 14
enthalten *(contenere)* 43
enthalten *(racchiudere)* 20
enthalten, sich *(astenersi + E)* 43
enthülsen *(sgusciare)* 9
entlangfahren *(costeggiare)* 10
entlangfahren *(percorrere)* 57
entlassen *(dimettere)* 77
entlassen *(licenziare)* 13
entlocken *(carpire)* 104
entlohnen *(retribuire)* 104
entmutigen *(scoraggiare)* 10
entnehmen *(arguire)* 104
entnehmen *(evincere)* 99
entnehmen *(trarre)* 44
entschädigen *(risarcire)* 104
entscheiden *(decidere)* 87
entschlüsseln *(decodificare)* 7
entschuldigen, sich *(scusarsi + E)* 3
entsetzen *(inorridire + A/E)* 104
entspannen, sich *(rilassarsi + E)* 3
entsprechen *(confarsi + E)* 28
entsprechen *(corrispondere)* 89
entsprechen *(equivalere + A/E)* 45
entspringen *(scaturire + E)* 104
enttäuschen *(deludere)* 20
entweichen *(fuoriuscire)* 112
entweichen *(sfogare + E)* 11
entwenden *(trafugare)* 11
entwickeln *(sviluppare)* 3
entwirren *(districare)* 7
entwirren *(sbrogliare)* 14
entwischen *(sfuggire + E)* 101
entwurzeln *(sradicare)* 7
entziehen *(sottrarre)* 44

entziehen, alle nötigen Mittel
(*sprovvedere fut. + cond. regelmäßig*) 46
entzünden, sich wieder (*riardere + E*) 50
erahnen (*intuire*) 104
erblassen (*sbiancare + E*) 7
erblicken (*intrav(v)edere*) 46
erblicken (*scorgere*) 94
erblinden (*accecare + E*) 7
erbosen, sich (*accanirsi + E*) 104
erfahren (*apprendere*) 83
erfahren (*risapere pres.: risò, risà, sapere*) 37
erfinden (*inventare*) 3
erfordern (*richiedere*) 19
erfrischen (*vivificare*) 7
erfüllen (*adempiere*) 22
erfüllen (*adempire*) 109
erfüllen (*pervadere*) 75
ergeben, sich (*arrendersi + E*) 83
ergeben, sich (*conseguire + E*) 101
ergrauen lassen (*incanutire + A*) 104
ergreifen (*commuovere*) 30
erhalten (*ricevere*) 29
erhängen (*impiccare*) 7
erheben (*ergere*) 63
erhöhen (*aumentare + A*) 3
erhören (*esaudire*) 104
erinnern, sich (*ricordarsi + E*) 3
erkälten, sich (*raffreddarsi + E*) 3
erkennen (*discernere, (-) p.p.*) 15
erkennen (*riconoscere*) 55
erklären (*dichiarare*) 3
erklären (*spiegare*) 11
erklären, am Beispiel (*esemplificare*) 7
erlangen (*conseguire + A*) 101
erlassen (*promulgare*) 11
erlauben (*consentire*) 101
erlauben (*permettere*) 77
erläutern (*chiarificare*) 7
erledigen (*sbrigare*) 11
erledigen (*spicciare*) 6
erleichtern (*alleviare*) 13
erleiden (*subire*) 104
ermahnen (*ammonire*) 104
ermitteln (*indagare*) 11
ermitteln (*inquisire*) 104
ermüden (*stancare*) 7
ermutigen (*incoraggiare*) 10
ernähren (*nutrire*) 101/104
erniedrigen (*svilire*) 104
ernüchtern (*disilludere*) 20
erpressen (*estorcere*) 98
erpressen (*taglieggiare*) 10
erraten (*imbroccare*) 7
erraten (*indovinare*) 3
erreichen (*ottenere*) 43
erreichen (*raggiungere*) 73
errichten (*edificare*) 7
errichten (*erigere*) 64
erröten (*arrossire + E*) 104
erschauern (*rabbrividire + E*) 104
erscheinen (*apparire + E, comparire + E*) 102
erschöpfen (*esaurire*) 104
erschrecken (*atterrire, impaurire + E*) 104
erschrecken (*spaventare*) 3
erschüttern (*sconvolgere*) 100
erschüttern (*sbigottire + A*) 104
ersetzen (*sostituire*) 104
erspähen (*adocchiare*) 13
erstarren (*allibire + E*) 104
erstarren (*solidificare + E*) 7
erstarren lassen (*pietrificare*) 7
erstaunen (*stupefare*) 28
erstaunen (*stupire + A*) 104
ersticken (*asfissiare + A/E*) 13
ersticken (*soffocare + A/E*) 7
erteilen (*impartire*) 104
ertragen (*sopportare*) 3
ertränken (*affogare + A, annegare + A*) 11
ertrinken (*affogare + E, annegare + E*) 11
erweichen (*rammollire + A*) 104
erweitern (*allargare*) 11
erweitern (*amplificare*) 7
erweitern (*estendere*) 83
erwerben (*acquisire*) 104
erwidern (*replicare*) 7
erzählen (*raccontare*) 3
erziehen (*educare*) 7
erzielen (*riscuotere*) 39
essen (*mangiare*) 10
essen, zu Abend (*cenare*) 3
essen, zu Mittag (*pranzare*) 3
existieren (*esistere + E*) 86
exkommunizieren (*scomunicare*) 7
explodieren (*esplodere + E*) 90

F

fahren (*guidare*) 3
fahren (*navigare*) 11
fallen (*cadere + E*) 18
fallen (*cascare + E*) 7
falsche Hoffnungen machen (*illudere*) 20
fälschen (*contraffare*) 28
fälschen (*falsificare*) 7
falten (*piegare*) 11

fantasieren (*fantasticare*) 7
fantasieren (*vaneggiare*) 10
färben (*soffondere*) 70
färben (*tingere*) 69
faseln (*sconnettere*) 88
faulenzen (*oziare*) 13
faulenzen (*poltrire*) 104
fehlen (*mancare + E*) 7
feiern (*festeggiare*) 10
feilschen (*mercanteggiare*) 10
fesseln (*avvincere*) 99
fest werden lassen (*solidificare + A*) 7
festhalten (*reggere*) 76
festhalten, sich (*appigliarsi + E*) 14
festlegen (*stabilire*) 104
festmachen (*ormeggiare*) 10
festnehmen (*arrestare*) 3
festsetzen (*prefiggere*) 49
feststellen (*constatare*) 3
finden (*trovare*) 3
fischen (*pescare*) 7
flechten (*intrecciare*) 6
Flecken entfernen aus (*smacchiare*) 13
fliegen (*volare + A/E*) 3
fliehen (*fuggire + E*) 101
fließen (*affluire + E, fluire + E*) 104
fließen (*scorrere + E*) 57
fluchen (*imprecare*) 7
flüchten (*rifugiarsi + E*) 10
flüssig machen (*disinvestire*) 101
flüstern (*bisbigliare*) 14
folgen (*seguire + A/E, susseguire*) 101
folgern (*dedurre*) 23
fordern (*rivendicare*) 7
Fortschritte machen (*progredire + A/E*) 104
fortsetzen (*riprendere*) 83
fortsetzen (*continuare + A*) 3
fortsetzen (*proseguire + A*) 101
fotokopieren (*fotocopiare, xerocopiare*) 13
fragen (*chiedere*) 19
fragen (*domandare*) 3
frankieren (*affrancare*) 7
freigeben (*sbloccare*) 7
freisprechen (*assolvere*) 51
freisprechen (*prosciogliere*) 21
freuen wie ein Schneekönig, sich (*stragodere*) 29
frittieren (*friggere*) 68
führen (*condurre*) 23
führend sein (*primeggiare*) 10
füllen (*farcire*) 104
füllen (*empire, riempire*) 109
funktionieren (*funzionare*) 3
füttern (*imbeccare, imboccare*) 7

G

gähnen (*sbadigliare*) 14
garantieren (*garantire*) 104
gebären (*partorire*) 104
geben (*dare*) 8
geben (*passare + A*) 3
geboren werden (*nascere – E*) 79
Gebrauch machen (*avvalersi + E*) 45
Geduld verlieren, die (*spazientirsi + E*) 104
geeignet sein (*addirsi + E, (-) p.r., (-) p.p.*) 25
gefährden (*compromettere*) 77
gefallen (*piacere + E*) 33
gefällig sein (*compiacere – E*) 33
gefrieren (*agghiacciare + E, ghiacciare + E*) 6
gefrieren (*gelare + E*) 3
gefrieren lassen (*agghiacciare + A*) 6
gefrieren lassen (*gelare + A*) 3
gefühllos machen (*intorpidire + A*) 104
gegenüberstellen (*contrapporre*) 34
gehen (*andare + E*) 4
gehen (*camminare*) 3
gehen, an Bord (*imbarcarsi + E*) 7
gehorchen (*ubbidire*) 104
gehorchen, nicht (*disubbidire*) 104
gehören (*appartenere + A/E*) 43
gelangen (*addivenire*) 113
gelb färben (*ingiallire + A*) 104
gelb werden (*ingiallire + E*) 104
genauer angeben (*specificare*) 7
genießen (*godere*) 29
genügen (*bastare + E*) 3
geraten (*incorrere + E*) 57
gerben (*conciare*) 6
gerinnen (*cagliare + E*) 14
gerinnen (*rapprendersi + E*) 83
gerinnen lassen (*cagliare + A*) 14
gern mögen (*gradire*) 104
geschehen (*accadere – E*) 18
geschehen (*avvenire + E*) 113
geschehen (*succedere + E*) 54
gesund werden (*guarire + E*) 104
gewähren (*concedere*) 54
gewinnen (*vincere*) 99
gewinnen, für sich (*imbonire*) 104
gewinnen, haushoch (*stravincere*) 99
gewöhnen, sich (*abituarsi + E*) 3
gewöhnen, sich (*assuefarsi + E*) 28
gießen (*annaffiare, innaffiare*) 13
gießen (*effondere + A*) 70
glänzen (*luccicare*) 7

glätten (*lisciare*) 9
glauben (*credere*) 16
glauben (*ritenere*) 43
Gleichgewicht bringen, aus dem (*sbilanciare*) 6
gleichmachen (*uguagliare*) 14
gleichstellen (*parificare*) 7
gluckern (*gorgogliare*) 14
glühen (*fiammeggiare*) 10
grau werden (*incanutire + E*) 104
großziehen (*crescere + A*) 58
großzügig sein (*largheggiare*) 10
gründen (*fondare*) 3
gründen (*istituire*) 104
grunzen (*grugnire*) 104

H

haben (*avere*) 2
haften (*aderire*) 104
halten (*tenere*) 43
halten an, sich (*attenersi + E*) 43
halten, eine Ansprache (*arringare*) 11
Handel treiben (*commerciare*) 6
handeln (*agire*) 104
handeln (*trafficare*) 7
hart machen (*indurire + A*) 104
hassen (*odiare*) 13
hässlich machen (*imbruttire + A*) 104
hässlich werden (*imbruttire + E*) 104
heben (*levare*) 3
heften (*imbastire*) 104
heilen (*guarire + A*) 104
heiraten (*sposare*) 3
heißen (*chiamarsi*) 3
helfen (*aiutare*) 3
helfen (*sovvenire + A*) 113
hemmen (*inibire*) 104
herabsetzen (*sminuire*) 104
herabsetzen, selbst (*autoridurre*) 23
heraufbeschwören (*evocare*) 7
herausfordern (*sfidare*) 3
herausragen (*sporgere + E*) 94
herbeieilen (*accorrere*) 57
herbeisehnen, sich (*vagheggiare*) 10
hereinlegen (*fregare*) 11
herstellen (*fabbricare*) 7
hervorstechen (*eccellere + E*) 57
hervorstechen (*spiccare*) 7
hinaufsteigen (*ascendere + E*) 83
hinausragen (*grandeggiare*) 10
hinausstrecken (*sporgere + A*) 94
hinausziehen (*protrarre*) 44
hineingehen (*entrare + E*) 3
hineinschlagen (*conficcare*) 7
hineinschlagen (*infiggere*) 68
hineinziehen (*coinvolgere*) 100
hineinziehen (*immischiare*) 13
hinken (*zoppicare*) 7
hinlegen (*adagiare*) 10
hinlegen (*coricare*) 7
hinlegen, sich (*accucciarsi + E*) 6
hinlegen, sich (*sdraiarsi + E*) 13
hinreißen (*estasiare*) 13
hinrichten (*giustiziare*) 13
hinscheiden (*dipartire + E*) 104/101
hinterziehen (*evadere + A*) 75
hinuntergehen (*scendere + E*) 83
hinunterschlingen (*trangugiare*) 10
hinzufügen (*aggiungere, soggiungere*) 73
hochgehen (*salire + E*) 110
hochkrempeln (*rimboccare*) 7
hochschürzen (*succingere*) 69
hoffen (*sperare*) 3
hören (*sentire*) 101
hören (*udire*) 111
husten (*tossire*) 104

I

iahen (*ragliare*) 14
identifizieren (*identificare*) 7
implodieren (*implodere + E*) 90
importieren (*importare + A*) 3
in den Sinn kommen (*sovvenire + E*) 113
in ein Drehbuch umarbeiten (*sceneggiare*) 10
in Einklang bringen (*conciliare*) 13
in Grund und Boden verfluchen (*stramaledire*) 25
in kleinen Schlucken trinken (*sorseggiare*) 10
in Kraft sein (*vigere, (-) p.r. (-) p.p.*) 15
in Rage bringen (*imbestialire + A*) 104
in Strömen regnen (*diluviare verbo imp.*) 6
informieren (*informare*) 3
innehaben (*detenere*) 43
intarsieren (*intarsiare*) 13
interessieren, sich (*interessarsi + E*) 3
intrigieren (*intrigare*) 11
investieren (*investire*) 101
irreleiten (*forviare, fuorviare*) 5
irren, sich (*equivocare*) 7
isolieren (*segregare*) 11

J

jagen (*cacciare*) 6
jünger machen (*ringiovanire + A*) 104
jünger werden (*ringiovanire + E*) 104

K

kämmen, sich *(pettinarsi + E)* 3
kämpfen *(lottare)* 3
katalogisieren *(catalogare)* 11
kauen *(masticare)* 7
kaufen *(acquistare, comprare)* 3
kennen *(conoscere)* 55
kennzeichnen *(marcare)* 7
kennzeichnen *(marchiare)* 13
kichern *(ridacchiare)* 13
klären *(chiarire + A)* 104
kleben *(appiccicare)* 7
kleiden *(abbigliare)* 14
kleiden, sich *(vestire)* 101
klettern *(arrampicarsi + E)* 7
klettern über *(scavalcare)* 7
klopfen *(bussare)* 3
knabbern *(piluccare)* 7
knabbern *(sgranocchiare)* 13
knabbern *(rosicchiare)* 13
knapp sein *(scarseggiare)* 10
knebeln *(imbavagliare)* 14
knurren *(ringhiare)* 13
köcheln *(sobbollire)* 101
kochen *(Essen zubereiten) (cucinare)* 3
kochen *(Flüssigkeit) (bollire)* 101
kochen *(Speise) (cuocere)* 24
kochen, zu lange *(stracuocere)* 24
kommen *(venire + E)* 113
komplizierter machen *(complicare)* 7
konjugieren *(coniugare)* 11
konkurrieren *(competere, (-) p.p.)* 15
können *(potere)* 35
können *(Sprache) (sapere)* 37
konzentrieren, sich *(concentrarsi + E)* 3
kopieren *(copiare)* 13
kosten *(costare + E)* 3
kosten *(venire + E)* 113
krächzen *(gracchiare)* 13
kräftigen *(invigorire + A)* 104
kräftiger werden *(invigorire + E)* 104
kränken *(impermalire)* 104
kratzen *(graffiare)* 13
kräuseln *(arricciare)* 6
kreisen *(volteggiare)* 10
kreuzen *(incrociare)* 6
kreuzigen *(crocefiggere)* 49
Krieg führen *(guerreggiare)* 10
kriegen *(buscare)* 7
kritisieren *(criticare)* 7
kritzeln *(scarabocchiare)* 13
krümmen *(circonflettere)* 88
krümmen *(inarcare)* 7
krümmen, sich *(scontorcersi + E)* 98
kühler werden *(rinfrescare + E)* 7
kümmern, sich *(occuparsi + E)* 3
kürzen *(accorciare + A, raccorciare)* 6
kürzer werden *(accorciare + E)* 6
küssen *(baciare)* 6

L

lächeln *(sorridere)* 87
lachen *(ridere)* 87
laden *(caricare)* 7
landen *(atterrare + A/E)* 3
langsamer fahren *(rallentare)* 3
langweilen *(annoiare)* 13
lassen *(lasciare)* 9
laufen *(correre + A/E)* 57
laufen, noch einmal *(ricorrere + A)* 57
Laufmaschen machen in *(smagliare)* 14
lauschen *(origliare)* 14
läuten *(rintoccare + A/E)* 7
leben *(vivere + A/E)* 47
lecken *(leccare)* 7
leeren *(vuotare)* 3
legen *(collocare)* 7
legen *(mettere)* 77
legen *(porre)* 34
legen, in den Weg *(frapporre, interporre)* 34
lehren *(istruire)* 104
leichter machen *(alleggerire)* 104
leiden *(patire)* 104
leiden *(risentire)* 101
leiden *(soffrire)* 108
leidtun *(dispiacere + E, spiacere + E)* 33
leidtun *(rincrescere + E)* 58
leisten *(rendere)* 83
leiten *(convogliare)* 14
leiten *(dirigere)* 64
lenken *(dirigere)* 64
lernen *(imparare)* 3
lernen *(studiare)* 13
lesen *(leggere)* 76
lesen *(Wein) (vendemmiare)* 13
leuchten *(lampeggiare + A)* 10
leugnen *(negare)* 11
liebäugeln *(occhieggiare)* 10
lieben *(amare)* 3
lieben, abgöttisch *(stravedere)* 46
liefern *(erogare)* 11
liefern *(fornire)* 104
liegen *(giacere)* 33
lindern *(blandire, lenire)* 104

Linien ziehen auf *(rigare)* 11
loben *(elogiare)* 10
locken, in einen Hinterhalt *(insidiare)* 13
lockern *(distendere)* 83
lohnen, sich *(convenire + E)* 113
löschen *(estinguere)* 61
lösen *(risolvere)* 51
loten *(scandagliare)* 14
Luft ablassen aus *(sgonfiare + A)* 13
lüften *(arieggiare)* 10
lügen *(mentire)* 101/104
lynchen *(linciare)* 6

M

machen *(fare)* 28
machen, noch einmal *(rifare)* 28
mähen *(falciare)* 6
malen *(dipingere)* 69
marschieren *(marciare)* 6
massieren *(massaggiare)* 10
meiden *(fuggire + A, sfuggire + A)* 101
meinen *(intendere)* 83
meißeln *(scolpire)* 104
melken *(mungere)* 72
messen *(misurare)* 3
mieten *(affittare)* 3
mieten *(noleggiare)* 10
mildern *(mitigare)* 11
missbilligen *(deprecare)* 7
misshandeln *(seviziare)* 13
missverstehen *(fraintendere)* 83
mit der Hand schreiben *(vergare)* 11
mit sich bringen *(sottendere)* 83
Mitleid erregen *(impietosire)* 104
mitteilen *(notificare)* 7
möblieren *(ammobiliare)* 13
muhen *(muggire)* 104
multiplizieren *(moltiplicare)* 7
münden *(sboccare + E)* 7
münden *(sfociare + E)* 6
müssen *(dovere)* 27

N

nachahmen *(imitare)* 3
nachahmen *(echeggiare + A)* 10
nachbessern *(ritoccare)* 7
nachdenken *(ragionare)* 3
nachdenken *(riflettere)* 88
nachgeben *(cedere)* 16
nachgeben *(indulgere)* 74
nachgeben *(transigere)* 84
nachgrübeln *(lambiccarsi + E)* 7
nachlassen *(regredire, sbollire + E)* 101/104
nachlaufen *(rincorrere + E)* 57
nachschleifen *(strascicare)* 7
nachtrauern *(rimpiangere)* 81
nagen *(rodere)* 90
nähen *(cucire)* 105
nähern, sich *(avvicinarsi + E)* 3
nebeneinanderstellen *(affiancare)* 7
nehmen *(pigliare)* 14
nehmen *(prendere)* 83
nehmen, unter Beschuss *(bersagliare)* 14
neigen *(propendere)* 83
neigen zu *(tendere)* 83
nennen *(chiamare)* 3
nerven *(scocciare)* 6
nervös machen *(innervosire)* 104
neugierig machen *(incuriosire)* 104
nicht mehr kochen *(sbollire + A)* 101/104
nicken *(annuire)* 104
niederknien *(genuflettersi + E)* 88
niesen *(starnutire)* 104
nisten *(nidificare)* 7
nützen *(servire + E)* 101

O

öffnen *(aprire)* 103
öffnen *(dischiudere)* 20
öffnen, leicht *(schiudere)* 20
ohnmächtig werden *(svenire + E)* 113
ohnmächtig werden *(tramortire + E)* 104
ohrfeigen *(schiaffeggiare)* 10
ölen *(oliare)* 13
opfern *(sacrificare)* 7
organisieren *(allestire)* 104
organisieren *(organizzare)* 3

P

paaren *(accoppiare)* 13
panschen *(sofisticare)* 7
parken *(parcheggiare, posteggiare)* 10
Partei ergreifen *(parteggiare)* 10
passieren *(valicare)* 7
pasteurisieren *(sanificare)* 7
pfeifen *(fischiare)* 13
pfeifen auf *(infischiarsi + E)* 13
pflastern *(lastricare)* 7
pflegen *(accudire)* 104
pflücken *(cogliere)* 21
picken *(beccare)* 7
pinkeln *(pisciare)* 9
plagen *(travagliare)* 14
plagiieren *(plagiare)* 10

planen (*pianificare*) 7
platt drücken (*appiattire*) 104
platzen (*scoppiare + E*) 13
plaudern (*chiacchierare*) 3
plötzlich auftreten (*sopravvenire + E*) 113
plündern (*razziare*) 5
plündern (*saccheggiare*) 10
Pontifikalamt zelebrieren, das (*pontificare*) 7
prägen (*coniare*) 13
prasseln (*scrosciare + A/E*) 9
predigen (*predicare*) 7
prellen (*contundere*) 56
pressen (*torchiare*) 13
pressen (*frangere, rifrangere*) 71
privilegieren (*privilegiare*) 10
probieren (*assaggiare*) 10
produzieren (*produrre*) 23
prostituieren (*prostituire*) 104
provozieren (*provocare*) 7
prüfen (*saggiare*) 10
prüfen (*verificare*) 7
prunken (*sfoggiare*) 10
pudern (*incipriare*) 13
putzen (*pulire*) 104

Q

quälen (*rimordere*) 78
quälen (*straziare*) 13
quieken (*squittire*) 104

R

rächen (*vendicare*) 7
rascheln (*stormire*) 104
rasend werden (*imbestialire + E*) 104
rasieren (*radere*) 75
raten zu (*consigliare*) 14
rauchen (*fumare*) 3
räuchern (*affumicare*) 7
raufen, sich (*accapigliarsi + E*) 14
reagieren (*reagire*) 104
rechtfertigen (*giustificare*) 7
regnen (*piovere + A/E, verbo imp.*) 82
reiben (Käse etc.) (*grattugiare*) 10
reich sein an (*lussureggiare*) 10
reich werden (*arricchire + E*) 104
reichen (*porgere*) 94
reinigen (*purgare*) 11
reinigen (*purificare*) 7
reisen (*viaggiare*) 10
reiten (*cavalcare*) 7
reizen (*stuzzicare*) 7
reparieren (*aggiustare, riparare*) 3
reproduzieren (*riprodurre*) 23
reservieren (*prenotare, riservare*) 3
retten (*salvare*) 3
richten (*rivolgere, volgere*) 100
Richtung ändern, die (*deviare*) 5
riesengroß werden (*ingigantire + E*) 104
riskieren (*arrischiare, rischiare*) 13
rosten (*arrugginire +E*) 104
rösten (*abbrustolire*) 104
rösten (*torrefare*) 28
rostig machen (*arrugginire + A*) 104
rudern (*vogare*) 11
rufen (*chiamare*) 3
rühren (*intenerire + A*) 104
ruinieren (*rovinare*) 3
runzeln (*corrugare*) 11
runzlig machen (*raggrinzire + A*) 104
runzlig werden (*raggrinzire + E*) 104
rutschen (*scivolare + E*) 3

S

sagen (*dire*) 25
sägen (*segare*) 11
sagen, noch einmal (*ridire*) 25
sammeln (*collezionare*) 3
sammeln (*raccogliere*) 21
sanfter werden (*addolcirsi + E*) 104
sättigen (*saziare*) 13
säubern (*purgare*) 11
sauer werden (*inacidire + E, inasprire + E*) 104
saugen (*succhiare*) 13
säumen (*fiancheggiare*) 10
schaden (*ledere*) 80
schaden (*nuocere*) 31
schaffen, es (*riuscire + E*) 112
schälen (*sbucciare*) 6
schämen, sich (*vergognarsi + E*) 3
schätzen (*stimare*) 3
schaukeln (*beccheggiare*) 10
scheiden lassen, sich (*divorziare*) 13
scheinen (*parere + E*) 32
scheinen (*sembrare + E*) 3
scheitern (*fallire + E*) 104
scheuen (*imbizzarrire + E*) 104
scheuern (*fregare*) 11
schicken (*mandare*) 3
schicken (*spedire*) 104
schicken, sich nicht (*sconvenire + E*) 113
schieben (*spingere*) 69
schießen (*calciare*) 6
Schiffbruch erleiden (*naufragare + A/E*) 11
schlafen (*dormire*) 101

schlaff werden (*afflosciarsi + E*) 9
schlagen (*battere*) 15
schlagen (*colpire*) 104
schlagen (*figgere*) 68
schlagen (*percuotere*) 39
schlagen (*scoccare + A/E*) 7
schlängeln, sich (*serpeggiare*) 10
schlank machen (*snellire*) 104
schlecht werden lassen (*imputridire + A*) 104
schleifen (*levigare*) 11
schleifen (*strisciare*) 9
schleudern (*scagliare*) 14
schließen (*chiudere*) 20
schlucken (*inghiottire*) 104/101
schlummern (*dormicchiare*) 13
schlürfen (*sorbire*) 104
schmachten (*languire*) 104/101
schmeicheln (*lusingare*) 11
schmelzen (*fondere*) 70
schmelzen (*squagliarsi + E*) 14
schmieden (*forgiare*) 10
schmieren (*lubrificare*) 7
schminken (*truccare*) 7
schmollen (*imbronciare + E*) 6
schmücken (*guarnire*) 104
schmutzig machen (*sporcare*) 7
schnalzen mit (*schioccare*) 7
schnappen, nach Luft (*boccheggiare*) 10
schnarchen (*russare*) 3
schneiden (*tagliare*) 14
schneien (*nevicare + A/E, verbo imp.*) 7
schnitzen (*intagliare*) 14
schockieren (*scioccare*) 7
schöner werden (*imbellire + E*) 104
schöpfen (*attingere*) 69
schreiben (*scrivere*) 93
schreien (*gridare, urlare*) 3
schreien (*vociare*) 6
schüchtern werden (*intimidire + E*) 104
schultern (*imbracciare*) 6
schürfen (*scalfire*) 104
schütteln (*scuotere*) 39
schützen (*premunire*) 104
schützen (*proteggere*) 76
schützen (*riparare*) 3
schwach werden (*indebolire + E, infiacchire + E*) 104
schwächen (*fiaccare*) 7
schwächen (*indebolire + A, infiacchire + A*) 104
schwächer werden (*affievolirsi + E*) 104
schwanken (*ondeggiare*) 10
schwarz werden (*annerire + E*) 104
schwärzen (*annerire + A*) 104
schweigen (*tacere*) 42
schwer machen (*appesantire*) 104
schwimmen (*nuotare*) 3
schwingen (*brandire*) 104
schwitzen (*sudare*) 3
schwören (*giurare*) 3
segeln (*navigare*) 11
segeln (*veleggiare*) 10
segnen (*benedire*) 25
segnen, vieltausendmal (*strabenedire*) 25
sehen (*vedere*) 46
sehen, in den Spiegel (*specchiarsi + E*) 13
sein (*essere*) 1
sein (*stare + E*) 12
sein Beileid ausdrücken (*condolersi + E*) 26
selig sprechen (*beatificare*) 7
senden (*inviare*) 5
setzen (*mettere*) 77
setzen, außer Kraft (*abrogare*) 11
sezieren (*dissecare*) 7
sich bemühen (*industriarsi + E*) 13
sich bewalden (*imboschire + E*) 104
sich die Beine vertreten (*sgranchirsi + E*) 104
sich die Kinnlade ausrenken (*sganasciarsi + E*) 9
sich hochschlängeln (*inerpicarsi + E*) 7
sich kauern (*accovacciarsi + E*) 6
sich stauen (*ingorgarsi + E*) 11
sich verhärten (*indurire + E*) 104
singen (*cantare*) 3
sinken (*scendere + E*) 83
sitzen (*sedere*) 40
Ski laufen (*sciare*) 5
sorgen (*provvedere*) 46
Sorgen machen, sich (*preoccuparsi + E*) 3
spalten (*fendere*) 83
spannen (*tendere*) 83
sparen (*risparmiare*) 13
Spaß machen (*scherzare*) 3
spazieren gehen (*passeggiare*) 10
sperren (*bloccare*) 7
sperren, in einen Käfig (*ingabbiare*) 13
spielen (*giocare*) 7
spielen (*suonare*) 3
sprechen (*parlare*) 3
spreizen (*divaricare*) 7
sprießen (*germogliare + A/E*) 14
springen (*saltare + A/E*) 3
sprudeln (*sgorgare + E*) 11
spucken (*sputare*) 3
stammen (*provenire + E*) 113
stärken (*fortificaren, tonificare*) 7
stärken (*rinvigorire + A*) 104

staunen *(stupire + E)* 104
stechen *(pungere)* 72
stechen *(punzecchiare)* 13
stecken *(ficcare)* 7
stecken *(figgere)* 68
stecken *(inserire)* 104
stehen *(stare + E)* 12
stehlen *(rubare)* 3
steif machen *(irrigidire + A)* 104
steif werden *(irrigidire + E)* 104
steigen *(aumentare + E, montare + E)* 3
stellen *(collocare)* 7
stellen *(mettere)* 77
stellen *(poggiare)* 10
stellen *(porre)* 34
stellen, sich *(fronteggiare)* 10
sterben *(morire + E)* 107
Steuerzuschläge erheben *(sovraimporre, sovrimporre)* 34
stinken *(puzzare)* 3
stolz machen *(inorgoglire + A)* 106
stolz machen *(insuperbire + A)* 104
stolz sein *(inorgoglire + E)* 106
stolz werden *(insuperbire + E)* 104
stören *(discomporre)* 34
stören *(disturbare)* 3
stören *(impicciare)* 6
stottern *(tartagliare)* 14
strahlen *(risplendere + E, splendere)* 83
streichen *(radiare)* 13
streichen *(stralciare, verniciare)* 6
streiten *(bisticciare)* 6
streiten *(litigare)* 11
streitig machen *(contendere)* 83
stricheln *(tratteggiare)* 10
strömen *(effondere + E)* 70
studieren *(studiare)* 13
stürzen, sich *(slanciarsi + E)* 6
stützen *(sorreggere)* 76
stützen *(sostenere)* 43
suchen *(cercare)* 7
sündigen *(peccare)* 7
süßen *(addolcire, raddolcire)* 104
symbolisieren *(simboleggiare)* 10
synchronisieren *(doppiare)* 13

T

tadeln *(redarguire)* 104
tanzen *(ballare)* 3
teilen *(condividere)* 87
telefonieren *(telefonare)* 3
thronen *(troneggiare)* 10
toben *(infuriare + E)* 13
toben *(rumoreggiare)* 10
töten *(uccidere)* 87
träge machen *(impoltronire + A)* 104
träge werden *(impoltronire + E)* 104
tragen *(portare)* 3
trällern *(gorgheggiare)* 10
tranchieren *(trinciare)* 6
transportieren *(trasportare)* 3
trauen *(fidarsi + E)* 3
träumen *(sognare)* 3
treffen *(colpire)* 104
treffen *(incontrare)* 3
treiben *(galleggiare)* 10
treiben zu *(sospingere)* 69
trennen *(disgiungere)* 73
trennen *(dissociare)* 6
trennen *(disunire)* 104
trennen *(scindere)* 92
trennen *(scongiungere)* 73
trennen *(separare)* 3
trinken *(bere)* 17
trockenlegen *(prosciugare)* 11
trocknen *(asciugare + A/E)* 11
trocknen *(seccare + A/E)* 7
trösten *(consolare)* 3
tyrannisieren *(tiranneggiare)* 10

U

überbelichten *(sovraesporre)* 34
überbringen *(arrecare)* 7
übereinanderlegen *(sovrapporre)* 34
übereinstimmen *(coincidere)* 87
übereinstimmen *(convergere)* 62
übereinstimmen, nicht *(dissentire)* 101
überfahren *(travolgere)* 100
überholen *(sorpassare)* 3
überladen *(sovraccaricare)* 7
überlaufen *(traboccare + A/E)* 7
überleben *(sopravvivere + E)* 47
übernachten, im Freien *(bivaccare)* 7
überqueren *(attraversare)* 3
überraschen *(sorprendere)* 83
übers Ohr hauen *(infinocchiare)* 13
überschreiten *(varcare)* 7
überschwemmen *(sommergere)* 62
übersetzen *(tradurre)* 23
übertragen *(trasfondere)* 70
übertragen *(trasmettere)* 77
übertreiben *(esagerare)* 3
übertreiben *(strafare)* 28
übertreten *(contravvenire + E)* 113

übertreten (*trasgredire*) 104
überwachen (*sorvegliare*) 14
überwältigen (*sopraffare*) 28
überwältigen (*travolgere*) 100
überwiegen (*prevalere + A/E*) 45
überzeugen (*convincere*) 99
überzeugen (*persuadere*) 60
um sich greifen (*dilagare + E*) 11
umändern (*modificare*) 7
umarmen (*abbracciare*) 6
umfassen (*comprendere*) 83
umgarnen (*irretire*) 104
umgeben (*cingere, recingere*) 69
umgehen (*eludere*) 20
umgehen (*maneggiare*) 10
umgraben (*vangare*) 11
umherziehen (*vagare*) 11
umkehren (*invertire*) 101
umkippen (*capovolgere*) 100
umklammern (*avvinghiare*) 13
umkommen (*perire + E*) 104
umleiten (*deviare*) 5
umsetzen (*trasporre*) 34
umstürzen (*sovvertire*) 101
umwerfen (*rovesciare*) 9
umwickeln, mit Stroh (*impagliare*) 14
umziehen (*traslocare*) 7
umzingeln (*accerchiare*) 13
unentschieden spielen (*pareggiare*) 10
ungebührlich sein (*disconvenire*) 113
Unrecht einsehen, sein (*ravvedersi + E, p.p. nur regelmäßig*) 46
unterbelichten (*sottoesporre*) 34
unterbrechen (*interrompere*) 91
unterbringen (*alloggiare*) 10
unterdrücken (*opprimere, reprimere*) 67
unterhalten (*intrattenere*) 43
unterhalten, sich (*discorrere*) 57
unterliegen (*soggiacere + E*) 33
unternehmen (*intraprendere*) 83
unterrichten (*insegnare*) 3
unterscheiden (*differenziare*) 13
unterscheiden (*distinguere*) 61
unterscheiden (*diversificare*) 7
unterschreiben (*firmare*) 3
unterstehen (*sottostare + E*) 12
unterstützen (*favorire*) 104
untersuchen (*investigare*) 11
untersuchen (*visitare*) 3
unterwerfen (*sottomettere*) 77
unterzeichnen (*sottoscrivere*) 93
unterziehen (*sottoporre*) 34
Urlaub machen (*villeggiare*) 10

V

verabscheuen (*aborrire*) 104/101
verändern, sich (*cambiare + E*) 13
verängstigen (*impaurire + A*) 104
veranlassen (*indurre*) 23
verärgern (*contrariare*) 13
verärgern (*indispettire + A*) 104
verarmen (*immiserire + E, impoverire + E*) 104
verarmen lassen (*immiserire + A*) 104
Verband abnehmen von (*sfasciare*) 9
verbannen (*esiliare*) 13
verbannen (*relegare*) 11
verbessern (*correggere*) 76
verbeulen (*ammaccare*) 7
verbiegen (*storcere*) 98
verbieten (*interdire*) 25
verbieten (*proibire*) 104
verbinden (*associare*) 6
verbinden (*collegare*) 11
verbinden (*congiungere*) 73
verbinden (*fasciare*) 9
verbinden (*unire*) 104
verbittern (*inacidire + A*) 104
verblöden (*rimbambire + E*) 104
verblüffen (*sbalordire*) 104
verbrauchen (*consumare*) 3
verbreiten (*diffondere*) 70
verbreiten (*divulgare, propagare*) 11
verbrennen (*ardere + A*) 50
verbrennen (*bruciare + A*) 6
verbringen (*passare + A*) 3
verbringen (*trascorrere + A*) 57
Verdacht schöpfen (*insospettire + E*) 104
verdächtigen (*indiziare*) 13
verdauen (*digerire*) 104
verderben (*deperire + E*) 104
verderben (*putrefare*) 28
verdichten (*infoltire + A*) 104
verdienen (*guadagnare, meritare*) 3
verdrehen (*stravolgere*) 100
verdrehen (*torcere*) 98
verdreifachen (*triplicare*) 7
verdunkeln (*offuscare*) 7
verdünnen (*diluire*) 104
verdünnen (*rarefare*) 28
vereinbaren (*pattuire*) 104
vereinfachen (*semplificare*) 7
vereinheitlichen (*omologare*) 11
vereinigen (*unificare*) 7
vereisen (*ghiacciare + A*) 6

verfallen *(decadere + E)* 18
verfälschen *(mistificare)* 7
verfassen *(comporre)* 34
verfaulen *(imputridire + E, marcire + E)* 104
verfehlen *(fallire + A)* 104
verfeinden, sich *(inimicarsi + E)* 7
verfluchen *(maledire)* 25
verfolgen *(braccare)* 7
verfolgen *(inseguire, perseguire)* 101
verfolgen, nicht weiter *(desistere)* 86
verführen *(sedurre)* 23
vergeben *(conferire)* 104
vergehen *(decorrere + E, trascorrere + E)* 57
vergessen *(dimenticare)* 7
vergessen *(obliare)* 5
vergiften *(intossicare)* 7
vergleichen *(paragonare)* 3
vergolden *(placcare)* 7
vergrößern *(ampliare)* 5
vergrößern *(ingrandire)* 104
vergrößern *(accrescere + A)* 58
vergüten *(rifondere)* 70
verhaken *(impigliare)* 14
verhandeln *(negoziare)* 13
verhandeln *(patteggiare)* 10
verhängen *(sentenziare)* 13
verhätscheln *(vezzeggiare)* 10
verherrlichen *(magnificare)* 7
verhexen *(stregare)* 11
verhindern *(impedire)* 104
verhöhnen *(dileggiare)* 10
verhöhnen *(schernire)* 104
verkaufen *(vendere)* 16
verkehren in *(bazzicare)* 7
verkleiden *(rivestire, travestire)* 101
verkochen *(scuocere)* 24
verkrampfen *(rattrappire)* 104
verkrüppeln *(storpiare)* 13
verkünden *(dichiarare)* 3
verlangen *(esigere)* 84
verlangen *(pretendere)* 83
verlängern *(allungare, prolungare)* 11
verlassen *(abbandonare)* 3
verletzen *(ferire)* 104
verleugnen *(rinnegare)* 11
verleumden *(calunniare)* 13
verlieben, sich *(innamorarsi + E)* 3
verlieben, sich *(invaghirsi + E)* 104
verlieren *(perdere)* 80
verlieren *(smarrire)* 104
vermehren *(infittire + A)* 104
vermeiden *(evitare)* 3
vermieten *(affittare)* 3
vermieten *(noleggiare)* 10
vermindern, den Druck *(decomprimere)* 67
vermitteln *(mediare)* 13
vermuten *(supporre)* 34
vernachlässigen *(trascurare)* 3
vernarren, sich *(incapricciarsi + E)* 6
vernebeln *(annebbiare)* 13
vernichten *(annichilire)* 104
vernünftig werden *(rinsavire + E)* 104
veröffentlichen *(pubblicare)* 7
verpassen *(mancare + A)* 7
verpflichten *(obbligare)* 11
verpfuschen *(pasticciare)* 6
verprügeln *(picchiare)* 13
verputzen *(intonacare, stuccare)* 7
verraten *(tradire)* 104
verringern *(ridurre)* 23
verringern *(diminuire + A)* 104
verrohen *(abbrutire, incrudelire + A/E)* 104
verrücken *(smuovere)* 30
verrückt werden *(ammattire + E, impazzire + E)* 104
versammeln *(riunire)* 104
verschärfen *(acuire)* 104
verschärfen *(inasprire + A, rincrudire + A)* 104
verschieben *(posporre)* 34
verschieben *(prorogare)* 11
verschieben *(rinviare)* 5
verschieben (Termin) *(differire)* 104
verschieben (Termin) *(rimandare)* 3
verschimmeln *(ammuffire + E)* 104
verschlechtern *(peggiorare + A)* 3
verschlimmern, sich *(peggiorare + E)* 3
verschlimmern, sich *(rincrudire + E)* 104
verschlingen *(ingoiare)* 13
verschlüsseln *(codificare)* 7
verschmutzen *(inquinare)* 3
verschönern *(abbellire)* 104
verschönern *(imbellire + A)* 104
verschrotten *(demolire)* 104
verschütten *(rovesciare)* 9
verschweigen *(sottacere)* 42
verschwenden *(prodigare)* 11
verschwenden *(sprecare)* 7
verschwinden *(disparire, scomparire + E)* 102
verschwinden *(sparire + E, svanire + E)* 104
versetzen *(dislocare)* 7
versetzen *(promuovere)* 30
versetzen *(trasferire)* 104
versichern *(assicurare)* 3
versöhnen *(pacificare)* 7

versorgen (*rifornire*) 104
verspäten, sich (*ritardare*) 3
versperren (*barricare*) 7
versperren (*precludere*) 20
verspießern (*imborghesire + A/E*) 104
verspotten (*deridere, irridere*) 87
versprechen (*promettere*) 77
verständigen (*avvertire*) 101
verstärken (*intensificare*) 7
verstauchen, sich (*slogare*) 11
verstecken (*nascondere*) 89
verstecken, im Wald (*imboscare*) 7
verstehen (*capire*) 104
verstehen (*intendere*) 83
verstimmen (*indisporre*) 34
verstopfen (*occludere*) 20
verstopfen (*ostruire*) 104
verstoßen (*ripudiare*) 13
verstreuen (*sparpagliare*) 14
verstummen (*ammutolire + E*) 104
versuchen (*provare, tentare*) 3
verteidigen (*difendere*) 83
verteilen (*distribuire*) 104
vertiefen (*approfondire*) 104
vertreiben (*sloggiare*) 10
vertreten (*supplire*) 104
verunstalten (*sfregiare*) 10
verursachen (*causare*) 3
verurteilen (*condannare*) 3
vervierfachen (*quadruplicare*) 7
verwalten (*gestire*) 104
verwandeln (*trasformare*) 3
verwechseln (*confondere*) 70
verwechseln (*scambiare*) 13
verwelken (*appassire + E, avvizzire + E, sfiorire + E*) 104
verwenden (*impiegare*) 11
verwirklichen (*realizzare*) 3
verwöhnen (*viziare*) 13
verwundern (*meravigliare*) 14
verzerren (*distorcere*) 98
verzichten (*rinunciare*) 6
verzichten (*rinunziare*) 13
verzweifeln (*disperare + E*) 3
viel Geld verlieren (*straperdere*) 80
von der Leine lassen (*sguinzagliare*) 14
vorangehen (*precedere*) 16
voranstellen (*anteporre*) 34
vorausahnen (*presentire*) 101
voraussagen (*predire*) 25
voraussagen (*pronosticare*) 7
voraussehen (*prevedere*) 46
voraussetzen (*presupporre*) 34
vorbeigehen (*passare + E*) 3
vorbeischießen (*sfrecciare + E*) 6
vorbereiten (*predisporre*) 34
vorbereiten (*preparare*) 3
vorbeugen (*prevenire + E*) 113
vorbringen (*addurre*) 23
vorhersehen (*presagire*) 104
vornehmen, sich (*ripromettersi + E*) 77
vorschlagen (*proporre*) 34
vorschreiben (*prescrivere*) 93
vorstehen (*soprintendere, sovraintendere, sovrintendere*) 83
vorstellen, sich (*immaginare*) 3
vortäuschen (*fingere*) 69
vorwerfen (*accusare, rimproverare*) 3
vorwerfen (*rinfacciare*) 6
vorzeigen (*esibire*) 104
vorziehen (*preferire*) 104

W

wachen (*vegliare*) 14
wachsen (*accrescere + E, crescere + E*) 58
wagen (*ardire*) 104
wagen (*osare*) 3
wählen (*eleggere*) 76
wahrnehmen (*percepire*) 104
wärmen (*scaldare*) 3
warten (*aspettare*) 3
warten (*attendere*) 83
waschen (*lavare*) 3
wechseln (*cambiare + A*) 13
wecken (*svegliare*) 14
wegjagen (*scacciare*) 6
wegräumen (*togliere*) 21
wehtun (*dolere*) 26
weich machen (*ammorbidire + A*) 104
weich werden (*ammorbidire + E, rammollire + E*) 104
weinen (*piangere*) 81
weiß streichen (*imbiancare + A*) 7
weiß werden (*imbiancare + E*) 7
welken lassen (*avvizzire + A*) 104
werden (*divenire + E*) 113
werden (*diventare + E*) 3
werfen (*lanciare*) 6
werfen (*tirare*) 3
wert sein (*valere + A/E*) 45
wetteifern (*gareggiare*) 10
wetten (*scommettere*) 77
wettern (*inveire*) 104
wichtig sein (*importare + E*) 3

widerhallen *(echeggiare + E)* 10
widerrufen *(revocare)* 7
widerspiegeln *(riflettere)* 88
widersprechen *(contraddire)* 25
widerstehen *(resistere)* 86
widmen *(dedicare)* 7
wieder abreisen *(ripartire + E)* 104/101
wieder aufbauen *(ricostruire)* 104
wieder aufkochen *(ribollire)* 101
wieder aufleben *(risorgere + E)* 94
wieder aufrühren *(rivangare)* 11
wieder entfachen *(riardere + A)* 50
wieder flüchten *(rifuggire)* 101
wieder fragen *(richiedere)* 19
wieder geboren werden *(rinascere)* 79
wieder gehen *(riandare + A/E, pres.: rivà)* 4
wieder gutmachen *(rimediare)* 13
wieder hinaufgehen *(risalire + A/E)* 110
wieder hinfallen *(ricadere + E)* 18
wieder in Anspruch nehmen *(rivalersi + E)* 45
wieder lebendig werden *(rivivere + E)* 47
wieder legen *(riporre)* 34
wieder lesen *(rileggere)* 76
wieder nehmen *(riprendere)* 83
wieder öffnen *(riaprire)* 103
wieder sauber machen *(ripulire)* 104
wieder schließen *(richiudere)* 20
wieder sehen *(rivedere)* 46
wieder stellen *(riporre)* 34
wieder versöhnen *(riconciliare)* 13
wieder werfen *(rilanciare)* 6
wieder zu Kräften kommen *(rinvigorire + E)* 104
wieder zu sich kommen *(rinvenire + E)* 113
wiederherstellen *(ristabilire)* 104
wiederholen *(ripetere)* 15
wiederholen, sich *(riproporsi + E)* 34
wiederkehren *(ricorrere + E)* 57
wiegen *(pesare)* 3
wiehern *(nitrire)* 104
wimmeln *(brulicare)* 7
wimmern *(vagire)* 104
wissen *(sapere)* 37
wohnen *(abitare)* 3
wollen *(volere)* 48
wollen, zu viel *(stravolere)* 48
wünschen *(augurare)* 3
wünschen, sich *(desiderare)* 3
Wurzeln schlagen *(radicare + E)* 7
würzen *(condire)* 104
wüten *(infierire)* 104
wütend machen *(inferocire + A)* 104
wütend machen *(infuriare + A)* 13
wütend werden *(inferocire + E)* 104

Z

zahlen *(pagare)* 11
zählen *(contare)* 3
zähmen *(addomesticare)* 7
zart werden *(intenerire + E)* 104
zäumen *(imbrigliare)* 14
zeichnen *(disegnare)* 3
zeigen *(dimostrare, mostrare)* 3
zeigen *(indicare)* 7
zeigen, sich *(affacciarsi + E)* 6
Zeit gewinnen *(temporeggiare)* 10
zelten *(campeggiare)* 10
zerbrechen *(infrangere)* 71
zerbrechen *(rompere)* 91
zerbrechen *(spaccare)* 7
zerdrücken *(schiacciare)* 6
zerfetzen *(dilaniare)* 13
zerknautschen *(stropicciare)* 6
zerknittern *(sgualcire)* 104
zerlegen *(disconnettere)* 88
zermalmen *(dirompere)* 91
zerreißen *(stracciare)* 6
zerreißen *(strappare)* 3
zersetzen *(corrodere)* 90
zersetzen *(decomporre)* 34
zerstören *(distruggere)* 97
zerstören, sich selbst *(autodistruggersi + E)* 97
zerstreuen *(disperdere)* 80
zerstreuen *(dispergere)* 62
zerzausen *(scompigliare)* 14
ziehen *(tirare)* 3
ziehen *(estrarre, trarre)* 44
zittern *(tremare)* 3
zögern *(esitare)* 3
zögern *(indugiare)* 10
zu Hilfe kommen *(soccorrere)* 57
zu weit gehen *(trascendere)* 83
zubinden *(allacciare)* 6
zudecken *(coprire)* 103
zufrieden stellen *(accontentare)* 3
zufrieden stellen *(soddisfare)* 28
zugeben *(ammettere)* 77
zuhören *(ascoltare)* 3
zunähen *(ricucire)* 105
zünden *(innescare)* 7
zunehmen *(ingrassare + E)* 3
zurechtkommen *(destreggiarsi + E)* 10
zurichten *(conciare)* 6
zurückbekommen *(ricevere)* 2
zurückbringen *(ricondurre)* 23

Verbliste Deutsch

zurückgeben *(rendere)* 83
zurückgeben *(restituire)* 104
zurückgeben *(ridare pres.: ridò)* 8
zurückgeben *(ritorcere)* 98
zurückgehen *(decrescere + E)* 58
zurückgehen *(diminuire + E)* 104
zurückhalten *(trattenere)* 43
zurückkehren *(tornare + E)* 3
zurückkehren, in die Heimat *(rimpatriare + E)* 13
zurückkommen *(ritornare + E)* 3
zurückschicken *(rimandare)* 3
zurücksehnen nach, sich *(rimpiangere)* 81
zurückstellen *(rimettere)* 77
zurückweichen *(indietreggiare + A/E)* 10
zurückweichen *(retrocedere + E)* 54
zurückziehen *(retrarre)* 44
zusammenarbeiten *(collaborare)* 3
zusammendrücken *(comprimere)* 67
zusammenfahren *(trasalire + A/E)* 104
zusammenfalten *(ripiegare)* 11
zusammenfassen *(compendiare)* 13
zusammenfassen *(riassumere)* 52
zusammenfassen *(riepilogare)* 11
zusammenfließen *(confluire + A/E)* 104
zusammenfügen *(connettere)* 88
zusammenkauern, sich *(rannicchiarsi + E)* 13
zusammenkommen *(convenire + E)* 113
zusammenleben *(convivere + E)* 47
zusammenpassen *(combaciare)* 6
zusammenpferchen *(accalcare)* 7
zusammensinken *(accasciarsi + E)* 9
zusammenstellen, paarweise *(appaiare)* 13
zusammenstoßen *(collidere)* 87
zuschnallen *(affibbiare)* 13
zuschnallen *(agganciare)* 6
zuschreiben *(ascrivere)* 93
zuschreiben *(attribuire)* 104
zustimmen *(acconsentire, assentire)* 101
zuvorkommen *(precorrere)* 57
zuzwinkern *(ammiccare)* 7
zweifeln *(dubitare)* 3
zwicken *(pizzicare)* 7
zwingen *(costringere)* 96

Grammatikbegriffe im Überblick

Italienisch	Latein	Deutsch
accentazione	-	Betonung
condizionale passato	Konditional II	Bedingungsform II
condizionale presente	Konditional I	Bedingungsform I
congiuntivo	Konjunktiv	Möglichkeitsform
coniugazione	Konjugation	Beugung des Zeitworts
desinenza	-	Endung
femminile	feminin	weiblich
futuro anteriore	Futur II	vollendete Zukunft
futuro semplice	Futur I	unvollendete Zukunft
gerundio	Gerundium	Verlaufsform
imperativo	Imperativ	Befehlsform
imperfetto	Imperfekt	unvollendete Vergangenheit
indicativo	Indikativ	Wirklichkeitsform
infinito	Infinitiv	Grundform des Zeitworts
maschile	maskulin	männlich
participio passato	Partizip Perfekt	Mittelwort der Vergangenheit
participio presente	Partizip Präsens	Mittelwort der Gegenwart
passato prossimo	Perfekt	vollendete Gegenwart
passato remoto	historisches Perfekt	historische Vergangenheit
passivo	Passiv	Leideform
plurale	Plural	Mehrzahl
preposizione	Präposition	Verhältniswort
presente	Präsens	Gegenwart
pronome personale	Personalpronomen	persönliches Fürwort
sillaba	-	Silbe
singolare	Singular	Einzahl
soggetto	Subjekt	Satzgegenstand
tempo composto	-	zusammengesetzte Zeit
tempo semplice	-	einfache Zeit
trapassato prossimo	Plusquamperfekt	Vorvergangenheit
trapassato remoto	Plusquamperfekt	Vorvergangenheit
verbo	Verb	Zeitwort
verbo ausiliare	Hilfsverb	Hilfszeitwort
verbo irregolare	unregelmäßiges Verb	unregelmäßiges Zeitwort
verbo regolare	regelmäßiges Verb	regelmäßiges Zeitwort
verbo riflessivo	reflexives Verb	rückbezügliches Zeitwort

1 ẹssere

sein

Indicativo

Presente

sono
sei
è
siamo
siete
sono

Passato prossimo

sono	stato
sei	stato
è	stato
siamo	stati
siete	stati
sono	stati

Imperfetto

ero
eri
era
eravamo
eravate
ẹrano

Trapassato prossimo

ero	stato
eri	stato
era	stato
eravamo	stati
eravate	stati
ẹrano	stati

Passato remoto

fui
fosti
fu
fummo
foste
fụrono

Trapassato remoto

fui	stato
fosti	stato
fu	stato
fummo	stati
foste	stati
fụrono	stati

Futuro semplice

sarò
sarai
sarà
saremo
sarete
saranno

Futuro anteriore

sarò	stato
sarai	stato
sarà	stato
saremo	stati
sarete	stati
saranno	stati

Congiuntivo

Presente

sia
sia
sia
siamo
siate
sịano

Imperfetto

fossi
fossi
fosse
fọssimo
foste
fọssero

Passato

sia	stato
sia	stato
sia	stato
siamo	stati
siate	stati
sịano	stati

Trapassato

fossi	stato
fossi	stato
fosse	stato
fọssimo	stati
foste	stati
fọssero	stati

Condizionale

Presente

sarei
saresti
sarebbe
saremmo
sareste
sarẹbbero

Passato

sarei	stato
saresti	stato
sarebbe	stato
saremmo	stati
sareste	stati
sarẹbbero	stati

Imperativo

—	
(tu)	sii
(Lei)	sia
(noi)	siamo
(voi)	siate
(loro)	sịano

Gerundio

Presente

essendo

Passato

essendo stato

Infinito

Passato

ẹssere stato

Participio

Passato

stato

Beispiele und Wendungen

Paolo è un ragazzo molto simpatico.
Paolo ist ein sehr sympathischer Junge.

essere felice	*glücklich sein*
c'è / ci sono	*es gibt, da ist / sind*
essere di Modena	*aus Modena sein*

Besonderheiten

Verben, die kein direktes Objekt haben, bilden die zusammengesetzten Zeiten im Allgemeinen mit dem Hilfsverb essere. Dazu zählen z. B.: andare, venire, entrare, uscire, salire, scendere, diventare, morire, dimagrire. Außerdem auch die Verben: essere, stare, restare.

Aber:

Sono corso a casa.	*Ich bin nach Hause gerannt.* (mit Zielangabe)
Oggi ho corso molto.	*Ich bin heute viel gerannt.* (ohne Zielangabe)

Das Partizip Perfekt muss bei der Bildung mit essere dem Subjekt in Genus und Numerus angeglichen werden:

Luigi è venuto.	*Luigi ist gekommen.*
Anna è uscita.	*Anna ist ausgegangen.*

Alle reflexiven Verben bilden die zusammengesetzten Zeiten mit essere:

Laura si è vestita.	*Laura hat sich angezogen.*

Der Gebrauch von essere bei der Bildung des Passato prossimo entspricht weitgehend der Verwendung von *sein* bei der Perfektbildung im Deutschen.

avere

haben

Unregelmäßiges Hilfsverb

Indicativo

Presente	Passato prossimo	
ho	ho	avuto
hai	hai	avuto
ha	ha	avuto
abbiamo	abbiamo	avuto
avete	avete	avuto
hanno	hanno	avuto

Imperfetto	Trapassato prossimo	
avevo	avevo	avuto
avevi	avevi	avuto
aveva	aveva	avuto
avevamo	avevamo	avuto
avevate	avevate	avuto
avevano	avevano	avuto

Passato remoto	Trapassato remoto	
ebbi	ebbi	avuto
avesti	avesti	avuto
ebbe	ebbe	avuto
avemmo	avemmo	avuto
aveste	aveste	avuto
ebbero	ebbero	avuto

Futuro semplice	Futuro anteriore	
avrò	avrò	avuto
avrai	avrai	avuto
avrà	avrà	avuto
avremo	avremo	avuto
avrete	avrete	avuto
avranno	avranno	avuto

Congiuntivo

Presente

abbia
abbia
abbia
abbiamo
abbiate
abbiano

Imperfetto

avessi
avessi
avesse
avessimo
aveste
avessero

Passato

abbia	avuto
abbia	avuto
abbia	avuto
abbiamo	avuto
abbiate	avuto
abbiano	avuto

Trapassato

avessi	avuto
avessi	avuto
avesse	avuto
avessimo	avuto
aveste	avuto
avessero	avuto

Condizionale

Presente

avrei
avresti
avrebbe
avremmo
avreste
avrebbero

Passato

avrei	avuto
avresti	avuto
avrebbe	avuto
avremmo	avuto
avreste	avuto
avrebbero	avuto

Imperativo

—	
(tu)	abbi
(Lei)	abbia
(noi)	abbiamo
(voi)	abbiate
(loro)	abbiano

Gerundio

Presente

avendo

Passato

avendo avuto

Infinito

Passato

avere avuto

Participio

Passato

avuto

Beispiele und Wendungen

Giovanna ha due sorelle.	*Giovanna hat zwei Schwestern.*
avere... anni	*... Jahre alt sein*
avere fame / sete	*Hunger / Durst haben*
avere mal di testa	*Kopfschmerzen haben*
avere da fare qc	*etw. zu tun haben*
Che cosa hai?	*Was hast du?, Was ist los mit dir?*
Quanti ne abbiamo oggi?	*Der Wievielte ist heute?*

Besonderheiten

Alle Verben, die ein direktes Objekt haben, bilden die zusammengesetzten Zeiten mit dem Hilfsverb avere.
Das Partizip Perfekt wird nur bei einem vorangestellten direkten Objekt angeglichen:

Francesco ha comprato la macchina.	*Francesco hat das Auto gekauft.*
Francesco l'ha comprata.	*Francesco hat es gekauft.*

Achtung: Bei den zusammengesetzten Vergangenheitsformen (z. B. Passato prossimo) hat avere die Bedeutung *bekommen*:
Mia sorella ha avuto un bambino.
Meine Schwester hat ein Kind bekommen.

Der Gebrauch von avere bei der Bildung des Passato prossimo entspricht weitgehend der Verwendung von *haben* bei der Perfektbildung im Deutschen.

3 **amare**

Regelmäßiges Verb

lieben

Indicativo

Presente

am**o**
am**i**
am**a**
am**iamo**
am**ate**
ạm**ano**

Passato prossimo

ho	amato
hai	amato
ha	amato
abbiamo	amato
avete	amato
hanno	amato

Imperfetto

am**avo**
am**avi**
am**ava**
am**avamo**
am**avate**
am**ạvano**

Trapassato prossimo

avevo	amato
avevi	amato
aveva	amato
avevamo	amato
avevate	amato
avẹvano	amato

Passato remoto

am**ai**
am**asti**
am**ò**
am**ammo**
am**aste**
am**ạrono**

Trapassato remoto

ebbi	amato
avesti	amato
ebbe	amato
avemmo	amato
aveste	amato
ẹbbero	amato

Futuro semplice

am**erò**
am**erai**
am**erà**
am**eremo**
am**erete**
am**eranno**

Futuro anteriore

avrò	amato
avrai	amato
avrà	amato
avremo	amato
avrete	amato
avranno	amato

Congiuntivo

Presente

am**i**
am**i**
am**i**
am**iamo**
am**iate**
ạm**ino**

Imperfetto

am**assi**
am**assi**
am**asse**
am**ạssimo**
am**aste**
am**ạssero**

Passato

abbia	amato
abbia	amato
abbia	amato
abbiamo	amato
abbiate	amato
ạbbiano	amato

Trapassato

avessi	amato
avessi	amato
avesse	amato
avẹssimo	amato
aveste	amato
avẹssero	amato

Condizionale

Presente

am**erei**
am**eresti**
am**erebbe**
am**eremmo**
am**ereste**
am**erẹbbero**

Passato

avrei	amato
avresti	amato
avrebbe	amato
avremmo	amato
avreste	amato
avrẹbbero	amato

Imperativo

—	
(tu)	am**a**
(Lei)	am**i**
(noi)	am**iamo**
(voi)	am**ate**
(loro)	ạm**ino**

Gerundio

Presente

am**ando**

Passato

avendo amato

Infinito

Passato

avere amato

Participio

Passato

am**ato**

Beispiele und Wendungen

Anna e Federico amano le lingue antiche.	*Anna und Federico lieben alte Sprachen.*
amare fare qc	*es lieben, etw. zu tun*
amarsi	*sich lieben*

Weitere Verben

abitare - aiutare - arrivare - cantare - chiamare - continuare - fumare - guardare - lavorare - ordinare - parlare - pensare - portare - telefonare

abitare in campagna / città	*auf dem Land / in der Stadt wohnen*
aiutare un amico a fare qc	*einem Freund helfen, etw. zu tun*
chiamare qu	*jdn. (an)rufen*
continuare a fare qc	*fortfahren, etw. zu tun*
Vietato fumare!	*Rauchen verboten!*
guardare la TV	*fernsehen*
ordinare un caffè	*einen Espresso bestellen*
parlare piano / forte	*leise / laut sprechen*
Penso di sì.	*Ich glaube ja.*

Amare ist ein Musterbeispiel für die Verben auf -are, die sonst keine Besonderheiten aufweisen. Die regelmäßigen Endungen des Verbs sind in der Konjugationstabelle fett hervorgehoben.

Konjugieren Sie doch mal eines der oben aufgeführten Verben durch, z. B. parlare *sprechen*. Markieren Sie dann jeweils die Endungen farbig.

4

andare

gehen

Indicativo

Presente

vado
vai
va
andiamo
andate
vanno

Passato prossimo

sono	andato
sei	andato
è	andato
siamo	andati
siete	andati
sono	andati

Imperfetto

andavo
andavi
andava
andavamo
andavate
andavano

Trapassato prossimo

ero	andato
eri	andato
era	andato
eravamo	andati
eravate	andati
erano	andati

Passato remoto

andai
andasti
andò
andammo
andaste
andarono

Trapassato remoto

fui	andato
fosti	andato
fu	andato
fummo	andati
foste	andati
furono	andati

Futuro semplice

andrò
andrai
andrà
andremo
andrete
andranno

Futuro anteriore

sarò	andato
sarai	andato
sarà	andato
saremo	andati
sarete	andati
saranno	andati

Congiuntivo

Presente

vada
vada
vada
andiamo
andiate
vadano

Imperfetto

andassi
andassi
andasse
andassimo
andaste
andassero

Passato

sia	andato
sia	andato
sia	andato
siamo	andati
siate	andati
siano	andati

Trapassato

fossi	andato
fossi	andato
fosse	andato
fossimo	andati
foste	andati
fossero	andati

Condizionale

Presente

andrei
andresti
andrebbe
andremmo
andreste
andrebbero

Passato

sarei	andato
saresti	andato
sarebbe	andato
saremmo	andati
sareste	andati
sarebbero	andati

Imperativo

—	
(tu)	va'/vai
(Lei)	vada
(noi)	andiamo
(voi)	andate
(loro)	vadano

Gerundio

Presente

andando

Passato

essendo andato

Infinito

Passato

essere andato

Participio

Passato

andato

Beispiele und Wendungen

Michele va a scuola sempre a piedi.	*Michele geht immer zu Fuß zur Schule.*
andare a piedi	*zu Fuß gehen*
andare in treno	*mit dem Zug fahren*
andare in vacanza	*in den Urlaub fahren*
andare a trovare qu	*jdn. besuchen*
andare avanti	*weitergehen, -fahren; fortfahren*
Andiamo!	*Gehen wir!, Auf geht's!*

Besonderheiten

Bei andare handelt es sich um ein unregelmäßiges Verb, das bei der Konjugation zwei verschiedene Stämme aufweist (vgl. vado ↔ andiamo).

Die zusammengesetzten Zeiten von andare werden mit dem Hilfsverb essere gebildet.

Zu beachten ist die Verkürzung des Verbstamms bei der Bildung des Futurs und des Konditional Präsens (vgl. andrò ↔ am**e**rò, andrei ↔ am**e**rei).

Eine Besonderheit ist außerdem der Imperativ mit seinen zwei möglichen Formen va' / vai. Diese Doppelformen finden sich auch bei dare, fare und stare.

Prägen Sie sich die Formen gut ein, da andare in der Bedeutung *gehen / fahren* häufig gebraucht wird. Bilden Sie doch beispielsweise mit den oben genannten Wendungen Sätze in jeder Person des Indikativ Präsens und sprechen Sie diese laut nach. Sie werden sehen, dass Sie die Formen dann schnell beherrschen.

5 avviare

einleiten, starten

Regelmäßiges Verb, aber: betontes -i- + -i- wird -ii- / unbetontes -i- + -i- wird -i-

Indicativo

Presente	Passato prossimo		Imperfetto	Trapassato prossimo	
avvio	ho	avviato	avviavo	avevo	avviato
avvii	hai	avviato	avviavi	avevi	avviato
avvia	ha	avviato	avviava	aveva	avviato
avviamo	abbiamo	avviato	avviavamo	avevamo	avviato
avviate	avete	avviato	avviavate	avevate	avviato
avviano	hanno	avviato	avviavano	avevano	avviato

Passato remoto	Trapassato remoto		Futuro semplice	Futuro anteriore	
avviai	ebbi	avviato	avvierò	avrò	avviato
avviasti	avesti	avviato	avvierai	avrai	avviato
avviò	ebbe	avviato	avvierà	avrà	avviato
avviammo	avemmo	avviato	avvieremo	avremo	avviato
avviaste	aveste	avviato	avvierete	avrete	avviato
avviarono	ebbero	avviato	avvieranno	avranno	avviato

Congiuntivo

Presente	Imperfetto	Passato		Trapassato	
avvii	avviassi	abbia	avviato	avessi	avviato
avvii	avviassi	abbia	avviato	avessi	avviato
avvii	avviasse	abbia	avviato	avesse	avviato
avviamo	avviassimo	abbiamo	avviato	avessimo	avviato
avviate	avviaste	abbiate	avviato	aveste	avviato
avviino	avviassero	abbiano	avviato	avessero	avviato

Condizionale

Presente	Passato	
avvierei	avrei	avviato
avvieresti	avresti	avviato
avvierebbe	avrebbe	avviato
avvieremmo	avremmo	avviato
avviereste	avreste	avviato
avvierebbero	avrebbero	avviato

Imperativo

—	
(tu)	avvia
(Lei)	avvii
(noi)	avviamo
(voi)	avviate
(loro)	avviino

Gerundio

Presente	Passato
avviando	avendo avviato

Infinito

Passato

avere avviato

Participio

Passato

avviato

avviare

einleiten, starten

Beispiele und Wendungen

Alle otto Francesco e Lucia si avviano a casa.
Um acht Uhr machen sich Francesco und Lucia auf den Heimweg.

avviare il motore	*den Motor starten*
avviarsi	*sich auf den Weg machen*

Weitere Verben

ampliare - deviare - espiare - forviare / fuorviare - inviare - obliare - ovviare - ravviare - razziare - rinviare - sciare - spiare - sviare - traviare

deviare il traffico	*den Verkehr umleiten*
inviare una lettera	*einen Brief (ver)schicken*
rinviare un appuntamento	*einen Termin verschieben*
sciare sull'acqua	*Wasserski laufen*
spiare qu	*jdm. nachspionieren*

Besonderheiten

Bei diesen regelmäßigen Verben auf -iare wird das betonte -i- des Verbstammes beibehalten (siehe: avv**ii**, avv**ii**no).

Lesen Sie die Formen der Konjugation laut vor und achten Sie bei -ii- darauf, dass das erste -i- betont wird. Wiederholen Sie dies auch bei den anderen Verben. Sie können sich dabei auch selbst aufnehmen und diese Aufnahme unterwegs abspielen. So können Sie zum Beispiel im Stau lernen.

6 baciare

küssen

Regelmäßiges Verb, aber:

-ci- + -e- wird -ce- / -ci- + -i- wird -ci-

Indicativo

Presente

bacio
baci
bacia
baciamo
baciate
baciano

Passato prossimo

ho	baciato
hai	baciato
ha	baciato
abbiamo	baciato
avete	baciato
hanno	baciato

Imperfetto

baciavo
baciavi
baciava
baciavamo
baciavate
baciavano

Trapassato prossimo

avevo	baciato
avevi	baciato
aveva	baciato
avevamo	baciato
avevate	baciato
avevano	baciato

Passato remoto

baciai
baciasti
baciò
baciammo
baciaste
baciarono

Trapassato remoto

ebbi	baciato
avesti	baciato
ebbe	baciato
avemmo	baciato
aveste	baciato
ebbero	baciato

Futuro semplice

bacerò
bacerai
bacerà
baceremo
bacerete
baceranno

Futuro anteriore

avrò	baciato
avrai	baciato
avrà	baciato
avremo	baciato
avrete	baciato
avranno	baciato

Congiuntivo

Presente

baci
baci
baci
baciamo
baciate
bacino

Imperfetto

baciassi
baciassi
baciasse
baciassimo
baciaste
baciassero

Passato

abbia	baciato
abbia	baciato
abbia	baciato
abbiamo	baciato
abbiate	baciato
abbiano	baciato

Trapassato

avessi	baciato
avessi	baciato
avesse	baciato
avessimo	baciato
aveste	baciato
avessero	baciato

Condizionale

Presente

bacerei
baceresti
bacerebbe
baceremmo
bacereste
bacerebbero

Passato

avrei	baciato
avresti	baciato
avrebbe	baciato
avremmo	baciato
avreste	baciato
avrebbero	baciato

Imperativo

—	
(tu)	bacia
(Lei)	baci
(noi)	baciamo
(voi)	baciate
(loro)	bacino

Gerundio

Presente

baciando

Passato

avendo baciato

Infinito

Passato

avere baciato

Participio

Passato

baciato

Beispiele und Wendungen

Franco ha baciato Lucia teneramente.	*Franco hat Lucia zärtlich geküsst.*
baciare la mano	*die Hand küssen*
baciarsi	*sich küssen*

Weitere Verben

abbracciare – accorciare – annunciare – cominciare – denunciare – incominciare – minacciare – pronunciare – rinunciare – schiacciare

abbracciare un amico	*einen Freund umarmen*
accorciare le distanze	*den Abstand verringern*
cominciare a fare qc	*beginnen, etw. zu tun*
pronunciare bene una parola	*ein Wort gut aussprechen*
rinunciare a qc	*auf etw. verzichten*

Besonderheiten

Die Verben auf -ciare sind regelmäßig, jedoch fällt das -i- weg, wenn die Endung mit -e- beginnt (z. B. Futur: bac**e**rò, bac**e**rai, bac**e**rà etc.). Es bleibt außerdem nur ein -i- stehen, wenn die Endung bereits ein -i enthält (z. B. bac**i**).

Achten Sie auf die Aussprache des -i- in -ciare. Dieses ist nur hörbar in den Formen baci, bacino. Bei allen anderen wird -i- nicht gesprochen (bacio, baciamo etc.).*
*Vgl. die Verben lasciare, mangiare

7 cercare

suchen

Regelmäßiges Verb, aber:
-c- wird -ch- vor -e und -i

Indicativo

Presente

cerco
cerchi
cerca
cerchiamo
cercate
cercano

Passato prossimo

ho	cercato
hai	cercato
ha	cercato
abbiamo	cercato
avete	cercato
hanno	cercato

Imperfetto

cercavo
cercavi
cercava
cercavamo
cercavate
cercavano

Trapassato prossimo

avevo	cercato
avevi	cercato
aveva	cercato
avevamo	cercato
avevate	cercato
avevano	cercato

Passato remoto

cercai
cercasti
cercò
cercammo
cercaste
cercarono

Trapassato remoto

ebbi	cercato
avesti	cercato
ebbe	cercato
avemmo	cercato
aveste	cercato
ebbero	cercato

Futuro semplice

cercherò
cercherai
cercherà
cercheremo
cercherete
cercheranno

Futuro anteriore

avrò	cercato
avrai	cercato
avrà	cercato
avremo	cercato
avrete	cercato
avranno	cercato

Congiuntivo

Presente

cerchi
cerchi
cerchi
cerchiamo
cerchiate
cerchino

Imperfetto

cercassi
cercassi
cercasse
cercassimo
cercaste
cercassero

Passato

abbia	cercato
abbia	cercato
abbia	cercato
abbiamo	cercato
abbiate	cercato
abbiano	cercato

Trapassato

avessi	cercato
avessi	cercato
avesse	cercato
avessimo	cercato
aveste	cercato
avessero	cercato

Condizionale

Presente

cercherei
cercheresti
cercherebbe
cercheremmo
cerchereste
cercherebbero

Passato

avrei	cercato
avresti	cercato
avrebbe	cercato
avremmo	cercato
avreste	cercato
avrebbero	cercato

Imperativo

—	
(tu)	cerca
(Lei)	cerchi
(noi)	cerchiamo
(voi)	cercate
(loro)	cerchino

Gerundio

Presente

cercando

Passato

avendo cercato

Infinito

Passato

avere cercato

Participio

Passato

cercato

Beispiele und Wendungen

Luigi cerca lavoro da più di un anno.	*Luigi sucht seit über einem Jahr Arbeit.*
cercasi personale	*Personal gesucht*
cercare di fare qc	*versuchen, etw. zu tun*
Te la sei cercata!	*Du hast es darauf angelegt!*

Weitere Verben

affaticare - attaccare - cascare - classificare - comunicare - criticare - dimenticare - giocare - giudicare - mancare - nevicare - pescare - praticare - provocare - pubblicare - significare - truccare - vendicare

Ci siamo cascati!	*Wir sind darauf hereingefallen!*
dimenticare di fare qc	*vergessen, etw. zu tun*
giocare a pallacanestro	*Basketball spielen*
pubblicare un libro	*ein Buch veröffentlichen*
truccarsi	*sich schminken*

Besonderheiten

Bei den regelmäßigen Verben auf -care wird vor -e und -i ein -h- eingefügt (z. B. cerc**h**i, cerc**h**erò),* um eine einheitliche Aussprache als [k] zu gewährleisten.

* Vgl. pagare

Merken Sie sich: -ca-, -co-, -chi- und -che- enthalten allesamt den Laut [k]. Denken Sie einfach an das bekannte Weinanbaugebiet Chianti in der Toskana!

8 dare

geben

Indicativo

Presente	Passato prossimo	
do	ho	dato
dai	hai	dato
dà	ha	dato
diamo	abbiamo	dato
date	avete	dato
danno	hanno	dato

Imperfetto	Trapassato prossimo	
davo	avevo	dato
davi	avevi	dato
dava	aveva	dato
davamo	avevamo	dato
davate	avevate	dato
davano	avevano	dato

Passato remoto	Trapassato remoto	
diedi/detti	ebbi	dato
desti	avesti	dato
diede/dette	ebbe	dato
demmo	avemmo	dato
deste	aveste	dato
diedero/dettero	ebbero	dato

Futuro semplice	Futuro anteriore	
darò	avrò	dato
darai	avrai	dato
darà	avrà	dato
daremo	avremo	dato
darete	avrete	dato
daranno	avranno	dato

Congiuntivo

Presente	Imperfetto
dia	dessi
dia	dessi
dia	desse
diamo	dessimo
diate	deste
diano	dessero

Passato		Trapassato	
abbia	dato	avessi	dato
abbia	dato	avessi	dato
abbia	dato	avesse	dato
abbiamo	dato	avessimo	dato
abbiate	dato	aveste	dato
abbiano	dato	avessero	dato

Condizionale

Presente	Passato	
darei	avrei	dato
daresti	avresti	dato
darebbe	avrebbe	dato
daremmo	avremmo	dato
dareste	avreste	dato
darebbero	avrebbero	dato

Imperativo

—	
(tu)	da'/dai
(Lei)	dia
(noi)	diamo
(voi)	date
(loro)	diano

Gerundio

Presente: dando

Passato: avendo dato

Infinito

Passato: avere dato

Participio

Passato: dato

Beispiele und Wendungen

Antonio dà sempre una mancia generosa al personale dell'albergo.
Antonio gibt dem Hotelpersonal immer ein großzügiges Trinkgeld.

Luisa ha dato uno schiaffo a suo fratello.
Luisa hat ihrem Bruder eine Ohrfeige gegeben.

dare del Lei / tu	*siezen / duzen*
alla TV / al cinema danno...	*im Fernsehen / Kino kommt / läuft ...*
darsi a qc	*sich einer Sache hingeben, widmen*
dare una mano a qu	*jdm. helfen*
Dai!	*Na los!, Komm schon!*
darsi da fare	*sich engagieren, sich Mühe geben*

Weitere Verben

ridare (*pres.*: ridò)

Besonderheiten

Die Formen des einfachen Futurs und des Konditional Präsens behalten das -a- bei (vgl. d**a**rò ↔ am**e**rò, d**a**rei ↔ am**e**rei).
Beachten Sie beim Imperativ die zwei möglichen Formen da' / dai.
Diese Doppelformen finden sich auch bei andare, fare und stare.

Lernen Sie die Konjugation von dare und stare zusammen, da sich beide sehr ähneln. Dadurch können Sie sich die Endungen leichter einprägen.

9 lasciare

lassen

Regelmäßiges Verb, aber:

-sci- + -e- wird -sce- / -sci- + -i- wird -sci-

Indicativo

Presente
lascio
lasci
lascia
lasciamo
lasciate
lasciano

Passato prossimo
ho	lasciato
hai	lasciato
ha	lasciato
abbiamo	lasciato
avete	lasciato
hanno	lasciato

Imperfetto
lasciavo
lasciavi
lasciava
lasciavamo
lasciavate
lasciavano

Trapassato prossimo
avevo	lasciato
avevi	lasciato
aveva	lasciato
avevamo	lasciato
avevate	lasciato
avevano	lasciato

Passato remoto
lasciai
lasciasti
lasciò
lasciammo
lasciaste
lasciarono

Trapassato remoto
ebbi	lasciato
avesti	lasciato
ebbe	lasciato
avemmo	lasciato
aveste	lasciato
ebbero	lasciato

Futuro semplice
lascerò
lascerai
lascerà
lasceremo
lascerete
lasceranno

Futuro anteriore
avrò	lasciato
avrai	lasciato
avrà	lasciato
avremo	lasciato
avrete	lasciato
avranno	lasciato

Congiuntivo

Presente
lasci
lasci
lasci
lasciamo
lasciate
lascino

Imperfetto
lasciassi
lasciassi
lasciasse
lasciassimo
lasciaste
lasciassero

Passato
abbia	lasciato
abbia	lasciato
abbia	lasciato
abbiamo	lasciato
abbiate	lasciato
abbiano	lasciato

Trapassato
avessi	lasciato
avessi	lasciato
avesse	lasciato
avessimo	lasciato
aveste	lasciato
avessero	lasciato

Condizionale

Presente
lascerei
lasceresti
lascerebbe
lasceremmo
lascereste
lascerebbero

Passato
avrei	lasciato
avresti	lasciato
avrebbe	lasciato
avremmo	lasciato
avreste	lasciato
avrebbero	lasciato

Imperativo

—	
(tu)	lascia
(Lei)	lasci
(noi)	lasciamo
(voi)	lasciate
(loro)	lascino

Gerundio

Presente
lasciando

Passato
avendo lasciato

Infinito

Passato
avere lasciato

Participio

Passato
lasciato

Beispiele und Wendungen

Stasera mio padre mi lascia la macchina.
Mein Vater überlässt mir heute Abend das Auto.

Dopo due anni Chiara ha lasciato il suo ragazzo.
Nach zwei Jahren hat Chiara ihren Freund verlassen.

lasciarsi	*sich trennen*
Lascia perdere!	*Lass gut sein!, Vergiss es!*
Lascia fare a me!	*Lass mich das machen!*
lasciare in pace qu	*jdn. in Ruhe lassen*

Weitere Verben

angosciare – fasciare – rilasciare – sgusciare

rilasciare la patente	*den Führerschein ausstellen*
sgusciare le castagne	*Kastanien schälen*

Besonderheiten

Die Verben auf -sciare verlieren bei den Formen des Futurs und Konditionals das -i- des Stammes (z. B. la**sce**rò, la**sce**rei etc.).

Das -i- in -sci- ist nur in lasci und lascino zu hören. Ansonsten wird -i- nicht ausgesprochen.* Konjugieren Sie die Verben dieser Gruppe daher immer laut. Achten Sie auch darauf, das die Lautkombinationen -sci und -sce- (la**sci**amo, la**sce**rei) dem deutschen -sch- (z. B. in *Schule*, *waschen*) entsprechen.

* Vgl. die Verben baciare, mangiare

10 mangiare

essen

Regelmäßiges Verb, aber:

-gi- + -e- wird -ge- / -gi- + -i- wird -gi-

Indicativo

Presente
mangio
mangi
mangia
mangiamo
mangiate
mangiano

Passato prossimo
ho mangiato
hai mangiato
ha mangiato
abbiamo mangiato
avete mangiato
hanno mangiato

Imperfetto
mangiavo
mangiavi
mangiava
mangiavamo
mangiavate
mangiavano

Trapassato prossimo
avevo mangiato
avevi mangiato
aveva mangiato
avevamo mangiato
avevate mangiato
avevano mangiato

Passato remoto
mangiai
mangiasti
mangiò
mangiammo
mangiaste
mangiarono

Trapassato remoto
ebbi mangiato
avesti mangiato
ebbe mangiato
avemmo mangiato
aveste mangiato
ebbero mangiato

Futuro semplice
mangerò
mangerai
mangerà
mangeremo
mangerete
mangeranno

Futuro anteriore
avrò mangiato
avrai mangiato
avrà mangiato
avremo mangiato
avrete mangiato
avranno mangiato

Congiuntivo

Presente
mangi
mangi
mangi
mangiamo
mangiate
mangino

Imperfetto
mangiassi
mangiassi
mangiasse
mangiassimo
mangiaste
mangiassero

Passato
abbia mangiato
abbia mangiato
abbia mangiato
abbiamo mangiato
abbiate mangiato
abbiano mangiato

Trapassato
avessi mangiato
avessi mangiato
avesse mangiato
avessimo mangiato
aveste mangiato
avessero mangiato

Condizionale

Presente
mangerei
mangeresti
mangerebbe
mangeremmo
mangereste
mangerebbero

Passato
avrei mangiato
avresti mangiato
avrebbe mangiato
avremmo mangiato
avreste mangiato
avrebbero mangiato

Imperativo

—
(tu) mangia
(Lei) mangi
(noi) mangiamo
(voi) mangiate
(loro) mangino

Gerundio

Presente
mangiando

Passato
avendo mangiato

Infinito

Passato
avere mangiato

Participio

Passato
mangiato

Beispiele und Wendungen

Stasera mangiamo al ristorante.
Heute Abend essen wir im Restaurant.

farsi da mangiare	*sich etw. zu essen machen*
Giorgio! Si mangia!	*Giorgio! (Es gibt) Essen!*

Weitere Verben

alloggiare - appoggiare - arrangiarsi - assaggiare - danneggiare - festeggiare - incoraggiare - noleggiare - parcheggiare - passeggiare - viaggiare

alloggiare qu	*jdn. beherbergen, unterbringen*
assaggiare il vino	*den Wein kosten, probieren*
festeggiare il compleanno	*Geburtstag feiern*
parcheggiare in centro	*im Zentrum parken*
viaggiare in prima classe	*erster Klasse reisen*

Besonderheiten

Die Verben auf -giare verlieren bei den Formen des Futurs und Konditionals das -i- des Stammes (z. B. man**ge**rò, man**ge**rei).

Das -i- in -gi- ist nur in mangi und mangino zu hören. Ansonsten wird -i- nicht ausgesprochen.* Konjugieren Sie die Verben dieser Gruppe daher immer laut. Achten Sie auch darauf, dass die Lautkombinationen -gi- und -ge- (man**gi**amo, man**ge**rei) dem Laut in *Gentleman* entspricht.

* Vgl. die Verben baciare, lasciare

11 pagare

bezahlen

Regelmäßiges Verb,
aber: -g- wird -gh- vor -e und -i

Indicativo

Presente	Passato prossimo	
pago	ho	pagato
paghi	hai	pagato
paga	ha	pagato
paghiamo	abbiamo	pagato
pagate	avete	pagato
pagano	hanno	pagato

Imperfetto	Trapassato prossimo	
pagavo	avevo	pagato
pagavi	avevi	pagato
pagava	aveva	pagato
pagavamo	avevamo	pagato
pagavate	avevate	pagato
pagavano	avevano	pagato

Passato remoto	Trapassato remoto	
pagai	ebbi	pagato
pagasti	avesti	pagato
pagò	ebbe	pagato
pagammo	avemmo	pagato
pagaste	aveste	pagato
pagarono	ebbero	pagato

Futuro semplice	Futuro anteriore	
pagherò	avrò	pagato
pagherai	avrai	pagato
pagherà	avrà	pagato
pagheremo	avremo	pagato
pagherete	avrete	pagato
pagheranno	avranno	pagato

Congiuntivo

Presente

paghi
paghi
paghi
paghiamo
paghiate
paghino

Imperfetto

pagassi
pagassi
pagasse
pagassimo
pagaste
pagassero

Passato	
abbia	pagato
abbia	pagato
abbia	pagato
abbiamo	pagato
abbiate	pagato
abbiano	pagato

Trapassato	
avessi	pagato
avessi	pagato
avesse	pagato
avessimo	pagato
aveste	pagato
avessero	pagato

Condizionale

Presente

pagherei
pagheresti
pagherebbe
pagheremmo
paghereste
pagherebbero

Passato	
avrei	pagato
avresti	pagato
avrebbe	pagato
avremmo	pagato
avreste	pagato
avrebbero	pagato

Imperativo

—	
(tu)	paga
(Lei)	paghi
(noi)	paghiamo
(voi)	pagate
(loro)	paghino

Gerundio

Presente

pagando

Passato

avendo pagato

Infinito

Passato

avere pagato

Participio

Passato

pagato

Beispiele und Wendungen

Il Signor Spagnoli paga sempre in contanti.
Herr Spagnoli bezahlt immer bar.

pagare il conto	*die Rechnung bezahlen*
pagare le tasse	*Steuern zahlen*
Me la pagherai!	*Das wirst du mir büßen!*

Weitere Verben

allegare - allungare - collegare - fregare - interrogare - legare - litigare - lusingare - naufragare - navigare - negare - obbligare - pregare - sbrigare

allegare un file	*eine Datei anhängen*
fregare qu	*jdn. hereinlegen*
litigare con qu	*mit jdm. streiten*
farsi pregare	*sich bitten lassen*

Besonderheiten

Bei den regelmäßigen Verben auf -gare wird vor -e und -i ein -h- eingefügt (z. B. pag**h**i, pag**h**eremo).* Somit wird eine einheitliche Aussprache gewährleistet, welche dem Laut [g] entspricht.

* Vgl. cercare

Merken Sie sich: -ga-, -go-, -ghi- und -ghe- enthalten allesamt den Laut [g]. Eine kleine Aussprachehilfe werden Ihnen sicherlich die leckeren Spaghetti bieten, die in zahlreichen Varianten zubereitet werden können.

12 stare

bleiben

Indicativo

Presente	Passato prossimo	
sto	sono	stato
stai	sei	stato
sta	è	stato
stiamo	siamo	stati
state	siete	stati
stanno	sono	stati

Imperfetto	Trapassato prossimo	
stavo	ero	stato
stavi	eri	stato
stava	era	stato
stavamo	eravamo	stati
stavate	eravate	stati
stavano	erano	stati

Passato remoto	Trapassato remoto	
stetti	fui	stato
stesti	fosti	stato
stette	fu	stato
stemmo	fummo	stati
steste	foste	stati
stettero	furono	stati

Futuro semplice	Futuro anteriore	
starò	sarò	stato
starai	sarai	stato
starà	sarà	stato
staremo	saremo	stati
starete	sarete	stati
staranno	saranno	stati

Congiuntivo

Presente

stia
stia
stia
stiamo
stiate
stiano

Imperfetto

stessi
stessi
stesse
stessimo
steste
stessero

Passato

sia	stato
sia	stato
sia	stato
siamo	stati
siate	stati
siano	stati

Trapassato

fossi	stato
fossi	stato
fosse	stato
fossimo	stati
foste	stati
fossero	stati

Condizionale

Presente

starei
staresti
starebbe
staremmo
stareste
starebbero

Passato

sarei	stato
saresti	stato
sarebbe	stato
saremmo	stati
sareste	stati
sarebbero	stati

Imperativo

—	
(tu)	sta'/stai
(Lei)	stia
(noi)	stiamo
(voi)	state
(loro)	stiano

Gerundio

Presente

stando

Passato

essendo stato

Infinito

Passato

essere stato

Participio

Passato

stato

Beispiele und Wendungen

Sto in piedi, grazie. Non sono stanco. — *Ich bleibe stehen, danke. Ich bin nicht müde.*
I pantaloni ti stanno bene. — *Die Hose steht dir gut.*

Come stai / sta? — *Wie geht es dir / Ihnen?*
starsene a casa — *zu Hause bleiben*
Ci sto! — *Einverstanden!, Ich bin dabei!*

Besonderheiten

Die Formen des einfachen Futurs und des Konditional Präsens behalten das -a- bei (vgl. st**a**rò ↔ am**e**rò, st**a**rei ↔ am**e**rei). Beachten Sie beim Imperativ die zwei möglichen Formen sta' / stai.

Stare + gerundio presente umschreibt eine Handlung, die sich gerade im Verlauf befindet:
Cosa stai facendo? — *Was machst du gerade?*
Sto guardando la TV. — *Ich schaue gerade fern.*

Stare per + infinito umschreibt ein Ereignis, das gleich geschieht.
Sto per mangiare. — *Ich esse gleich.*

Lernen Sie die Konjugation von stare und dare zusammen, da sich beide sehr ähneln. Das Gerundium ist im Italienischen sehr beliebt. Spielen Sie doch mit einem Partner ein paar Situationen durch, indem Sie ihn fragen, was er gerade tut und umgekehrt.

studiare

Regelmäßiges Verb, aber: -i- + -i- wird -i-

lernen

Indicativo

Presente
studio
studi
studia
studiamo
studiate
studiano

Passato prossimo
ho	studiato
hai	studiato
ha	studiato
abbiamo	studiato
avete	studiato
hanno	studiato

Imperfetto
studiavo
studiavi
studiava
studiavamo
studiavate
studiavano

Trapassato prossimo
avevo	studiato
avevi	studiato
aveva	studiato
avevamo	studiato
avevate	studiato
avevano	studiato

Passato remoto
studiai
studiasti
studiò
studiammo
studiaste
studiarono

Trapassato remoto
ebbi	studiato
avesti	studiato
ebbe	studiato
avemmo	studiato
aveste	studiato
ebbero	studiato

Futuro semplice
studierò
studierai
studierà
studieremo
studierete
studieranno

Futuro anteriore
avrò	studiato
avrai	studiato
avrà	studiato
avremo	studiato
avrete	studiato
avranno	studiato

Congiuntivo

Presente
studi
studi
studi
studiamo
studiate
studino

Imperfetto
studiassi
studiassi
studiasse
studiassimo
studiaste
studiassero

Passato
abbia	studiato
abbia	studiato
abbia	studiato
abbiamo	studiato
abbiate	studiato
abbiano	studiato

Trapassato
avessi	studiato
avessi	studiato
avesse	studiato
avessimo	studiato
aveste	studiato
avessero	studiato

Condizionale

Presente
studierei
studieresti
studierebbe
studieremmo
studiereste
studierebbero

Passato
avrei	studiato
avresti	studiato
avrebbe	studiato
avremmo	studiato
avreste	studiato
avrebbero	studiato

Imperativo

—	
(tu)	studia
(Lei)	studi
(noi)	studiamo
(voi)	studiate
(loro)	studino

Gerundio

Presente
studiando

Passato
avendo studiato

Infinito

Passato
avere studiato

Participio

Passato
studiato

Beispiele und Wendungen

Carla e Franco studiano economia all'università di Milano.
Carla und Franco studieren BWL an der Universität Mailand.

Oggi resto a casa perché devo studiare.	*Ich bleibe heute zu Hause, weil ich lernen muss.*
studiare all'università	*an der Universität studieren*
studiare per un esame	*für eine Prüfung lernen*

Weitere Verben

annoiare - apparecchiare - arrabbiarsi - cambiare - divorziare - fischiare - fotocopiare - infischiarsi - iniziare - invecchiare - invidiare - licenziare - macchiare - odiare - ringraziare - rischiare - risparmiare - scambiare - scoppiare - soffiare - viziare

apparecchiare la tavola	*den Tisch decken*
cambiarsi	*sich umziehen*
Me ne infischio!	*Ich pfeife drauf!*
licenziare qu	*jdn. entlassen*
ringraziare qu	*jdm. danken*
rischiare di fare qc	*riskieren, etw. zu tun*
scambiare una persona per un'altra	*eine Person mit jemand anderem verwechseln*

Besonderheiten

Bei diesen Verben auf -iare sind - anders als bei avviare - zwei aufeinanderfolgende -i- nicht möglich (z. B. stud**i**, stud**i**amo).

14 tagliare

schneiden

Regelmäßiges Verb, aber: -gli- + -i- wird -gli-

Indicativo

Presente
taglio
tagli
taglia
tagliamo
tagliate
tagliano

Passato prossimo
ho	tagliato
hai	tagliato
ha	tagliato
abbiamo	tagliato
avete	tagliato
hanno	tagliato

Imperfetto
tagliavo
tagliavi
tagliava
tagliavamo
tagliavate
tagliavano

Trapassato prossimo
avevo	tagliato
avevi	tagliato
aveva	tagliato
avevamo	tagliato
avevate	tagliato
avevano	tagliato

Passato remoto
tagliai
tagliasti
tagliò
tagliammo
tagliaste
tagliarono

Trapassato remoto
ebbi	tagliato
avesti	tagliato
ebbe	tagliato
avemmo	tagliato
aveste	tagliato
ebbero	tagliato

Futuro semplice
taglierò
taglierai
taglierà
taglieremo
taglierete
taglieranno

Futuro anteriore
avrò	tagliato
avrai	tagliato
avrà	tagliato
avremo	tagliato
avrete	tagliato
avranno	tagliato

Congiuntivo

Presente
tagli
tagli
tagli
tagliamo
tagliate
taglino

Imperfetto
tagliassi
tagliassi
tagliasse
tagliassimo
tagliaste
tagliassero

Passato
abbia	tagliato
abbia	tagliato
abbia	tagliato
abbiamo	tagliato
abbiate	tagliato
abbiano	tagliato

Trapassato
avessi	tagliato
avessi	tagliato
avesse	tagliato
avessimo	tagliato
aveste	tagliato
avessero	tagliato

Condizionale

Presente
taglierei
taglieresti
taglierebbe
taglieremmo
tagliereste
taglierebbero

Passato
avrei	tagliato
avresti	tagliato
avrebbe	tagliato
avremmo	tagliato
avreste	tagliato
avrebbero	tagliato

Imperativo

—	
(tu)	taglia
(Lei)	tagli
(noi)	tagliamo
(voi)	tagliate
(loro)	taglino

Gerundio

Presente
tagliando

Passato
avendo tagliato

Infinito

Passato
avere tagliato

Participio

Passato
tagliato

Beispiele und Wendungen

Ugo si fa tagliare i capelli una volta al mese.
Ugo lässt sich einmal im Monat die Haare schneiden.

tagliare a pezzi	*in Stücke schneiden*
tagliarsi con il coltello	*sich mit dem Messer schneiden*
Taglia corto!	*Mach es kurz!*

Weitere Verben

assomigliare - consigliare - invogliare - meravigliare - pigliare - rassomigliare - sbagliare - sconsigliare - somigliare - spogliare - squagliarsi - svegliare

consigliare un ristorante	*ein Restaurant empfehlen*
meravigliarsi di qu	*sich über jdn. wundern*
sbagliare numero	*sich verwählen*
somigliare a qu	*jdm. ähnlich sehen*
squagliarsela	*sich davonmachen*

Besonderheiten

Tagliare und die weiteren Verben dieser Gruppe auf -gliare werden regelmäßig konjugiert, beachten Sie jedoch: -gli- + -i- wird -gli- (z. B. ta**gli**, ta**gli**amo).

Für Italienischlerner stellt die Aussprache von -gli-* häufig ein Problem dar. Vergleichen Sie diesen Laut mit -lj- in dem Wort *Kabeljau*.

* Vgl. cogliere, scegliere

15 bạttere

schlagen

Regelmäßiges Verb

Indicativo

Presente	Passato prossimo	
batt**o**	ho	battuto
batt**i**	hai	battuto
batt**e**	ha	battuto
batt**iamo**	abbiamo	battuto
batt**ete**	avete	battuto
bạtt**ono**	hanno	battuto

Imperfetto	Trapassato prossimo	
batt**evo**	avevo	battuto
batt**evi**	avevi	battuto
batt**eva**	aveva	battuto
batt**evamo**	avevamo	battuto
batt**evate**	avevate	battuto
batt**ẹvano**	avẹvano	battuto

Passato remoto	Trapassato remoto	
batt**ei**	ebbi	battuto
batt**esti**	avesti	battuto
batt**é**	ebbe	battuto
batt**emmo**	avemmo	battuto
batt**este**	aveste	battuto
batt**ẹrono**	ẹbbero	battuto

Futuro semplice	Futuro anteriore	
batt**erò**	avrò	battuto
batt**erai**	avrai	battuto
batt**erà**	avrà	battuto
batt**eremo**	avremo	battuto
batt**erete**	avrete	battuto
batt**eranno**	avranno	battuto

Congiuntivo

Presente
batt**a**
batt**a**
batt**a**
batt**iamo**
batt**iate**
bạtt**ano**

Imperfetto
batt**essi**
batt**essi**
batt**esse**
batt**ẹssimo**
batt**este**
batt**ẹssero**

Passato	
abbia	battuto
abbia	battuto
abbia	battuto
abbiamo	battuto
abbiate	battuto
ạbbiano	battuto

Trapassato	
avessi	battuto
avessi	battuto
avesse	battuto
avessimo	battuto
aveste	battuto
avẹssero	battuto

Condizionale

Presente
batt**erei**
batt**eresti**
batt**erebbe**
batt**eremmo**
batt**ereste**
batt**erẹbbero**

Passato	
avrei	battuto
avresti	battuto
avrebbe	battuto
avremmo	battuto
avreste	battuto
avrẹbbero	battuto

Imperativo

—	
(tu)	batt**i**
(Lei)	batt**a**
(noi)	batt**iamo**
(voi)	batt**ete**
(loro)	bạtt**ano**

Gerundio

Presente	Passato
batt**endo**	avendo battuto

Infinito

Passato

avere battuto

Participio

Passato

batt**uto**

Beispiele und Wendungen

L'orologio del campanile batte le undici. *Die Uhr des Glockenturms schlägt elf.*

La Francia ha battuto il Brasile uno a zero.
Frankreich hat Brasilien eins zu null geschlagen.

battersi per qu	*sich für jdn. schlagen*
battere la mano sulla spalla a qu	*jdm. auf die Schulter klopfen*
Mi batte il cuore.	*Ich habe Herzklopfen.*
battersi la testa	*sich den Kopf stoßen*
battere le mani	*in die Hände klatschen*
battere un primato	*einen Rekord brechen*
battere un calcio di rigore	*einen Elfmeter schießen*

Weitere Verben

competere - concernere - discernere - esimere - incombere - ripetere

competere con qu	*mit jdm. konkurrieren, wetteifern*
esimere qu da qc	*jdn. von etw. entbinden*

Battere ist ein Musterbeispiel für die Verben auf -ere, die sonst keine Besonderheiten aufweisen. Die regelmäßigen Endungen des Verbs sind in der Konjugationstabelle fett hervorgehoben. Markieren Sie die Endungen dieser Konjugation farbig und prägen Sie sich die Formen gut ein.

Vom Verb battere sind auch einige Substantive abgeleitet, z. B.: la batteria *Schlagzeug*, il / la batterista *Schlagzeuger(in)*.

16 **crẹdere**

glauben, meinen

Regelmäßiges Verb mit 2 möglichen Endungen im Passato remoto

Indicativo

Presente

cred**o**
cred**i**
cred**e**
cred**iamo**
cred**ete**
crẹd**ono**

Passato prossimo

ho	creduto
hai	creduto
ha	creduto
abbiamo	creduto
avete	creduto
hanno	creduto

Imperfetto

cred**evo**
cred**evi**
cred**eva**
cred**evamo**
cred**evate**
cred**ẹvano**

Trapassato prossimo

avevo	creduto
avevi	creduto
aveva	creduto
avevamo	creduto
avevate	creduto
avẹvano	creduto

Passato remoto

cred**ei/-etti**
cred**esti**
cred**é/-ette**
cred**emmo**
cred**este**
cred**ẹrono/-ẹttero**

Trapassato remoto

ebbi	creduto
avesti	creduto
ebbe	creduto
avemmo	creduto
aveste	creduto
ẹbbero	creduto

Futuro semplice

cred**erò**
cred**erai**
cred**erà**
cred**eremo**
cred**erete**
cred**eranno**

Futuro anteriore

avrò	creduto
avrai	creduto
avrà	creduto
avremo	creduto
avrete	creduto
avranno	creduto

Congiuntivo

Presente

cred**a**
cred**a**
cred**a**
cred**iamo**
cred**iate**
crẹd**ano**

Imperfetto

cred**essi**
cred**essi**
cred**esse**
cred**ẹssimo**
cred**este**
cred**ẹssero**

Passato

abbia	creduto
abbia	creduto
abbia	creduto
abbiamo	creduto
abbiate	creduto
ạbbiano	creduto

Trapassato

avessi	creduto
avessi	creduto
avesse	creduto
avẹssimo	creduto
aveste	creduto
avẹssero	creduto

Condizionale

Presente

cred**erei**
cred**eresti**
cred**erebbe**
cred**eremmo**
cred**ereste**
cred**erẹbbero**

Passato

avrei	creduto
avresti	creduto
avrebbe	creduto
avremmo	creduto
avreste	creduto
avrẹbbero	creduto

Imperativo

—	
(tu)	cred**i**
(Lei)	cred**a**
(noi)	cred**iamo**
(voi)	cred**ete**
(loro)	crẹd**ano**

Gerundio

Presente

cred**endo**

Passato

avendo creduto

Infinito

Passato

avere creduto

Participio

Passato

cred**uto**

Beispiele und Wendungen

Raffaella non crede a Mario. — *Raffaella glaubt Mario nicht.*

Il giudice non crede all'innocenza dell'accusato.
Der Richter glaubt nicht an die Unschuld des Angeklagten.

credere a qu / qc	*jdm. / einer Sache glauben*
credere in qu / qc	*an jdn. / etw. glauben*
credersi	*sich halten für*
Credo di sì / no.	*Ich glaube ja / nein.*

Weitere Verben

cedere – precedere – vendere

cedere a qc	*einer Sache nachgeben*
precedere qu	*jdm. vorangehen; jdm. zuvorkommen*
vendere qc a qu	*jdm. etw. verkaufen*

Besonderheiten

Es handelt sich bei diesen Verben um regelmäßige Verben, die zwei mögliche Endungen im Passato remoto haben (cred**ei** ↔ cred**etti**). Die regelmäßigen Endungen sind in der Konjugationstabelle fett hervorgehoben.

Nach credere che steht der Konjunktiv:
Credo che Peter sia tedesco. — *Ich glaube, dass Peter Deutscher ist.*

Lernen Sie credere immer mit Präposition, z. B. credere **a** Paolo (*Paolo glauben*), credere **in** Dio (*an Gott glauben*) etc.

17 bere

trinken

Indicativo

Presente

bevo
bevi
beve
beviamo
bevete
bẹvono

Passato prossimo

ho bevuto
hai bevuto
ha bevuto
abbiamo bevuto
avete bevuto
hanno bevuto

Imperfetto

bevevo
bevevi
beveva
bevevamo
bevevate
bevẹvano

Trapassato prossimo

avevo bevuto
avevi bevuto
aveva bevuto
avevamo bevuto
avevate bevuto
avẹvano bevuto

Passato remoto

bevvi
bevesti
bevve
bevemmo
beveste
bẹvvero

Trapassato remoto

ebbi bevuto
avesti bevuto
ebbe bevuto
avemmo bevuto
aveste bevuto
ẹbbero bevuto

Futuro semplice

berrò
berrai
berrà
berremo
berrete
berranno

Futuro anteriore

avrò bevuto
avrai bevuto
avrà bevuto
avremo bevuto
avrete bevuto
avranno bevuto

Congiuntivo

Presente

beva
beva
beva
beviamo
beviate
bẹvano

Imperfetto

bevessi
bevessi
bevesse
bevẹssimo
beveste
bevẹssero

Passato

abbia bevuto
abbia bevuto
abbia bevuto
abbiamo bevuto
abbiate bevuto
ạbbiano bevuto

Trapassato

avessi bevuto
avessi bevuto
avesse bevuto
avẹssimo bevuto
aveste bevuto
avẹssero bevuto

Condizionale

Presente

berrei
berresti
berrebbe
berremmo
berreste
berrẹbbero

Passato

avrei bevuto
avresti bevuto
avrebbe bevuto
avremmo bevuto
avreste bevuto
avrẹbbero bevuto

Imperativo

—
(tu) bevi
(Lei) beva
(noi) beviamo
(voi) bevete
(loro) bẹvano

Gerundio

Presente

bevendo

Passato

avendo bevuto

Infinito

Passato

avere bevuto

Participio

Passato

bevuto

Beispiele und Wendungen

Dopo l'allenamento Flavio beve almeno un litro d'acqua.
Nach dem Training trinkt Flavio mindestens einen Liter Wasser.

Che cosa hai bevuto alla festa di Sergio?
Was hast du auf der Party von Sergio getrunken?

dare da bere a qu	*jdm. zu trinken geben*
offrire qc da bere	*einen ausgeben*
darla a bere a qu	*jdm. einen Bären aufbinden*
La macchina beve molto.	*Das Auto schluckt viel.*

Besonderheiten

Das Verb bere stammt von der veralteten Form bevere*. Die Endung -ere von bere ist vor allem in der Konjugation des Futurs und Konditional Präsens erkennbar, in allen anderen Zeiten und Modi ist das -v- von bevere enthalten.

* Vgl. condurre, dire, fare, porre, trarre

Beachten Sie: Der Stamm der verkürzten Form bere erhält bei der Bildung des Futurs und Konditional Präsens -rr-: be**rr**ò, be**rr**ei etc.

Lernen Sie das Präsens und Imperfekt, indem Sie die veraltete Form bevere zu Hilfe nehmen. Konjugieren Sie so, als ob es sich um ein gewöhnliches Verb auf -ere handeln würde (vgl. bev**o**, bev**evo** etc.)

Dasselbe gilt übrigens auch für das Gerundium (bev**endo**) und das Partizip Perfekt (bev**uto**).

18 cadere

-d- wird zu -dd-

fallen

Indicativo

Presente	Passato prossimo	
cado	sono	caduto
cadi	sei	caduto
cade	è	caduto
cadiamo	siamo	caduti
cadete	siete	caduti
cadono	sono	caduti

Imperfetto	Trapassato prossimo	
cadevo	ero	caduto
cadevi	eri	caduto
cadeva	era	caduto
cadevamo	eravamo	caduti
cadevate	eravate	caduti
cadevano	erano	caduti

Passato remoto	Trapassato remoto	
caddi	fui	caduto
cadesti	fosti	caduto
cadde	fu	caduto
cademmo	fummo	caduti
cadeste	foste	caduti
caddero	furono	caduti

Futuro semplice	Futuro anteriore	
cadrò	sarò	caduto
cadrai	sarai	caduto
cadrà	sarà	caduto
cadremo	saremo	caduti
cadrete	sarete	caduti
cadranno	saranno	caduti

Congiuntivo

Presente
cada
cada
cada
cadiamo
cadiate
cadano

Imperfetto
cadessi
cadessi
cadesse
cadessimo
cadeste
cadessero

Passato

sia	caduto
sia	caduto
sia	caduto
siamo	caduti
siate	caduti
siano	caduti

Trapassato

fossi	caduto
fossi	caduto
fosse	caduto
fossimo	caduti
foste	caduti
fossero	caduti

Condizionale

Presente
cadrei
cadresti
cadrebbe
cadremmo
cadreste
cadrebbero

Passato

sarei	caduto
saresti	caduto
sarebbe	caduto
saremmo	caduti
sareste	caduti
sarebbero	caduti

Imperativo

—

(tu)	cadi
(Lei)	cada
(noi)	cadiamo
(voi)	cadete
(loro)	cadano

Gerundio

Presente
cadendo

Passato
essendo caduto

Infinito

Passato
essere caduto

Participio

Passato
caduto

Beispiele und Wendungen

Stai attento a non cadere! — *Pass auf, dass du nicht hinfällst!*
Il ragazzo è caduto dalla bicicletta. — *Der Junge ist vom Fahrrad gefallen.*

cadere per terra — *auf den Boden fallen*
cadere in una trappola — *in eine Falle tappen*
È caduta la linea. — *Die Leitung ist unterbrochen worden.*

Weitere Verben

accadere - decadere - ricadere - scadere

Mi accade spesso. — *Das passiert mir oft.*
Il passaporto è scaduto. — *Der Reisepass ist abgelaufen.*

Besonderheiten

In der 1. und 3. Person Singular und Plural des Passato remoto wird -d- zu -dd- (ca**dd**i, ca**dd**e, ca**dd**ero). Im Futur und Konditional Präsens ist der Verbstamm verkürzt (vgl. cadrò ↔ cred**e**rò, cadrei ↔ cred**e**rei).

Die Formen mit -dd- werden auf dem vorangehenden Vokal betont: c**a**ddi, c**a**dde, c**a**ddero. Bilden Sie das Passato prossimo dem Deutschen entsprechend mit essere *sein*:

sono caduto/a — *ich bin gefallen*

19 chiẹdere

fragen

Indicativo

Presente

chiedo
chiedi
chiede
chiediamo
chiedete
chiẹdono

Passato prossimo

ho	chiesto
hai	chiesto
ha	chiesto
abbiamo	chiesto
avete	chiesto
hanno	chiesto

Imperfetto

chiedevo
chiedevi
chiedeva
chiedevamo
chiedevate
chiedẹvano

Trapassato prossimo

avevo	chiesto
avevi	chiesto
aveva	chiesto
avevamo	chiesto
avevate	chiesto
avẹvano	chiesto

Passato remoto

chiesi
chiedesti
chiese
chiedemmo
chiedeste
chiẹsero

Trapassato remoto

ebbi	chiesto
avesti	chiesto
ebbe	chiesto
avemmo	chiesto
aveste	chiesto
ẹbbero	chiesto

Futuro semplice

chiederò
chiederai
chiederà
chiederemo
chiederete
chiederanno

Futuro anteriore

avrò	chiesto
avrai	chiesto
avrà	chiesto
avremo	chiesto
avrete	chiesto
avranno	chiesto

Congiuntivo

Presente

chieda
chieda
chieda
chiediamo
chiediate
chiẹdano

Imperfetto

chiedessi
chiedessi
chiedesse
chiedẹssimo
chiedeste
chiedẹssero

Passato

abbia	chiesto
abbia	chiesto
abbia	chiesto
abbiamo	chiesto
abbiate	chiesto
ạbbiano	chiesto

Trapassato

avessi	chiesto
avessi	chiesto
avesse	chiesto
avẹssimo	chiesto
aveste	chiesto
avẹssero	chiesto

Condizionale

Presente

chiederei
chiederesti
chiederebbe
chiederemmo
chiedereste
chiederẹbbero

Passato

avrei	chiesto
avresti	chiesto
avrebbe	chiesto
avremmo	chiesto
avreste	chiesto
avrẹbbero	chiesto

Imperativo

—	
(tu)	chiedi
(Lei)	chieda
(noi)	chiediamo
(voi)	chiedete
(loro)	chiẹdano

Gerundio

Presente

chiedendo

Passato

avendo chiesto

Infinito

Passato

avere chiesto

Participio

Passato

chiesto

Beispiele und Wendungen

Chiedo a Marianna se viene anche lei. — *Ich frage Marianna, ob sie auch kommt.*

Il rapitore chiede un milione di euro alla polizia.
Der Entführer verlangt eine Million Euro von der Polizei.

chiedere a qu	*jdn. fragen*
chiedere qc a qu	*etw. von jdm. verlangen, jdn. um etw. bitten*
chiedere di qu	*nach jdm. fragen*

Weitere Verben

richiedere

richiedere qc	*etw. verlangen, erfordern*
richiedere molto tempo	*viel Zeit erfordern*

Besonderheiten

Im Passato remoto gibt es drei unregelmäßige Formen: chiesi, chiese und chiesero.

Lernen Sie chiedere immer mit der passenden Präposition, z. B. chiedere **di** Maria (*nach Maria fragen*). Bilden Sie im Passato remoto Beispielsätze zu jeder Person, damit Sie sich die Formen besser merken:
Chiesi un favore a un amico.
Ich bat einen Freund um einen Gefallen.

20 chiudere

schließen

Indicativo

Presente
chiudo
chiudi
chiude
chiudiamo
chiudete
chiudono

Passato prossimo
ho chiuso
hai chiuso
ha chiuso
abbiamo chiuso
avete chiuso
hanno chiuso

Imperfetto
chiudevo
chiudevi
chiudeva
chiudevamo
chiudevate
chiudevano

Trapassato prossimo
avevo chiuso
avevi chiuso
aveva chiuso
avevamo chiuso
avevate chiuso
avevano chiuso

Passato remoto
chiusi
chiudesti
chiuse
chiudemmo
chiudeste
chiusero

Trapassato remoto
ebbi chiuso
avesti chiuso
ebbe chiuso
avemmo chiuso
aveste chiuso
ebbero chiuso

Futuro semplice
chiuderò
chiuderai
chiuderà
chiuderemo
chiuderete
chiuderanno

Futuro anteriore
avrò chiuso
avrai chiuso
avrà chiuso
avremo chiuso
avrete chiuso
avranno chiuso

Congiuntivo

Presente
chiuda
chiuda
chiuda
chiudiamo
chiudiate
chiudano

Imperfetto
chiudessi
chiudessi
chiudesse
chiudessimo
chiudeste
chiudessero

Passato
abbia chiuso
abbia chiuso
abbia chiuso
abbiamo chiuso
abbiate chiuso
abbiano chiuso

Trapassato
avessi chiuso
avessi chiuso
avesse chiuso
avessimo chiuso
aveste chiuso
avessero chiuso

Condizionale

Presente
chiuderei
chiuderesti
chiuderebbe
chiuderemmo
chiudereste
chiuderebbero

Passato
avrei chiuso
avresti chiuso
avrebbe chiuso
avremmo chiuso
avreste chiuso
avrebbero chiuso

Imperativo

—
(tu) chiudi
(Lei) chiuda
(noi) chiudiamo
(voi) chiudete
(loro) chiudano

Gerundio

Presente
chiudendo

Passato
avendo chiuso

Infinito

Passato
avere chiuso

Participio

Passato
chiuso

Beispiele und Wendungen

Chiudi la porta, per favore!	*Mach bitte die Tür zu!*
chiudere a chiave	*abschließen*
chiudere un file	*eine Datei schließen*
chiudersi dentro / fuori	*sich einsperren / aussperren*
chiudere con qn	*mit jdm. abschließen, fertig sein*
chiudere la discussione	*die Diskussion beenden*

Weitere Verben

alludere – concludere – deludere – illudere – rinchiudere

alludere a qc	*auf etw. anspielen*
per concludere	*abschließend*
deludere qn	*jdn. enttäuschen*
illudersi	*sich etw. vormachen*
rinchiudersi in una stanza	*sich in ein Zimmer einschließen*

Besonderheiten

Im Passato remoto gibt es drei unregelmäßige Formen: chiusi, chiuse und chiusero.

Lernen Sie chiudere zusammen mit chiedere, da sich beide sehr ähnlich sind.

21 cogliere

pflücken

-gli- + -i- bleibt -gli- / -gli- wird zu -lg-, -ls-

Indicativo

Presente
colgo
cogli
coglie
cogliamo
cogliete
colgono

Passato prossimo
ho	colto
hai	colto
ha	colto
abbiamo	colto
avete	colto
hanno	colto

Imperfetto
coglievo
coglievi
coglieva
coglievamo
coglievate
coglievano

Trapassato prossimo
avevo	colto
avevi	colto
aveva	colto
avevamo	colto
avevate	colto
avevano	colto

Passato remoto
colsi
cogliesti
colse
cogliemmo
coglieste
colsero

Trapassato remoto
ebbi	colto
avesti	colto
ebbe	colto
avemmo	colto
aveste	colto
ebbero	colto

Futuro semplice
coglierò
coglierai
coglierà
coglieremo
coglierete
coglieranno

Futuro anteriore
avrò	colto
avrai	colto
avrà	colto
avremo	colto
avrete	colto
avranno	colto

Congiuntivo

Presente
colga
colga
colga
cogliamo
cogliate
colgano

Imperfetto
cogliessi
cogliessi
cogliesse
cogliessimo
coglieste
cogliessero

Passato
abbia	colto
abbia	colto
abbia	colto
abbiamo	colto
abbiate	colto
abbiano	colto

Trapassato
avessi	colto
avessi	colto
avesse	colto
avessimo	colto
aveste	colto
avessero	colto

Condizionale

Presente
coglierei
coglieresti
coglierebbe
coglieremmo
cogliereste
coglierebbero

Passato
avrei	colto
avresti	colto
avrebbe	colto
avremmo	colto
avreste	colto
avrebbero	colto

Imperativo

—	
(tu)	cogli
(Lei)	colga
(noi)	cogliamo
(voi)	cogliete
(loro)	colgano

Gerundio

Presente
cogliendo

Passato
avendo colto

Infinito

Passato
avere colto

Participio

Passato
colto

Beispiele und Wendungen

Fabrizio coglie una mela.	*Fabrizio pflückt einen Apfel.*
cogliere l'occasione	*die Gelegenheit wahrnehmen, nutzen*
cogliere qu in flagrante	*jdn. in flagranti erwischen*

Weitere Verben

accogliere – raccogliere – togliere – sciogliere

accogliere qu	*jdn. aufnehmen, empfangen*
raccogliere qc	*etw. aufheben, aufsammeln*
sciogliere i muscoli	*die Muskeln lockern*
togliere qc a qu	*jdm. etw. wegnehmen*
Il dentista mi deve togliere un dente.	*Der Zahnarzt muss mir einen Zahn ziehen.*

Besonderheiten

Folgendes ist bei den Verben auf -gliere zu beachten:
-gli- + -i- wird -gli- (co**gli**, co**gli**amo)
-gli- wird -lg- (co**lg**o, co**lg**ono)
-gli- wird -ls- (co**ls**i, co**ls**e, co**ls**ero)

Für Italienischlerner stellt die Aussprache von -gli-* häufig ein Problem dar. Es klingt wie [lj] – ähnlich wie in dem Wort *Kabeljau*.

* Vgl. tagliare, scegliere

compiere

vollenden

-i- + -i- wird -i- / -i- + -e- wird -i-

(Ausnahme: compie, compiendo)

Indicativo

Presente	Passato prossimo	
compio	ho	compiuto
compi	hai	compiuto
compie	ha	compiuto
compiamo	abbiamo	compiuto
compite	avete	compiuto
compiono	hanno	compiuto

Imperfetto	Trapassato prossimo	
compivo	avevo	compiuto
compivi	avevi	compiuto
compiva	aveva	compiuto
compivamo	avevamo	compiuto
compivate	avevate	compiuto
compivano	avevano	compiuto

Passato remoto	Trapassato remoto	
compii	ebbi	compiuto
compisti	avesti	compiuto
compì	ebbe	compiuto
compimmo	avemmo	compiuto
compiste	aveste	compiuto
compirono	ebbero	compiuto

Futuro semplice	Futuro anteriore	
compirò	avrò	compiuto
compirai	avrai	compiuto
compirà	avrà	compiuto
compiremo	avremo	compiuto
compirete	avrete	compiuto
compiranno	avranno	compiuto

Congiuntivo

Presente

compia
compia
compia
compiamo
compiate
compiano

Imperfetto

compissi
compissi
compisse
compissimo
compiste
compissero

Passato	
abbia	compiuto
abbia	compiuto
abbia	compiuto
abbiamo	compiuto
abbiate	compiuto
abbiano	compiuto

Trapassato	
avessi	compiuto
avessi	compiuto
avesse	compiuto
avessimo	compiuto
aveste	compiuto
avessero	compiuto

Condizionale

Presente

compirei
compiresti
compirebbe
compiremmo
compireste
compirebbero

Passato	
avrei	compiuto
avresti	compiuto
avrebbe	compiuto
avremmo	compiuto
avreste	compiuto
avrebbero	compiuto

Imperativo

—	
(tu)	compi
(Lei)	compia
(noi)	compiamo
(voi)	compite
(loro)	compiano

Gerundio

Presente

compiendo

Passato

avendo compiuto

Infinito

Passato

avere compiuto

Participio

Passato

compiuto

Beispiele und Wendungen

Il figlio di Marco compie 12 anni.	*Der Sohn von Marco wird 12 Jahre alt.*
Ho compiuto il mio dovere.	*Ich habe meine Pflicht erfüllt.*
compiere... anni	*... Jahre alt werden*
compiere gli anni	*Geburtstag haben*
compiere qc	*etw. vollenden; etw. erfüllen*

Weitere Verben

adempiere

adempiere un desiderio	*einen Wunsch erfüllen*
adempiere una promessa	*ein Versprechen einhalten*

Besonderheiten

Bitte beachten Sie:
-i- + -i- wird -i- (z. B. comp**i**, comp**i**amo, comp**i**te)
-i- + -e- wird -i- (z. B. comp**i**rò, comp**i**rei), Ausnahme: comp**ie**, comp**ie**ndo

Die Kombination -ie- kommt nur bei compie und compiendo vor. Prägen Sie sich daher beide Formen gut ein. Merken Sie sich auch die 1. Person Singular des Passato remoto (comp**ii**).

23 condurre

führen

Indicativo

Presente

conduco
conduci
conduce
conduciamo
conducete
conducono

Passato prossimo

ho	condotto
hai	condotto
ha	condotto
abbiamo	condotto
avete	condotto
hanno	condotto

Imperfetto

conducevo
conducevi
conduceva
conducevamo
conducevate
conducevano

Trapassato prossimo

avevo	condotto
avevi	condotto
aveva	condotto
avevamo	condotto
avevate	condotto
avevano	condotto

Passato remoto

condussi
conducesti
condusse
conducemmo
conduceste
condussero

Trapassato remoto

ebbi	condotto
avesti	condotto
ebbe	condotto
avemmo	condotto
aveste	condotto
ebbero	condotto

Futuro semplice

condurrò
condurrai
condurrà
condurremo
condurrete
condurranno

Futuro anteriore

avrò	condotto
avrai	condotto
avrà	condotto
avremo	condotto
avrete	condotto
avranno	condotto

Congiuntivo

Presente

conduca
conduca
conduca
conduciamo
conduciate
conducano

Imperfetto

conducessi
conducessi
conducesse
conducessimo
conduceste
conducessero

Passato

abbia	condotto
abbia	condotto
abbia	condotto
abbiamo	condotto
abbiate	condotto
abbiano	condotto

Trapassato

avessi	condotto
avessi	condotto
avesse	condotto
avessimo	condotto
aveste	condotto
avessero	condotto

Condizionale

Presente

condurrei
condurresti
condurrebbe
condurremmo
condurreste
condurrebbero

Passato

avrei	condotto
avresti	condotto
avrebbe	condotto
avremmo	condotto
avreste	condotto
avrebbero	condotto

Imperativo

—	
(tu)	conduci
(Lei)	conduca
(noi)	conduciamo
(voi)	conducete
(loro)	conducano

Gerundio

Presente

conducendo

Passato

avendo condotto

Infinito

Passato

avere condotto

Participio

Passato

condotto

Beispiele und Wendungen

Il direttore mi conduce nell'ufficio.	*Der Direktor führt mich ins Büro.*
condurre una vita tranquilla	*ein ruhiges Leben führen*
condurre una trasmissione	*eine Sendung moderieren*

Weitere Verben

introdurre – produrre – ridurre – sedurre – tradurre

introdurre qc / qu	*etw. / jdn. einführen*
produrre qc	*etw. produzieren, erzeugen*
ridurre i prezzi	*die Preise senken*
sedurre qu	*jdn. verführen*
tradurre un romanzo	*einen Roman übersetzen*

Besonderheiten

Das Verb condurre stammt aus der veralteten Form conducere*. Die Endung -urre von condurre ist vor allem in der Konjugation des Futurs und Konditional Präsens erkennbar, in allen anderen Zeiten und Modi ist das -c- von conducere noch enthalten.

* Vgl. bere, dire, fare, porre, trarre

Lernen Sie die Formen des Präsens und Imperfekts, indem Sie die veraltete Form conducere zu Hilfe nehmen. Konjugieren Sie so, als ob es sich um ein gewöhnliches Verb auf -ere handeln würde (vgl. conduc**o**, conduc**evo** etc.).

24 cuocere

kochen, backen

-uo- wird -o- / -c- wird -ci- vor Endungen auf -a und -o

Indicativo

Presente	Passato prossimo	Imperfetto	Trapassato prossimo
cuocio	ho cotto	c(u)ocevo	avevo cotto
cuoci	hai cotto	c(u)ocevi	avevi cotto
cuoce	ha cotto	c(u)oceva	aveva cotto
c(u)ociamo	abbiamo cotto	c(u)ocevamo	avevamo cotto
c(u)ocete	avete cotto	c(u)ocevate	avevate cotto
cuociono	hanno cotto	c(u)ocevano	avevano cotto

Passato remoto	Trapassato remoto	Futuro semplice	Futuro anteriore
cossi	ebbi cotto	c(u)ocerò	avrò cotto
c(u)ocesti	avesti cotto	c(u)ocerai	avrai cotto
cosse	ebbe cotto	c(u)ocerà	avrà cotto
c(u)ocemmo	avemmo cotto	c(u)oceremo	avremo cotto
c(u)oceste	aveste cotto	c(u)ocerete	avrete cotto
cossero	ebbero cotto	c(u)oceranno	avranno cotto

Congiuntivo

Presente	Imperfetto	Passato	Trapassato
cuocia	c(u)ocessi	abbia cotto	avessi cotto
cuocia	c(u)ocessi	abbia cotto	avessi cotto
cuocia	c(u)ocesse	abbia cotto	avesse cotto
c(u)ociamo	c(u)ocessimo	abbiamo cotto	avessimo cotto
c(u)ociate	c(u)oceste	abbiate cotto	aveste cotto
cuociano	c(u)ocessero	abbiano cotto	avessero cotto

Condizionale

Presente	Passato
c(u)ocerei	avrei cotto
c(u)oceresti	avresti cotto
c(u)ocerebbe	avrebbe cotto
c(u)oceremmo	avremmo cotto
c(u)ocereste	avreste cotto
c(u)ocerebbero	avrebbero cotto

Imperativo

—	
(tu)	cuoci
(Lei)	cuocia
(noi)	c(u)ociamo
(voi)	c(u)ocete
(loro)	cuociano

Gerundio

Presente: c(u)ocendo

Passato: avendo cotto

Infinito

Passato: avere cotto

Participio

Passato: cotto

Beispiele und Wendungen

Il brodo deve cuocere un'ora e mezza. — *Die Brühe muss eineinhalb Stunden kochen.*

cuocere qc nell'acqua — *etw. kochen, sieden*
cuocere qc in forno — *etw. backen*
cuocere qc a fuoco lento / vivo — *etw. bei kleiner / großer Flamme kochen*

Weitere Verben

scuocere

far scuocere la pasta — *die Nudeln verkochen lassen*

Besonderheiten

Bei diesen Verben auf -cere wird vor -a und -o ein -i- eingefügt, um eine einheitliche Aussprache beizubehalten (z. B. cuoc**i**o, cuoc**i**a). Der Laut ist somit bei allen Formen der gleiche wie in **ci**ao.

Bitte beachten Sie, dass es im Italienischen mehrere Möglichkeiten gibt, um *kochen* auszudrücken. Cuocere bedeutet *kochen* im Sinne von *kochen lassen, garen*. Um die Tätigkeit an sich, also das Zubereiten einer Mahlzeit auszudrücken, benutzt man cucinare:
Francesco cucina molto bene. — *Francesco kocht sehr gut.*

Das *Kochen* bzw. *Sieden* von Wasser wird mit bollire / far bollire wiedergegeben:
Faccio bollire l'acqua. — *Ich bringe das Wasser zum Kochen.*

dire

sagen

Indicativo

Presente

dico
dici
dice
diciamo
dite
dicono

Passato prossimo

ho	detto
hai	detto
ha	detto
abbiamo	detto
avete	detto
hanno	detto

Imperfetto

dicevo
dicevi
diceva
dicevamo
dicevate
dicevano

Trapassato prossimo

avevo	detto
avevi	detto
aveva	detto
avevamo	detto
avevate	detto
avevano	detto

Passato remoto

dissi
dicesti
disse
dicemmo
diceste
dissero

Trapassato remoto

ebbi	detto
avesti	detto
ebbe	detto
avemmo	detto
aveste	detto
ebbero	detto

Futuro semplice

dirò
dirai
dirà
diremo
direte
diranno

Futuro anteriore

avrò	detto
avrai	detto
avrà	detto
avremo	detto
avrete	detto
avranno	detto

Congiuntivo

Presente

dica
dica
dica
diciamo
diciate
dicano

Imperfetto

dicessi
dicessi
dicesse
dicessimo
diceste
dicessero

Passato

abbia	detto
abbia	detto
abbia	detto
abbiamo	detto
abbiate	detto
abbiano	detto

Trapassato

avessi	detto
avessi	detto
avesse	detto
avessimo	detto
aveste	detto
avessero	detto

Condizionale

Presente

direi
diresti
direbbe
diremmo
direste
direbbero

Passato

avrei	detto
avresti	detto
avrebbe	detto
avremmo	detto
avreste	detto
avrebbero	detto

Imperativo

—

(tu)	di'
(Lei)	dica
(noi)	diciamo
(voi)	dite
(loro)	dicano

Gerundio

Presente

dicendo

Passato

avendo detto

Infinito

Passato

avere detto

Participio

Passato

detto

Beispiele und Wendungen

Giorgio dice quasi sempre la verità. — *Giorgio sagt fast immer die Wahrheit.*

Ti ho detto di andare a casa!
Ich habe dir doch gesagt, dass du nach Hause gehen sollst!

Come si dice...?	*Wie sagt man ...?, Was heißt ...?*
dire di sì / no	*Ja / Nein sagen*
Come sarebbe a dire?	*Was soll das denn heißen?*
Dico sul serio!	*Das meine ich im Ernst!*

Weitere Verben

benedire - contraddire - disdire - interdire - maledire

Dio ti benedica!	*Gott segne dich!*
disdire un appuntamento	*einen Termin absagen*

Besonderheiten

Das Verb dire stammt aus der veralteten Form dicere*. Die Endung -ire von dire ist vor allem in der Konjugation des Futurs und Konditional Präsens erkennbar, in allen anderen Zeiten und Modi ist das -c- von dicere noch enthalten.

* Vgl. bere, condurre, fare, porre, trarre

Lernen Sie die Formen des Präsens und Imperfekts, indem Sie die veraltete Form dicere zu Hilfe nehmen (vgl. dic**o**, dic**evo** etc.). Achten Sie jedoch auf die 2. Pers. Pl. im Präsens, sie ist eine Ausnahme und wird von dire abgeleitet.

26 dolere

wehtun

Indicativo

Presente

dolgo
duoli
duole
doliamo / dogliamo
dolete
dolgono

Passato prossimo

ho	doluto
hai	doluto
ha	doluto
abbiamo	doluto
avete	doluto
hanno	doluto

Imperfetto

dolevo
dolevi
doleva
dolevamo
dolevate
dolevano

Trapassato prossimo

avevo	doluto
avevi	doluto
aveva	doluto
avevamo	doluto
avevate	doluto
avevano	doluto

Passato remoto

dolsi
dolesti
dolse
dolemmo
doleste
dolsero

Trapassato remoto

ebbi	doluto
avesti	doluto
ebbe	doluto
avemmo	doluto
aveste	doluto
ebbero	doluto

Futuro semplice

dorrò
dorrai
dorrà
dorremo
dorrete
dorranno

Futuro anteriore

avrò	doluto
avrai	doluto
avrà	doluto
avremo	doluto
avrete	doluto
avranno	doluto

Congiuntivo

Presente

dolga
dolga
dolga
doliamo / dogliamo
doliate / dogliate
dolgano

Imperfetto

dolessi
dolessi
dolesse
dolessimo
doleste
dolessero

Passato

abbia	doluto
abbia	doluto
abbia	doluto
abbiamo	doluto
abbiate	doluto
abbiano	doluto

Trapassato

avessi	doluto
avessi	doluto
avesse	doluto
avessimo	doluto
aveste	doluto
avessero	doluto

Condizionale

Presente

dorrei
dorresti
dorrebbe
dorremmo
dorreste
dorrebbero

Passato

avrei	doluto
avresti	doluto
avrebbe	doluto
avremmo	doluto
avreste	doluto
avrebbero	doluto

Imperativo

—	
(tu)	duoli
(Lei)	dolga
(noi)	doliamo / dogliamo
(voi)	dolete
(loro)	dolgano

Gerundio

Presente

dolendo

Passato

avendo doluto

Infinito

Passato

avere doluto

Participio

Passato

doluto

Beispiele und Wendungen

Vado dal dentista perché mi dolgono i denti.
Ich gehe zum Zahnarzt, weil ich Zahnschmerzen habe.

dolere a qu	*jdm. wehtun; jdn. schmerzen*

Weitere Verben

dolersi – condolersi

dolersi di qc	*sich über etw. beklagen, beschweren*
condolersi con qn	*jdm. sein Beileid ausdrücken*
Mi duole di non poter venire.	*Ich bedaure es, dass ich nicht kommen kann.*

Besonderheiten

Das Verb weist einige Besonderheiten auf.

Zum einen ist -uo- in der 2. und 3. Person Präsens Indikativ zu beachten (d**uo**li, d**uo**le).

Im Futur und Konditional Präsens finden Sie nicht den Wortstamm des Infinitivs vor, sondern dorr- (z. B. **dorr**ò, **dorr**ei etc.).

Außerdem sind auch die Doppelformen doliamo / dogliamo und doliate / dogliate erwähnenswert, wobei doliamo und doliate die bevorzugte Variante ist.

Die zusammengesetzten Zeiten werden auch mit essere gebildet.

Das Verb wird häufig in der 3. Person Singular oder Plural verwendet. Prägen Sie sich daher die entsprechenden Formen gut ein.

Ein kleiner Hinweis: In dem Verb dolere steckt das Wort dolore *Schmerz*.

27 dovere

müssen, sollen

Indicativo

Presente

devo
devi
deve
dobbiamo
dovete
dẹvono

Passato prossimo

ho	dovuto
hai	dovuto
ha	dovuto
abbiamo	dovuto
avete	dovuto
hanno	dovuto

Imperfetto

dovevo
dovevi
doveva
dovevamo
dovevate
dovẹvano

Trapassato prossimo

avevo	dovuto
avevi	dovuto
aveva	dovuto
avevamo	dovuto
avevate	dovuto
avẹvano	dovuto

Passato remoto

dovetti
dovesti
dovette
dovemmo
doveste
dovẹttero

Trapassato remoto

ebbi	dovuto
avesti	dovuto
ebbe	dovuto
avemmo	dovuto
aveste	dovuto
ẹbbero	dovuto

Futuro semplice

dovrò
dovrai
dovrà
dovremo
dovrete
dovranno

Futuro anteriore

avrò	dovuto
avrai	dovuto
avrà	dovuto
avremo	dovuto
avrete	dovuto
avranno	dovuto

Congiuntivo

Presente

debba
debba
debba
dobbiamo
dobbiate
dẹbbano

Imperfetto

dovessi
dovessi
dovesse
dovẹssimo
doveste
dovẹssero

Passato

abbia	dovuto
abbia	dovuto
abbia	dovuto
abbiamo	dovuto
abbiate	dovuto
ạbbiano	dovuto

Trapassato

avessi	dovuto
avessi	dovuto
avesse	dovuto
avẹssimo	dovuto
aveste	dovuto
avẹssero	dovuto

Condizionale

Presente

dovrei
dovresti
dovrebbe
dovremmo
dovreste
dovrẹbbero

Passato

avrei	dovuto
avresti	dovuto
avrebbe	dovuto
avremmo	dovuto
avreste	dovuto
avrẹbbero	dovuto

Imperativo

—
—
—
—
—
—

Gerundio

Presente

dovendo

Passato

avendo dovuto

Infinito

Passato

avere dovuto

Participio

Passato

dovuto

Beispiele und Wendungen

È già tardi. Devo andare a casa.	*Es ist schon spät. Ich muss nach Hause gehen.*
Gianni mi deve ancora dieci euro.	*Gianni schuldet mir noch zehn Euro.*
dover fare qc	*etw. tun müssen*
non dover fare qc	*etw. nicht zu tun brauchen, nicht tun müssen*
come si deve	*wie es sich gehört*
dovere qc a qu	*jdm. etw. schulden*
Non devi essere impaziente!	*Du darfst nicht ungeduldig sein!*

Besonderheiten

Im Futur und Konditional Präsens ist der Verbstamm verkürzt (vgl. dovrò ↔ chiud**e**rò, dovrei ↔ chied**e**rei).
Die zusammengesetzten Zeiten von dovere werden in der Regel mit dem Hilfsverb avere gebildet. Folgt dem Verb allerdings noch ein Infinitiv, so verlangt dovere dasselbe Hilfsverb wie der nachfolgende Infintiv.
(Vgl. potere, volere)

Ho dovuto prendere una decisione.	*Ich musste eine Entscheidung treffen.*
Non sono dovuto venire.	*Ich musste nicht kommen.*

Dovere gehört neben potere, volere und sapere zu den Modalverben. Diese werden im Italienischen sehr häufig verwendet. Lernen Sie deren Bedeutung und Konjugation daher sehr sorgfältig.

Merken Sie sich: dovere ist auch ein Substantiv mit der Bedeutung *Pflicht*:
Alberto fa il suo dovere. *Alberto tut seine Pflicht.*

fare

machen, tun

Indicativo

Presente
faccio
fai
fa
facciamo
fate
fanno

Passato prossimo
ho	fatto
hai	fatto
ha	fatto
abbiamo	fatto
avete	fatto
hanno	fatto

Imperfetto
facevo
facevi
faceva
facevamo
facevate
facevano

Trapassato prossimo
avevo	fatto
avevi	fatto
aveva	fatto
avevamo	fatto
avevate	fatto
avevano	fatto

Passato remoto
feci
facesti
fece
facemmo
faceste
fecero

Trapassato remoto
ebbi	fatto
avesti	fatto
ebbe	fatto
avemmo	fatto
aveste	fatto
ebbero	fatto

Futuro semplice
farò
farai
farà
faremo
farete
faranno

Futuro anteriore
avrò	fatto
avrai	fatto
avrà	fatto
avremo	fatto
avrete	fatto
avranno	fatto

Congiuntivo

Presente
faccia
faccia
faccia
facciamo
facciate
facciano

Imperfetto
facessi
facessi
facesse
facessimo
faceste
facessero

Passato
abbia	fatto
abbia	fatto
abbia	fatto
abbiamo	fatto
abbiate	fatto
abbiano	fatto

Trapassato
avessi	fatto
avessi	fatto
avesse	fatto
avessimo	fatto
aveste	fatto
avessero	fatto

Condizionale

Presente
farei
faresti
farebbe
faremmo
fareste
farebbero

Passato
avrei	fatto
avresti	fatto
avrebbe	fatto
avremmo	fatto
avreste	fatto
avrebbero	fatto

Imperativo

—	
(tu)	fa'/fai
(Lei)	faccia
(noi)	facciamo
(voi)	fate
(loro)	facciano

Gerundio

Presente
facendo

Passato
avendo fatto

Infinito

Passato
avere fatto

Participio

Passato
fatto

Beispiele und Wendungen

Che cosa facciamo stasera?	*Was machen wir heute Abend?*
Giancarlo fa venire il medico.	*Giancarlo lässt den Arzt kommen.*
fare colazione	*frühstücken*
fa caldo / freddo	*es ist warm / kalt*
Quanto fa?	*Wie viel macht das?*

Weitere Verben

rifare – soddisfare – stupefare

rifare qc	*etw. neu machen, wiederholen*
soddisfare qu	*jdn. zufriedenstellen*
stupefare qu	*jdn. erstaunen*

Besonderheiten

Das Verb fare stammt aus der veralteten Form facere.* Die Endung von fare ist vor allem in der Konjugation des Futurs und Konditional Präsens erkennbar.

* Vgl. bere, condurre, dire, porre, trarre

Beachten Sie beim Imperativ die zwei möglichen Formen fa' / fai. Diese Doppelformen finden sich auch bei andare, dare und stare.

Die oben genannten Wendungen mit fare sind nur eine kleine Auswahl. Ähnlich dem deutschen Wort *tun* handelt es sich bei fare um ein häufiges Wort, mit dessen Hilfe zahlreiche Ausdrücke gebildet werden können.

29 godere

genießen

-er- wird -r-

Indicativo

Presente

godo
godi
gode
godiamo
godete
gọdono

Passato prossimo

ho	goduto
hai	goduto
ha	goduto
abbiamo	goduto
avete	goduto
hanno	goduto

Imperfetto

godevo
godevi
godeva
godevamo
godevate
godẹvano

Trapassato prossimo

avevo	goduto
avevi	goduto
aveva	goduto
avevamo	goduto
avevate	goduto
avẹvano	goduto

Passato remoto

godei/-etti
godesti
godé/-ette
godemmo
godeste
godẹrono/-ẹttero

Trapassato remoto

ebbi	goduto
avesti	goduto
ebbe	goduto
avemmo	goduto
aveste	goduto
ẹbbero	goduto

Futuro semplice

godrò
godrai
godrà
godremo
godrete
godranno

Futuro anteriore

avrò	goduto
avrai	goduto
avrà	goduto
avremo	goduto
avrete	goduto
avranno	goduto

Congiuntivo

Presente

goda
goda
goda
godiamo
godiate
gọdano

Imperfetto

godessi
godessi
godesse
godẹssimo
godeste
godẹssero

Passato

abbia	goduto
abbia	goduto
abbia	goduto
abbiamo	goduto
abbiate	goduto
ạbbiano	goduto

Trapassato

avessi	goduto
avessi	goduto
avesse	goduto
avẹssimo	goduto
aveste	goduto
avẹssero	goduto

Condizionale

Presente

godrei
godresti
godrebbe
godremmo
godreste
godrẹbbero

Passato

avrei	goduto
avresti	goduto
avrebbe	goduto
avremmo	goduto
avreste	goduto
avrẹbbero	goduto

Imperativo

—	
(tu)	godi
(Lei)	goda
(noi)	godiamo
(voi)	godete
(loro)	gọdano

Gerundio

Presente

godendo

Passato

avendo goduto

Infinito

Passato

avere goduto

Participio

Passato

goduto

Beispiele und Wendungen

Le ragazze si godono la loro serata.
Die Mädchen genießen ihren Abend.

La nonna di Fabrizio gode di ottima salute.
Die Großmutter von Fabrizio erfreut sich bester Gesundheit.

godere / godersi qc	*etw. genießen*
godere per qc	*sich über etw. sehr freuen*
godere di buona salute	*sich guter Gesundheit erfreuen*
godersela	*es sich gut gehen lassen*

Weitere Verben

stragodere	*sich freuen wie ein Schneekönig*

Besonderheiten

Im Futur und Konditional Präsens ist der Verbstamm verkürzt (vgl. godrò ↔ chiud**e**rò, godrei ↔ chied**e**rei).

Die Vorsilbe stra- (stragodere) hat die Funktion eines Superlativs. Solche Verben sind jedoch überwiegend in der Jugendsprache zu finden und nicht im normalen Sprachgebrauch. Man findet diese Vorsilbe noch bei anderen Verben, wie z. B. strafogarsi *sich überfressen,* stravincere *haushoch gewinnen.*

Merken Sie sich den Bedeutungsunterschied zwischen godere / godersi qc *etw. genießen* und godere di qc *sich einer Sache erfreuen.*

muovere

-uo- wird -o- / -uov- wird -oss-

bewegen

Indicativo

Presente

muovo
muovi
muove
m(u)oviamo
m(u)ovete
muovono

Passato prossimo

ho	mosso
hai	mosso
ha	mosso
abbiamo	mosso
avete	mosso
hanno	mosso

Imperfetto

m(u)ovevo
m(u)ovevi
m(u)oveva
m(u)ovevamo
m(u)ovevate
m(u)ovevano

Trapassato prossimo

avevo	mosso
avevi	mosso
aveva	mosso
avevamo	mosso
avevate	mosso
avevano	mosso

Passato remoto

mossi
m(u)ovesti
mosse
m(u)ovemmo
m(u)oveste
mossero

Trapassato remoto

ebbi	mosso
avesti	mosso
ebbe	mosso
avemmo	mosso
aveste	mosso
ebbero	mosso

Futuro semplice

m(u)overò
m(u)overai
m(u)overà
m(u)overemo
m(u)overete
m(u)overanno

Futuro anteriore

avrò	mosso
avrai	mosso
avrà	mosso
avremo	mosso
avrete	mosso
avranno	mosso

Congiuntivo

Presente

muova
muova
muova
m(u)oviamo
m(u)oviate
muovano

Imperfetto

m(u)ovessi
m(u)ovessi
m(u)ovesse
m(u)ovessimo
m(u)oveste
m(u)ovessero

Passato

abbia	mosso
abbia	mosso
abbia	mosso
abbiamo	mosso
abbiate	mosso
abbiano	mosso

Trapassato

avessi	mosso
avessi	mosso
avesse	mosso
avessimo	mosso
aveste	mosso
avessero	mosso

Condizionale

Presente

m(u)overei
m(u)overesti
m(u)overebbe
m(u)overemmo
m(u)overeste
m(u)overebbero

Passato

avrei	mosso
avresti	mosso
avrebbe	mosso
avremmo	mosso
avreste	mosso
avrebbero	mosso

Imperativo

—	
(tu)	muovi
(Lei)	muova
(noi)	m(u)oviamo
(voi)	m(u)ovete
(loro)	muovano

Gerundio

Presente

m(u)ovendo

Passato

avendo mosso

Infinito

Passato

avere mosso

Participio

Passato

mosso

Beispiele und Wendungen

Non riesco a muovere il braccio. Mi fa troppo male.
Ich kann meinen Arm nicht bewegen. Er tut so weh.

muovere qc	*etw. bewegen*
muoversi	*sich bewegen*
Dai, muoviti!	*Los, beeil dich!*

Weitere Verben

commuovere – promuovere

commuoversi	*gerührt sein*
promuovere qc / qu	*etw. fördern / jdn. befördern*
essere promosso/a	*versetzt werden (Schüler/in)*

Besonderheiten

-uo- wird -o-
-uov- wird -oss-
Die Formen mit -o- sind im Allgemeinen etwas verbreiteter als jene mit -uo-, sofern der Wortakzent nicht auf diese Silbe fällt.
Bitte beachten Sie die drei unregelmäßigen Formen mossi, mosse und mossero im Passato remoto.

Lesen Sie die Formen laut vor und achten Sie auf die Betonungen, die in der Tabelle speziell gekennzeichnet sind. Fällt die Betonung auf -uo- (z. B. muọvono) so liegt der Akzent stets auf dem -o-.*

* Vgl. nuocere, morire, scuotere

31 nuọcere

schaden

-c- wird -cci- vor -a und -o / -uoc- wird -ocqu-

Indicativo

Presente	Passato prossimo	
n(u)occio	ho	n(u)ociuto
nuoci	hai	n(u)ociuto
nuoce	ha	n(u)ociuto
n(u)ociamo	abbiamo	n(u)ociuto
n(u)ocete	avete	n(u)ociuto
n(u)ọcciono	hanno	n(u)ociuto

Imperfetto	Trapassato prossimo	
n(u)ocevo	avevo	n(u)ociuto
n(u)ocevi	avevi	n(u)ociuto
n(u)oceva	aveva	n(u)ociuto
n(u)ocevamo	avevamo	n(u)ociuto
n(u)ocevate	avevate	n(u)ociuto
n(u)ocẹvano	avẹvano	n(u)ociuto

Passato remoto	Trapassato remoto	
nocqui	ebbi	n(u)ociuto
n(u)ocesti	avesti	n(u)ociuto
nocque	ebbe	n(u)ociuto
n(u)ocemmo	avemmo	n(u)ociuto
n(u)oceste	aveste	n(u)ociuto
nọcquero	ẹbbero	n(u)ociuto

Futuro semplice	Futuro anteriore	
n(u)ocerò	avrò	n(u)ociuto
n(u)ocerai	avrai	n(u)ociuto
n(u)ocerà	avrà	n(u)ociuto
n(u)oceremo	avremo	n(u)ociuto
n(u)ocerete	avrete	n(u)ociuto
n(u)oceranno	avranno	n(u)ociuto

Congiuntivo

Presente	Passato	
n(u)occia	abbia	n(u)ociuto
n(u)occia	abbia	n(u)ociuto
n(u)occia	abbia	n(u)ociuto
n(u)ociamo	abbiamo	n(u)ociuto
n(u)ociate	abbiate	n(u)ociuto
n(u)ọcciano	ạbbiano	n(u)ociuto

Imperfetto	Trapassato	
n(u)ocessi	avessi	n(u)ociuto
n(u)ocessi	avessi	n(u)ociuto
n(u)ocesse	avesse	n(u)ociuto
n(u)ocẹssimo	avẹssimo	n(u)ociuto
n(u)oceste	aveste	n(u)ociuto
n(u)ocẹssero	avẹssero	n(u)ociuto

Condizionale

Presente	Passato	
n(u)ocerei	avrei	n(u)ociuto
n(u)oceresti	avresti	n(u)ociuto
n(u)ocerebbe	avrebbe	n(u)ociuto
n(u)oceremmo	avremmo	n(u)ociuto
n(u)ocereste	avreste	n(u)ociuto
n(u)ocerẹbbero	avrẹbbero	n(u)ociuto

Imperativo

—	
(tu)	nuoci
(Lei)	n(u)occia
(noi)	n(u)ociamo
(voi)	n(u)ocete
(loro)	n(u)ọcciano

Gerundio

Presente	Passato
n(u)ocendo	avendo n(u)ociuto

Infinito

Passato

avere n(u)ociuto

Participio

Passato

n(u)ociuto

Beispiele und Wendungen

Fumare nuoce alla salute.
Rauchen schadet der Gesundheit.

Tutti quegli scandali nocevano alla reputazione del governo.
Diese ganzen Skandale schadeten dem Ansehen der Regierung.

nuocere a qu / qc — *jdm. / einer Sache schaden*

Besonderheiten

-c- wird -cci- vor -a und -o (z. B. n(u)o**cci**o, n(u)o**cci**a)
-uoc- wird -ocqu- (n**ocqu**i, n**ocqu**e, n**ocqu**ero)

Die Formen mit -o- sind im Allgemeinen etwas verbreiteter als jene mit -uo-, sofern der Wortakzent nicht auf diese Silbe fällt. Das bedeutet, dass beispielsweise n**o**cẹvano häufiger gebraucht wird als n**uo**cẹvano, wohingegen n**uọ**cciono der Variante nọcciono vorgezogen wird.

Die Endungen des Passato remoto von nuocere sind dieselben wie bei piacere, nascere und tacere (z. B. no**cque** - pia**cque** - na**cque** - ta**cque**).

Das Verb wird häufig in der 3. Person verwendet. Prägen Sie sich daher die entsprechenden Formen gut ein.

Fällt die Betonung auf -uo- (z. B. n**uọ**ci), so liegt der Akzent stets auf -o-.*

* Vgl. muovere, morire, scuotere

32 parere

(er)scheinen

Indicativo

Presente	Passato prossimo	
paio	sono	parso
pari	sei	parso
pare	è	parso
paiamo	siamo	parsi
parete	siete	parsi
paiono	sono	parsi

Imperfetto	Trapassato prossimo	
parevo	ero	parso
parevi	eri	parso
pareva	era	parso
parevamo	eravamo	parsi
parevate	eravate	parsi
parevano	erano	parsi

Passato remoto	Trapassato remoto	
parvi	fui	parso
paresti	fosti	parso
parve	fu	parso
paremmo	fummo	parsi
pareste	foste	parsi
parvero	furono	parsi

Futuro semplice	Futuro anteriore	
parrò	sarò	parso
parrai	sarai	parso
parrà	sarà	parso
parremo	saremo	parsi
parrete	sarete	parsi
parranno	saranno	parsi

Congiuntivo

Presente
paia
paia
paia
paiamo
paiate
paiano

Imperfetto
paressi
paressi
paresse
paressimo
pareste
paressero

Passato	
sia	parso
sia	parso
sia	parso
siamo	parsi
siate	parsi
siano	parsi

Trapassato	
fossi	parso
fossi	parso
fosse	parso
fossimo	parsi
foste	parsi
fossero	parsi

Condizionale

Presente
parrei
parresti
parrebbe
parremmo
parreste
parrebbero

Passato	
sarei	parso
saresti	parso
sarebbe	parso
saremmo	parsi
sareste	parsi
sarebbero	parsi

Imperativo

—
—
—
—
—
—

Gerundio

Presente	Passato
parendo	essendo parso

Infinito

Passato
essere parso

Participio

Passato
parso

Beispiele und Wendungen

Mi pare di conoscere quella persona.	*Ich glaube, jene Person zu kennen.*
Faccio sempre quel che mi pare.	*Ich tue immer das, was mir passt.*
pare di sì / no	*anscheinend ja / nein*
Che ve ne pare?	*Was haltet ihr davon?*
Come ti pare!	*Wie du willst!*
Non mi pare vero!	*Ich kann es kaum glauben!*
Mi pareva!	*Das habe ich mir doch gedacht!*

Besonderheiten

Im Futur und Konditional Präsens ist der Verbstamm verkürzt (vgl. pa**rr**ò ↔ prend**e**rò, pa**rr**ei ↔ prend**e**rei) und erhält zudem -rr-.*

* Vgl. bere: berrei, berrò etc.

Nach parere che steht der Konjunktiv:

Mi pare (che) Laura abbia ragione. *Es scheint mir, dass Laura recht hat.*

Das Verb wird überwiegend in der 3. Person verwendet. Prägen Sie sich daher die entsprechenden Formen gut ein.

Lernen Sie parere auch in der Verwendung als Substantiv:

sono del parere che (+ Konj.)	*ich bin der Meinung, dass*
a mio parere	*meiner Meinung nach*

33 piacere

gefallen

-c- wird -cc(i)-, -cqu-

Indicativo

Presente	Passato prossimo	
piaccio	sono	piaciuto
piaci	sei	piaciuto
piace	è	piaciuto
piacciamo	siamo	piaciuti
piacete	siete	piaciuti
piacciono	sono	piaciuti

Imperfetto	Trapassato prossimo	
piacevo	ero	piaciuto
piacevi	eri	piaciuto
piaceva	era	piaciuto
piacevamo	eravamo	piaciuti
piacevate	eravate	piaciuti
piacevano	erano	piaciuti

Passato remoto	Trapassato remoto	
piacqui	fui	piaciuto
piacesti	fosti	piaciuto
piacque	fu	piaciuto
piacemmo	fummo	piaciuti
piaceste	foste	piaciuti
piacquero	furono	piaciuti

Futuro semplice	Futuro anteriore	
piacerò	sarò	piaciuto
piacerai	sarai	piaciuto
piacerà	sarà	piaciuto
piaceremo	saremo	piaciuti
piacerete	sarete	piaciuti
piaceranno	saranno	piaciuti

Congiuntivo

Presente
piaccia
piaccia
piaccia
piacciamo
piacciate
piacciano

Imperfetto
piacessi
piacessi
piacesse
piacessimo
piaceste
piacessero

Passato	
sia	piaciuto
sia	piaciuto
sia	piaciuto
siamo	piaciuti
siate	piaciuti
siano	piaciuti

Trapassato	
fossi	piaciuto
fossi	piaciuto
fosse	piaciuto
fossimo	piaciuti
foste	piaciuti
fossero	piaciuti

Condizionale

Presente
piacerei
piaceresti
piacerebbe
piaceremmo
piacereste
piacerebbero

Passato	
sarei	piaciuto
saresti	piaciuto
sarebbe	piaciuto
saremmo	piaciuti
sareste	piaciuti
sarebbero	piaciuti

Imperativo

—	
(tu)	piaci
(Lei)	piaccia
(noi)	piacciamo
(voi)	piacete
(loro)	piacciano

Gerundio

Presente	Passato
piacendo	essendo piaciuto

Infinito

Passato

essere piaciuto

Participio

Passato

piaciuto

Beispiele und Wendungen

Ti piacciono gli spaghetti alle vongole?	*Magst du Spaghetti mit Venusmuscheln?*
piacere a qu	*jdm. gefallen; jdm. schmecken*
mi piacerebbe fare...	*ich würde gerne ... machen*

Weitere Verben

compiacere - dispiacere

compiacersi con qn	*jdm. gratulieren*
Mi dispiace.	*Es tut mir leid.*

Besonderheiten

Beachten Sie bitte die Verdoppelung von -c- bei einigen Formen (z. B. pia**cc**io, pia**cc**ia). Die Endungen des Passato remoto von piacere sind dieselben wie bei nuocere, nascere und tacere (z. B. pia**cque** - no**cque** - na**cque** - ta**cque**).

Das Passato prossimo von piacere wird mit essere gebildet:

Il film mi è piaciuto. *Der Film hat mir gefallen.*

Das Verb wird meistens in der 3. Person verwendet. Prägen Sie sich daher die entsprechenden Formen gut ein. Lernen Sie piacere auch als Substantiv mit der Bedeutung *Vergnügen, Gefallen*.

fare un piacere a qu	*jdm. einen Gefallen tun*
Piacere!	*Sehr erfreut!*

34 porre

setzen, stellen, legen

Indicativo

Presente	Passato prossimo
pongo	ho posto
poni	hai posto
pone	ha posto
poniamo	abbiamo posto
ponete	avete posto
pongono	hanno posto

Imperfetto	Trapassato prossimo
ponevo	avevo posto
ponevi	avevi posto
poneva	aveva posto
ponevamo	avevamo posto
ponevate	avevate posto
ponevano	avevano posto

Passato remoto	Trapassato remoto
posi	ebbi posto
ponesti	avesti posto
pose	ebbe posto
ponemmo	avemmo posto
poneste	aveste posto
posero	ebbero posto

Futuro semplice	Futuro anteriore
porrò	avrò posto
porrai	avrai posto
porrà	avrà posto
porremo	avremo posto
porrete	avrete posto
porranno	avranno posto

Congiuntivo

Presente	Imperfetto	Passato	Trapassato
ponga	ponessi	abbia posto	avessi posto
ponga	ponessi	abbia posto	avessi posto
ponga	ponesse	abbia posto	avesse posto
poniamo	ponessimo	abbiamo posto	avessimo posto
poniate	poneste	abbiate posto	aveste posto
pongano	ponessero	abbiano posto	avessero posto

Condizionale

Presente	Passato
porrei	avrei posto
porresti	avresti posto
porrebbe	avrebbe posto
porremmo	avremmo posto
porreste	avreste posto
porrebbero	avrebbero posto

Imperativo

—	
(tu)	poni
(Lei)	ponga
(noi)	poniamo
(voi)	ponete
(loro)	pongano

Gerundio

Presente	Passato
ponendo	avendo posto

Infinito

Passato

avere posto

Participio

Passato

posto

Beispiele und Wendungen

Francesco pone il giornale sul tavolo. — *Francesco legt die Zeitung auf den Tisch.*

porre qc	*etw. setzen; etw. stellen; etw. legen*
porre una domanda	*eine Frage stellen*
poniamo che (+ Konj.)	*nehmen wir an, dass*

Weitere Verben

comporre - esporre - imporre - proporre - supporre

comporre una canzone	*ein Lied komponieren*
esporre un quadro	*ein Bild ausstellen*
imporre qc a qu	*jdm. etw. auferlegen, aufdrängen*
proporre qc	*etw. vorschlagen*
supporre qc	*etw. vermuten, annehmen*

Besonderheiten

Das Verb porre stammt von der veralteten Form ponere* ab. Die Endung von porre ist vor allem in der Konjugation des Futurs und Konditional Präsens erkennbar.

* Vgl. bere, condurre, dire, fare, trarre

Das Verb ist in allen Zeiten unregelmäßig. Es empfiehlt sich daher die Formen nach und nach zu lernen, indem man beispielsweise mit dem Indikativ Präsens beginnt. Nehmen Sie doch mal einen Würfel zur Hand und würfeln Sie. Die Zahl entspricht dann der Person des Verbs, z. B.: 1: io pongo, 2: tu poni etc.

potere

können, dürfen

Indicativo

Presente

posso
puoi
può
possiamo
potete
possono

Passato prossimo

ho	potuto
hai	potuto
ha	potuto
abbiamo	potuto
avete	potuto
hanno	potuto

Imperfetto

potevo
potevi
poteva
potevamo
potevate
potevano

Trapassato prossimo

avevo	potuto
avevi	potuto
aveva	potuto
avevamo	potuto
avevate	potuto
avevano	potuto

Passato remoto

potei
potesti
poté
potemmo
poteste
poterono

Trapassato remoto

ebbi	potuto
avesti	potuto
ebbe	potuto
avemmo	potuto
aveste	potuto
ebbero	potuto

Futuro semplice

potrò
potrai
potrà
potremo
potrete
potranno

Futuro anteriore

avrò	potuto
avrai	potuto
avrà	potuto
avremo	potuto
avrete	potuto
avranno	potuto

Congiuntivo

Presente

possa
possa
possa
possiamo
possiate
possano

Imperfetto

potessi
potessi
potesse
potessimo
poteste
potessero

Passato

abbia	potuto
abbia	potuto
abbia	potuto
abbiamo	potuto
abbiate	potuto
abbiano	potuto

Trapassato

avessi	potuto
avessi	potuto
avesse	potuto
avessimo	potuto
aveste	potuto
avessero	potuto

Condizionale

Presente

potrei
potresti
potrebbe
potremmo
potreste
potrebbero

Passato

avrei	potuto
avresti	potuto
avrebbe	potuto
avremmo	potuto
avreste	potuto
avrebbero	potuto

Imperativo

—
—
—
—
—
—

Gerundio

Presente

potendo

Passato

avendo potuto

Infinito

Passato

avere potuto

Participio

Passato

potuto

Beispiele und Wendungen

Ti posso chiedere un favore?	*Kann ich dich um einen Gefallen bitten?*
può darsi che (+ *Konj.*)	*es könnte sein, dass; es ist möglich, dass*
Non ne posso più!	*Ich kann nicht mehr!*
poter fare qc	*etw. tun können; etw. tun dürfen*

Besonderheiten

Im Futur und Konditional Präsens ist der Verbstamm verkürzt (vgl. potrò ↔ chiud**e**rò, potrei ↔ chied**e**rei).

Die zusammengesetzten Zeiten von potere* werden in der Regel mit dem Hilfsverb avere gebildet. Folgt dem Verb allerdings noch ein Infinitiv, so verlangt potere dasselbe Hilfsverb wie der nachfolgende Infinitiv.

* Vgl. dovere, volere

Non ho potuto mangiare.	*Ich konnte nicht essen.*
Sono potuto andare alla festa.	*Ich konnte zu der Feier gehen.*

Im Italienischen werden zwei unterschiedliche Verben verwendet, um *können* auszudrücken: potere und sapere.

Posso suonare la chitarra.	*Ich kann Gitarre spielen.* (weil ich die Möglichkeit dazu habe)
So suonare la chitarra.	*Ich kann Gitarre spielen.* (weil ich die erlernte Fähigkeit habe)

Merken Sie sich: potere ist auch ein Substantiv mit der Bedeutung *Macht*: essere al potere *an der Macht sein*

36 rimanere

-n- wird -ng-

bleiben

Indicativo

Presente
rimango
rimani
rimane
rimaniamo
rimanete
rimangono

Passato prossimo
sono	rimasto
sei	rimasto
è	rimasto
siamo	rimasti
siete	rimasti
sono	rimasti

Imperfetto
rimanevo
rimanevi
rimaneva
rimanevamo
rimanevate
rimanevano

Trapassato prossimo
ero	rimasto
eri	rimasto
era	rimasto
eravamo	rimasti
eravate	rimasti
erano	rimasti

Passato remoto
rimasi
rimanesti
rimase
rimanemmo
rimaneste
rimasero

Trapassato remoto
fui	rimasto
fosti	rimasto
fu	rimasto
fummo	rimasti
foste	rimasti
furono	rimasti

Futuro semplice
rimarrò
rimarrai
rimarrà
rimarremo
rimarrete
rimarranno

Futuro anteriore
sarò	rimasto
sarai	rimasto
sarà	rimasto
saremo	rimasti
sarete	rimasti
saranno	rimasti

Congiuntivo

Presente
rimanga
rimanga
rimanga
rimaniamo
rimaniate
rimangano

Imperfetto
rimanessi
rimanessi
rimanesse
rimanessimo
rimaneste
rimanessero

Passato
sia	rimasto
sia	rimasto
sia	rimasto
siamo	rimasti
siate	rimasti
siano	rimasti

Trapassato
fossi	rimasto
fossi	rimasto
fosse	rimasto
fossimo	rimasti
foste	rimasti
fossero	rimasti

Condizionale

Presente
rimarrei
rimarresti
rimarrebbe
rimarremmo
rimarreste
rimarrebbero

Passato
sarei	rimasto
saresti	rimasto
sarebbe	rimasto
saremmo	rimasti
sareste	rimasti
sarebbero	rimasti

Imperativo

—	
(tu)	rimani
(Lei)	rimanga
(noi)	rimaniamo
(voi)	rimanete
(loro)	rimangano

Gerundio

Presente
rimanendo

Passato
essendo rimasto

Infinito

Passato
essere rimasto

Participio

Passato
rimasto

Beispiele und Wendungen

Stasera rimango a casa.	*Heute Abend bleibe ich zu Hause.*
Come siete rimasti (d'accordo)?	*Wie seid ihr verblieben?*
rimanere a bocca aperta	*sprachlos sein, verblüfft sein*
rimanerci male	*enttäuscht sein; gekränkt sein*
rimanere seduto / in piedi	*sitzen / stehen bleiben*

Weitere Verben

permanere

La situazione finanziaria permane incerta.
Die finanzielle Situation bleibt weiterhin unsicher.

Besonderheiten

-n- wird -ng- (z. B. rima**ng**o, rima**ng**ono)

Im Futur und Konditional Präsens ist der Verbstamm verkürzt (vgl. rima**rr**ò ↔ prend**e**rò, rima**rr**ei ↔ prend**e**rei) und erhält zudem -rr-.*

* Vgl. parere: parrò, parrei etc.

Lernen Sie rimanere zusammen mit salire, spegnere, tenere, valere und venire, da diese Verben im Präsens dieselbe Unregelmäßigkeit aufweisen: riman**g**o - sal**g**o - spen**g**o - ten**g**o - val**g**o - ven**g**o
riman**g**ono - sal**g**ono - spen**g**ono - ten**g**ono - val**g**ono - ven**g**ono

37 sapere

wissen, erfahren, können

Indicativo

Presente
so
sai
sa
sappiamo
sapete
sanno

Passato prossimo
ho	saputo
hai	saputo
ha	saputo
abbiamo	saputo
avete	saputo
hanno	saputo

Imperfetto
sapevo
sapevi
sapeva
sapevamo
sapevate
sapevano

Trapassato prossimo
avevo	saputo
avevi	saputo
aveva	saputo
avevamo	saputo
avevate	saputo
avevano	saputo

Passato remoto
seppi
sapesti
seppe
sapemmo
sapeste
seppero

Trapassato remoto
ebbi	saputo
avesti	saputo
ebbe	saputo
avemmo	saputo
aveste	saputo
ebbero	saputo

Futuro semplice
saprò
saprai
saprà
sapremo
saprete
sapranno

Futuro anteriore
avrò	saputo
avrai	saputo
avrà	saputo
avremo	saputo
avrete	saputo
avranno	saputo

Congiuntivo

Presente
sappia
sappia
sappia
sappiamo
sappiate
sappiano

Imperfetto
sapessi
sapessi
sapesse
sapessimo
sapeste
sapessero

Passato
abbia	saputo
abbia	saputo
abbia	saputo
abbiamo	saputo
abbiate	saputo
abbiano	saputo

Trapassato
avessi	saputo
avessi	saputo
avesse	saputo
avessimo	saputo
aveste	saputo
avessero	saputo

Condizionale

Presente
saprei
sapresti
saprebbe
sapremmo
sapreste
saprebbero

Passato
avrei	saputo
avresti	saputo
avrebbe	saputo
avremmo	saputo
avreste	saputo
avrebbero	saputo

Imperativo

—	
(tu)	sappi
(Lei)	sappia
(noi)	sappiamo
(voi)	sappiate
(loro)	sappiano

Gerundio

Presente
sapendo

Passato
avendo saputo

Infinito

Passato
avere saputo

Participio

Passato
saputo

Beispiele und Wendungen

Lo sai che il fratello di Chiara vive in America?
Weißt du, dass der Bruder von Chiara in Amerika lebt?

sapere qc di qu	*etw. von jdm. wissen*
sapere qc da qu	*etw. von jdm. erfahren*
sapere a memoria	*auswendig wissen, können*
mi sa che	*ich glaube, dass*
Non che io sappia!	*Nicht dass ich wüsste!*
Che ne so io!	*Was weiß denn ich!*

Weitere Verben

risapere

risapere qc	*etw. erfahren*

Besonderheiten

Im Futur und Konditional Präsens ist der Verbstamm verkürzt (vgl. saprò ↔ batt**e**rò, saprei ↔ batt**e**rei).
Im Gebrauch der Vergangenheitszeiten gibt es einen Bedeutungsunterschied:

Non lo sapevi?	*Wusstest du das nicht?*
L'ho saputo da Ernesto.	*Ich habe es von Ernesto erfahren.*

Merken Sie sich, dass sapere – im Gegensatz zu potere – eine (erlernte) Fähigkeit ausdrückt:

So giocare a carte.	*Ich kann Karten spielen.* (Ich weiß, wie es geht.)

38 scegliere

(aus)wählen

-gli- wird -lg-, -ls- / -gli- + -i- wird -gli-

Indicativo

Presente

scelgo
scegli
sceglie
scegliamo
scegliete
scelgono

Passato prossimo

ho	scelto
hai	scelto
ha	scelto
abbiamo	scelto
avete	scelto
hanno	scelto

Imperfetto

sceglievo
sceglievi
sceglieva
sceglievamo
sceglievate
sceglievano

Trapassato prossimo

avevo	scelto
avevi	scelto
aveva	scelto
avevamo	scelto
avevate	scelto
avevano	scelto

Passato remoto

scelsi
scegliesti
scelse
scegliemmo
sceglieste
scelsero

Trapassato remoto

ebbi	scelto
avesti	scelto
ebbe	scelto
avemmo	scelto
aveste	scelto
ebbero	scelto

Futuro semplice

sceglierò
sceglierai
sceglierà
sceglieremo
sceglierete
sceglieranno

Futuro anteriore

avrò	scelto
avrai	scelto
avrà	scelto
avremo	scelto
avrete	scelto
avranno	scelto

Congiuntivo

Presente

scelga
scelga
scelga
scegliamo
scegliate
scelgano

Imperfetto

scegliessi
scegliessi
scegliesse
scegliessimo
sceglieste
scegliessero

Passato

abbia	scelto
abbia	scelto
abbia	scelto
abbiamo	scelto
abbiate	scelto
abbiano	scelto

Trapassato

avessi	scelto
avessi	scelto
avesse	scelto
avessimo	scelto
aveste	scelto
avessero	scelto

Condizionale

Presente

sceglierei
sceglieresti
sceglierebbe
sceglieremmo
scegliereste
sceglierebbero

Passato

avrei	scelto
avresti	scelto
avrebbe	scelto
avremmo	scelto
avreste	scelto
avrebbero	scelto

Imperativo

—	
(tu)	scegli
(Lei)	scelga
(noi)	scegliamo
(voi)	scegliete
(loro)	scelgano

Gerundio

Presente

scegliendo

Passato

avendo scelto

Infinito

Passato

avere scelto

Participio

Passato

scelto

Beispiele und Wendungen

Hai già scelto, Umberto?
Hast du schon gewählt, Umberto?

C'è molto da scegliere.
Es gibt eine große Auswahl.

scegliere qu / qc fra	*jdn. / etw. auswählen unter*
sceglìersi qu / qc	*sich jdn. / etw. aussuchen*
scegliere di fare qc	*beschließen, etw. zu tun*
c'è da scegliere	*die Auswahl haben*
C'è poco da scegliere!	*Es gibt keine andere Wahl!*

Besonderheiten

Folgendes ist bei den Verben auf -gliere* zu beachten:
-gli- + -i- wird -gli- (sce**gli**, sce**gli**amo)
-gli- wird -lg- (sce**lg**o, sce**lg**ono)
-gli- wird -ls- (sce**ls**i, sce**ls**e, sce**ls**ero)

* Vgl. cogliere

Merken Sie sich:

scegliere	*(aus)wählen*
eleggere	*wählen zu* (z. B. Minister)
votare	*wählen* (seine Stimme abgeben bei einer Wahl)

39 scuọtere

schütteln

-uo- wird -o-

Indicativo

Presente
scuoto
scuoti
scuote
sc(u)otiamo
sc(u)otete
scuọtono

Passato prossimo
ho	scosso
hai	scosso
ha	scosso
abbiamo	scosso
avete	scosso
hanno	scosso

Imperfetto
sc(u)otevo
sc(u)otevi
sc(u)oteva
sc(u)otevamo
sc(u)otevate
sc(u)otẹvano

Trapassato prossimo
avevo	scosso
avevi	scosso
aveva	scosso
avevamo	scosso
avevate	scosso
avẹvano	scosso

Passato remoto
scossi
sc(u)otesti
scosse
sc(u)otemmo
sc(u)oteste
scọssero

Trapassato remoto
ebbi	scosso
avesti	scosso
ebbe	scosso
avemmo	scosso
aveste	scosso
ẹbbero	scosso

Futuro semplice
sc(u)oterò
sc(u)oterai
sc(u)oterà
sc(u)oteremo
sc(u)oterete
sc(u)oteranno

Futuro anteriore
avrò	scosso
avrai	scosso
avrà	scosso
avremo	scosso
avrete	scosso
avranno	scosso

Congiuntivo

Presente
scuota
scuota
scuota
sc(u)otiamo
sc(u)otiate
scuọtano

Imperfetto
sc(u)otessi
sc(u)otessi
sc(u)otesse
sc(u)otẹssimo
sc(u)oteste
sc(u)otẹssero

Passato
abbia	scosso
abbia	scosso
abbia	scosso
abbiamo	scosso
abbiate	scosso
ạbbiano	scosso

Trapassato
avessi	scosso
avessi	scosso
avesse	scosso
avẹssimo	scosso
aveste	scosso
avẹssero	scosso

Condizionale

Presente
sc(u)oterei
sc(u)oteresti
sc(u)oterebbe
sc(u)oteremmo
sc(u)otereste
sc(u)oterẹbbero

Passato
avrei	scosso
avresti	scosso
avrebbe	scosso
avremmo	scosso
avreste	scosso
avrẹbbero	scosso

Imperativo

—	
(tu)	scuoti
(Lei)	scuota
(noi)	sc(u)otiamo
(voi)	sc(u)otete
(loro)	scuọtano

Gerundio

Presente
sc(u)otendo

Passato
avendo scosso

Infinito

Passato
avere scosso

Participio

Passato
scosso

Beispiele und Wendungen

Scuoto la testa perché non mi interessa.
Ich schüttle den Kopf, weil es mich nicht interessiert.

Le onde hanno scosso la nave.
Die Wellen haben das Schiff hin- und hergeschüttelt.

scuotere la testa	*den Kopf schütteln*
scuotere qc	*etw. (ab-/aus)schütteln*
scuotersi	*auf-, hochfahren, aufschrecken*
scuotersi di dosso qc	*etw. abschütteln*

Weitere Verben

percuotere – riscuotere

percuotere qn	*jdn. schlagen, verprügeln*
riscuotere qc	*etw. erzielen*
L'attore ha riscosso un grande successo.	*Der Schauspieler hat einen großen Erfolg erzielt.*

Besonderheiten

-uo- wird -o-
Die regelmäßigen Formen mit -uo- sind jedoch geläufiger (z. B. sc**uo**tiamo, sc**uo**tevo).

Fällt die Betonung auf -uo- (z. B. sc**uọ**tono), so liegt der Akzent stets auf dem -o-. Vgl. muovere, nuocere, morire.

sedere

-e- wird -ie-

sitzen

Indicativo

Presente

siedo / seggo
siedi
siede
sediamo
sedete
siedono / seggono

Passato prossimo

sono	seduto
sei	seduto
è	seduto
siamo	seduti
siete	seduti
sono	seduti

Imperfetto

sedevo
sedevi
sedeva
sedevamo
sedevate
sedevano

Trapassato prossimo

ero	seduto
eri	seduto
era	seduto
eravamo	seduti
eravate	seduti
erano	seduti

Passato remoto

sedei / -etti
sedesti
sedé / -ette
sedemmo
sedeste
sederono / -ettero

Trapassato remoto

fui	seduto
fosti	seduto
fu	seduto
fummo	seduti
foste	seduti
furono	seduti

Futuro semplice

s(i)ederò
s(i)ederai
s(i)ederà
s(i)ederemo
s(i)ederete
s(i)ederanno

Futuro anteriore

sarò	seduto
sarai	seduto
sarà	seduto
saremo	seduti
sarete	seduti
saranno	seduti

Congiuntivo

Presente

sieda / segga
sieda / segga
sieda / segga
sediamo
sediate
siedano / seggano

Imperfetto

sedessi
sedessi
sedesse
sedessimo
sedeste
sedessero

Passato

sia	seduto
sia	seduto
sia	seduto
siamo	seduti
siate	seduti
siano	seduti

Trapassato

fossi	seduto
fossi	seduto
fosse	seduto
fossimo	seduti
foste	seduti
fossero	seduti

Condizionale

Presente

s(i)ederei
s(i)ederesti
s(i)ederebbe
s(i)ederemmo
s(i)edereste
s(i)ederebbero

Passato

sarei	seduto
saresti	seduto
sarebbe	seduto
saremmo	seduti
sareste	seduti
sarebbero	seduti

Imperativo

—	
(tu)	siedi
(Lei)	sieda / segga
(noi)	sediamo
(voi)	sedete
(loro)	siedano / seggano

Gerundio

Presente

sedendo

Passato

essendo seduto

Infinito

Passato

essere seduto

Participio

Passato

seduto

Beispiele und Wendungen

Siediti a tavola!
Setz dich an den Tisch!

La sera mi piace sedere sulla terrazza.
Ich sitze abends gerne auf der Terrasse.

sedersi	*sich setzen*
mettersi a sedere	*sich hinsetzen*

Weitere Verben

possedere (mit Hilfsverb *avere*)

possedere qc	*etw. besitzen*
non possedere nulla	*nichts besitzen*

Besonderheiten

In manchen Formen wird im Verbstamm -e- zu -ie- (**sie**do, **sie**di etc.). Beachten Sie bitte auch die Doppelformen wie beispielsweise siedo / seggo.

Das Verb wird, wie im Deutschen, häufig reflexiv gebraucht:
mi siedo *ich setze mich*

Merken Sie sich: Vom Verb sedere lassen sich zahlreiche Wörter ableiten, z. B.:

la sede	*Sitz* (einer Firma)
il sedile	*Sitz* (im Auto)
la sedia	*Stuhl*

41 spegnere

ausschalten

-gn- wird -ng- vor -o und -a

Indicativo

Presente
spengo
spegni
spegne
spegniamo
spegnete
spengono

Passato prossimo
ho	spento
hai	spento
ha	spento
abbiamo	spento
avete	spento
hanno	spento

Imperfetto
spegnevo
spegnevi
spegneva
spegnevamo
spegnevate
spegnevano

Trapassato prossimo
avevo	spento
avevi	spento
aveva	spento
avevamo	spento
avevate	spento
avevano	spento

Passato remoto
spensi
spegnesti
spense
spegnemmo
spegneste
spensero

Trapassato remoto
ebbi	spento
avesti	spento
ebbe	spento
avemmo	spento
aveste	spento
ebbero	spento

Futuro semplice
spegnerò
spegnerai
spegnerà
spegneremo
spegnerete
spegneranno

Futuro anteriore
avrò	spento
avrai	spento
avrà	spento
avremo	spento
avrete	spento
avranno	spento

Congiuntivo

Presente
spenga
spenga
spenga
spegniamo
spegniate
spengano

Imperfetto
spegnessi
spegnessi
spegnesse
spegnessimo
spegneste
spegnessero

Passato
abbia	spento
abbia	spento
abbia	spento
abbiamo	spento
abbiate	spento
abbiano	spento

Trapassato
avessi	spento
avessi	spento
avesse	spento
avessimo	spento
aveste	spento
avessero	spento

Condizionale

Presente
spegnerei
spegneresti
spegnerebbe
spegneremmo
spegnereste
spegnerebbero

Passato
avrei	spento
avresti	spento
avrebbe	spento
avremmo	spento
avreste	spento
avrebbero	spento

Imperativo

—	
(tu)	spegni
(Lei)	spenga
(noi)	spegniamo
(voi)	spegnete
(loro)	spengano

Gerundio

Presente
spegnendo

Passato
avendo spento

Infinito

Passato
avere spento

Participio

Passato
spento

Beispiele und Wendungen

Spengo la televisione perché è già tardi.
Ich mache den Fernseher aus, weil es schon spät ist.

La candela si è spenta.
Die Kerze ist ausgegangen.

spegnere qc	*etw. ausmachen, -schalten*
spegnere la luce / la radio	*das Licht / Radio ausmachen*
spegnersi	*ausgehen, sich ausschalten*
spegnere il fuoco	*das Feuer löschen*

Besonderheiten

-gn- wird -ng-
Die Formen mit -ng- finden sich ausschließlich im Präsens des Indikativs und Konjunktivs: spe**ng**o, spe**ng**ono, spe**ng**a, spe**ng**ano.

Lernen Sie spegnere zusammen mit rimanere, salire, tenere, valere und venire, da diese Verben im Präsens dieselbe Unregelmäßigkeit aufweisen:
spen**g**o - riman**g**o - sal**g**o - ten**g**o - val**g**o - ven**g**o
spen**g**ono - riman**g**ono - sal**g**ono - ten**g**ono - val**g**ono - ven**g**ono etc.

Merken Sie sich: Die Aussprache von -gn- (z. B. in spe**gn**ere, spe**gn**i, spe**gn**e etc.) entspricht -gn- in dem Wort Cognac.

42 tacere

schweigen

-c- wird -cc(i)-, -cqu-

Indicativo

Presente
taccio
taci
tace
tac(c)iamo
tacete
tacciono

Passato prossimo
ho	taciuto
hai	taciuto
ha	taciuto
abbiamo	taciuto
avete	taciuto
hanno	taciuto

Imperfetto
tacevo
tacevi
taceva
tacevamo
tacevate
tacevano

Trapassato prossimo
avevo	taciuto
avevi	taciuto
aveva	taciuto
avevamo	taciuto
avevate	taciuto
avevano	taciuto

Passato remoto
tacqui
tacesti
tacque
tacemmo
taceste
tacquero

Trapassato remoto
ebbi	taciuto
avesti	taciuto
ebbe	taciuto
avemmo	taciuto
aveste	taciuto
ebbero	taciuto

Futuro semplice
tacerò
tacerai
tacerà
taceremo
tacerete
taceranno

Futuro anteriore
avrò	taciuto
avrai	taciuto
avrà	taciuto
avremo	taciuto
avrete	taciuto
avranno	taciuto

Congiuntivo

Presente
taccia
taccia
taccia
tac(c)iamo
tac(c)iate
tacciano

Imperfetto
tacessi
tacessi
tacesse
tacessimo
taceste
tacessero

Passato
abbia	taciuto
abbia	taciuto
abbia	taciuto
abbiamo	taciuto
abbiate	taciuto
abbiano	taciuto

Trapassato
avessi	taciuto
avessi	taciuto
avesse	taciuto
avessimo	taciuto
aveste	taciuto
avessero	taciuto

Condizionale

Presente
tacerei
taceresti
tacerebbe
taceremmo
tacereste
tacerebbero

Passato
avrei	taciuto
avresti	taciuto
avrebbe	taciuto
avremmo	taciuto
avreste	taciuto
avrebbero	taciuto

Imperativo

—	
(tu)	taci
(Lei)	taccia
(noi)	tac(c)iamo
(voi)	tacete
(loro)	tacciano

Gerundio

Presente
tacendo

Passato
avendo taciuto

Infinito

Passato
avere taciuto

Participio

Passato
taciuto

Beispiele und Wendungen

Giovanni tace perché non vuole tradire il suo amico.
Giovanni schweigt, weil er seinen Freund nicht verraten will.

far tacere qu	*jdn. zum Schweigen bringen*
tacere la verità	*die Wahrheit verschweigen*
Tacete una buona volta!	*Seid endlich einmal still!*
Chi tace acconsente.	*Wer schweigt, stimmt zu.* (Sprichwort)

Weitere Verben

sottacere (lit.)	
sottacere qc	*etw. verschweigen*
Franco mi sottace la verità.	*Franco verschweigt mir die Wahrheit.*

Besonderheiten

-c- wird -cc(i)- (z. B. ta**cci**o, ta**cci**ono)
-c- wird -cqu- (ta**cqu**i, ta**cqu**e, ta**cqu**ero)

Die Endungen des Passato remoto von tacere sind dieselben wie bei nuocere, piacere und nascere (z. B. ta**cque** - no**cque** - pia**cque** - na**cque**).

Lernen Sie tacere zusammen mit piacere, da beide Verben dieselben Unregelmäßigkeiten aufweisen. Auffällig ist hierbei die Verdoppelung von -c- bei einigen Formen (z. B. ta**cc**io - pia**cc**io).

43 tenere

halten

Indicativo

Presente

tengo
tieni
tiene
teniamo
tenete
tengono

Passato prossimo

ho	tenuto
hai	tenuto
ha	tenuto
abbiamo	tenuto
avete	tenuto
hanno	tenuto

Imperfetto

tenevo
tenevi
teneva
tenevamo
tenevate
tenevano

Trapassato prossimo

avevo	tenuto
avevi	tenuto
aveva	tenuto
avevamo	tenuto
avevate	tenuto
avevano	tenuto

Passato remoto

tenni
tenesti
tenne
tenemmo
teneste
tennero

Trapassato remoto

ebbi	tenuto
avesti	tenuto
ebbe	tenuto
avemmo	tenuto
aveste	tenuto
ebbero	tenuto

Futuro semplice

terrò
terrai
terrà
terremo
terrete
terranno

Futuro anteriore

avrò	tenuto
avrai	tenuto
avrà	tenuto
avremo	tenuto
avrete	tenuto
avranno	tenuto

Congiuntivo

Presente

tenga
tenga
tenga
teniamo
teniate
tengano

Imperfetto

tenessi
tenessi
tenesse
tenessimo
teneste
tenessero

Passato

abbia	tenuto
abbia	tenuto
abbia	tenuto
abbiamo	tenuto
abbiate	tenuto
abbiano	tenuto

Trapassato

avessi	tenuto
avessi	tenuto
avesse	tenuto
avessimo	tenuto
aveste	tenuto
avessero	tenuto

Condizionale

Presente

terrei
terresti
terrebbe
terremmo
terreste
terrebbero

Passato

avrei	tenuto
avresti	tenuto
avrebbe	tenuto
avremmo	tenuto
avreste	tenuto
avrebbero	tenuto

Imperativo

—	
(tu)	tieni
(Lei)	tenga
(noi)	teniamo
(voi)	tenete
(loro)	tengano

Gerundio

Presente

tenendo

Passato

avendo tenuto

Infinito

Passato

avere tenuto

Participio

Passato

tenuto

Beispiele und Wendungen

Potresti tenere la borsa, per cortesia?	*Könntest du die Tasche bitte halten?*
Tieni il libro se ti piace.	*Behalte das Buch, wenn es dir gefällt.*
tenersi per mano	*Händchen halten*
Ci tengo molto.	*Es liegt mir viel daran.*
tenere duro	*durchhalten*

Weitere Verben

appartenere – contenere – mantenere – ottenere – trattenere

mantenere la parola	*Wort halten*
ottenere un premio	*einen Preis erhalten*
trattenersi	*bleiben, sich aufhalten*

Besonderheiten

-n- wird -ng- (z. B. te**ng**o, te**ng**ono)

Im Futur und Konditional Präsens ist der Verbstamm verkürzt (vgl. te**rr**ò ↔ prend**e**rò, te**rr**ei ↔ prend**e**rei) und erhält zudem -rr-.

Lernen Sie tenere zusammen mit rimanere, salire, spegnere, valere und venire, da diese Verben im Präsens dieselbe Unregelmäßigkeit aufweisen:
ten**g**o – riman**g**o – sal**g**o – spen**g**o – val**g**o – ven**g**o
ten**g**ono – riman**g**ono – sal**g**ono – spen**g**ono – val**g**ono – ven**g**ono etc.

44 trarre

ziehen

Indicativo

Presente

traggo
trai
trae
traiamo
traete
trạggono

Passato prossimo

ho	tratto
hai	tratto
ha	tratto
abbiamo	tratto
avete	tratto
hanno	tratto

Imperfetto

traevo
traevi
traeva
traevamo
traevate
traẹvano

Trapassato prossimo

avevo	tratto
avevi	tratto
aveva	tratto
avevamo	tratto
avevate	tratto
avẹvano	tratto

Passato remoto

trassi
traesti
trasse
traemmo
traeste
trạssero

Trapassato remoto

ebbi	tratto
avesti	tratto
ebbe	tratto
avemmo	tratto
aveste	tratto
ẹbbero	tratto

Futuro semplice

trarrò
trarrai
trarrà
trarremo
trarrete
trarranno

Futuro anteriore

avrò	tratto
avrai	tratto
avrà	tratto
avremo	tratto
avrete	tratto
avranno	tratto

Congiuntivo

Presente

tragga
tragga
tragga
traiamo
traiate
trạggano

Imperfetto

traessi
traessi
traesse
traẹssimo
traeste
traẹssero

Passato

abbia	tratto
abbia	tratto
abbia	tratto
abbiamo	tratto
abbiate	tratto
ạbbiano	tratto

Trapassato

avessi	tratto
avessi	tratto
avesse	tratto
avẹssimo	tratto
aveste	tratto
avẹssero	tratto

Condizionale

Presente

trarrei
trarresti
trarrebbe
trarremmo
trarreste
trarrẹbbero

Passato

avrei	tratto
avresti	tratto
avrebbe	tratto
avremmo	tratto
avreste	tratto
avrẹbbero	tratto

Imperativo

—	
(tu)	trai
(Lei)	tragga
(noi)	traiamo
(voi)	traete
(loro)	trạggano

Gerundio

Presente

traendo

Passato

avendo tratto

Infinito

Passato

avere tratto

Participio

Passato

tratto

Beispiele und Wendungen

La trama del film è tratta dal romanzo.
Die Handlung des Films basiert auf dem Roman.

I vigili del fuoco hanno tratto in salvo molte persone.
Die Feuerwehr hat sehr viele Menschen gerettet.

trarre qc da qc	*etw. aus einer Sache ziehen, etw. einer Sache entnehmen*
trarre beneficio da	*einen Vorteil ziehen aus, etwas haben von*
trarre conclusioni da	*Schlüsse ziehen aus*
trarre qu in inganno	*jdn. hinters Licht führen*

Weitere Verben

contrarre - detrarre - distrarre - estrarre - sottrarre

contrarre i muscoli	*die Muskeln anspannen*
distrarsi	*sich ablenken*
estrarre i numeri del lotto	*die Lottozahlen ziehen*
sottrarre due da cinque	*zwei von fünf abziehen*

Besonderheiten

Das Verb trarre stammt aus der veralteten Form traere*. Die Endung von trarre ist vor allem in der Konjugation des Futurs und Konditional Präsens erkennbar.

* Vgl. bere, condurre, dire, fare, porre

Lernen Sie die Formen des Imperfekts, indem Sie die veraltete Form traere zu Hilfe nehmen. Konjugieren Sie schließlich so, als ob es sich um ein gewöhnliches Verb auf -ere handeln würde (tra**evo**, tra**evi** etc.).

45 valere

gelten

Indicativo

Presente	Passato prossimo	
valgo	sono	valso
vali	sei	valso
vale	è	valso
valiamo	siamo	valsi
valete	siete	valsi
valgono	sono	valsi

Imperfetto	Trapassato prossimo	
valevo	ero	valso
valevi	eri	valso
valeva	era	valso
valevamo	eravamo	valsi
valevate	eravate	valsi
valevano	erano	valsi

Passato remoto	Trapassato remoto	
valsi	fui	valso
valesti	fosti	valso
valse	fu	valso
valemmo	fummo	valsi
valeste	foste	valsi
valsero	furono	valsi

Futuro semplice	Futuro anteriore	
varrò	sarò	valso
varrai	sarai	valso
varrà	sarà	valso
varremo	saremo	valsi
varrete	sarete	valsi
varranno	saranno	valsi

Congiuntivo

Presente
valga
valga
valga
valiamo
valiate
valgano

Imperfetto
valessi
valessi
valesse
valessimo
valeste
valessero

Passato	
sia	valso
sia	valso
sia	valso
siamo	valsi
siate	valsi
siano	valsi

Trapassato	
fossi	valso
fossi	valso
fosse	valso
fossimo	valsi
foste	valsi
fossero	valsi

Condizionale

Presente
varrei
varresti
varrebbe
varremmo
varreste
varrebbero

Passato	
sarei	valso
saresti	valso
sarebbe	valso
saremmo	valsi
sareste	valsi
sarebbero	valsi

Imperativo

—	
(tu)	vali
(Lei)	valga
(noi)	valiamo
(voi)	valete
(loro)	valgano

Gerundio

Presente	Passato
valendo	essendo valso

Infinito

Passato
essere valso

Participio

Passato
valso

Beispiele und Wendungen

Questo vale per tutti, anche per te.
Das gilt für alle, auch für dich.

Questo gioiello vale almeno tremila euro.
Dieses Schmuckstück ist mindestens dreitausend Euro wert.

valere per qu	*für jdn. gelten*
valere di più / meno	*mehr / weniger wert sein*
Non vale la pena.	*Das lohnt sich nicht.*

Weitere Verben

avvalersi – equivalere – prevalere – rivalersi

avvalersi di qc	*von etw. Gebrauch machen*
prevalere su qc	*etw. überwiegen*

Besonderheiten

Im Futur und Konditional Präsens ist der Verbstamm verkürzt (vgl. va**rr**ò ↔ prend**e**rò, va**rr**ei ↔ prend**e**rei) und erhält zudem -rr-. Dieses Verb wird in manchen Kontexten mit dem Hilfsverb avere konjugiert.

Lernen Sie valere zusammen mit rimanere, salire, spegnere, tenere und venire, da diese Verben im Präsens dieselbe Unregelmäßigkeit aufweisen:
val**g**o – riman**g**o – sal**g**o – spen**g**o – ten**g**o – ven**g**o
val**g**ono – riman**g**ono – sal**g**ono – spen**g**ono – ten**g**ono – ven**g**ono etc.

Merken Sie sich: Vom Verb valere lässt sich das Wort la valuta *Währung* ableiten.

46 vedere

sehen

Indicativo

Presente	Passato prossimo	
vedo	ho	visto
vedi	hai	visto
vede	ha	visto
vediamo	abbiamo	visto
vedete	avete	visto
vedono	hanno	visto

Imperfetto	Trapassato prossimo	
vedevo	avevo	visto
vedevi	avevi	visto
vedeva	aveva	visto
vedevamo	avevamo	visto
vedevate	avevate	visto
vedevano	avevano	visto

Passato remoto	Trapassato remoto	
vidi	ebbi	visto
vedesti	avesti	visto
vide	ebbe	visto
vedemmo	avemmo	visto
vedeste	aveste	visto
videro	ebbero	visto

Futuro semplice	Futuro anteriore	
vedrò	avrò	visto
vedrai	avrai	visto
vedrà	avrà	visto
vedremo	avremo	visto
vedrete	avrete	visto
vedranno	avranno	visto

Congiuntivo

Presente	Imperfetto
veda	vedessi
veda	vedessi
veda	vedesse
vediamo	vedessimo
vediate	vedeste
vedano	vedessero

Passato		Trapassato	
abbia	visto	avessi	visto
abbia	visto	avessi	visto
abbia	visto	avesse	visto
abbiamo	visto	avessimo	visto
abbiate	visto	aveste	visto
abbiano	visto	avessero	visto

Condizionale

Presente	Passato	
vedrei	avrei	visto
vedresti	avresti	visto
vedrebbe	avrebbe	visto
vedremmo	avremmo	visto
vedreste	avreste	visto
vedrebbero	avrebbero	visto

Imperativo

—	
(tu)	vedi
(Lei)	veda
(noi)	vediamo
(voi)	vedete
(loro)	vedano

Gerundio

Presente

vedendo

Passato

avendo visto

Infinito

Passato

avere visto

Participio

Passato

visto / veduto

Beispiele und Wendungen

Mio nonno ci vede male senza gli occhiali.
Mein Großvater sieht ohne Brille schlecht.

Hai visto l'ultimo film di Roberto Benigni?
Hast du den neuesten Film von Roberto Benigni gesehen?

Ci vediamo!	*Bis bald! Man sieht sich!*
Non vedo l'ora.	*Ich kann es kaum erwarten.*
avere a che vedere con qu	*mit jdm. zu tun haben*

Weitere Verben

prevedere - rivedere

prevedere qc	*etw. voraussehen*
arrivederci	*auf Wiedersehen*

Besonderheiten

Im Futur und Konditional Präsens ist der Verbstamm verkürzt (vgl. vedrò ↔ pagh**e**rò, vedrei ↔ pagh**e**rei).

Beachten Sie die Doppelform visto / veduto des Partizip Perfekt. In der gesprochenen Sprache ist allerdings die unregelmäßige Form visto üblich.

Vedere ist in einer Vielzahl von Wendungen zu finden. Notieren Sie sich diese auf einem Zettel, den Sie beispielsweise an den Kühlschrank hängen können. Mit ci vediamo beispielsweise verabschiedet man sich von guten Freunden.

47 vịvere

leben

-v- wird -ss-

Indicativo

Presente

vivo
vivi
vive
viviamo
vivete
vịvono

Passato prossimo

ho	vissuto
hai	vissuto
ha	vissuto
abbiamo	vissuto
avete	vissuto
hanno	vissuto

Imperfetto

vivevo
vivevi
viveva
vivevamo
vivevate
vivẹvano

Trapassato prossimo

avevo	vissuto
avevi	vissuto
aveva	vissuto
avevamo	vissuto
avevate	vissuto
avẹvano	vissuto

Passato remoto

vissi
vivesti
visse
vivemmo
viveste
vịssero

Trapassato remoto

ebbi	vissuto
avesti	vissuto
ebbe	vissuto
avemmo	vissuto
aveste	vissuto
ẹbbero	vissuto

Futuro semplice

vivrò
vivrai
vivrà
vivremo
vivrete
vivranno

Futuro anteriore

avrò	vissuto
avrai	vissuto
avrà	vissuto
avremo	vissuto
avrete	vissuto
avranno	vissuto

Congiuntivo

Presente

viva
viva
viva
viviamo
viviate
vịvano

Imperfetto

vivessi
vivessi
vivesse
vivẹssimo
viveste
vivẹssero

Passato

abbia	vissuto
abbia	vissuto
abbia	vissuto
abbiamo	vissuto
abbiate	vissuto
ạbbiano	vissuto

Trapassato

avessi	vissuto
avessi	vissuto
avesse	vissuto
avẹssimo	vissuto
aveste	vissuto
avẹssero	vissuto

Condizionale

Presente

vivrei
vivresti
vivrebbe
vivremmo
vivreste
vivrẹbbero

Passato

avrei	vissuto
avresti	vissuto
avrebbe	vissuto
avremmo	vissuto
avreste	vissuto
avrẹbbero	vissuto

Imperativo

—	
(tu)	vivi
(Lei)	viva
(noi)	viviamo
(voi)	vivete
(loro)	vịvano

Gerundio

Presente

vivendo

Passato

avendo vissuto

Infinito

Passato

avere vissuto

Participio

Passato

vissuto

Beispiele und Wendungen

Luigi vive in Germania da venticinque anni.
Luigi lebt seit fünfundzwanzig Jahren in Deutschland.

vivere in campagna / città	*auf dem Land / in der Stadt leben*
vivere una vita tranquilla	*ein ruhiges Leben führen*
vivere alla giornata	*in den Tag hinein leben*
vivere di qc	*von etw. leben*
andare a vivere con qu	*mit jdm. zusammenziehen*

Weitere Verben

convivere – rivivere – sopravvivere

convivere con qu	*mit jdm. zusammenleben*
far rivivere qc	*etw. wieder aufleben lassen*
sopravvivere a qc	*etw. überleben*

Besonderheiten

-v- wird -ss- (vi**ss**i, vi**ss**e, vi**ss**ero, vi**ss**uto)

Im Futur und Konditional Präsens ist der Verbstamm verkürzt (vgl. vivrò ↔ prend**e**rò, vivrei ↔ prend**e**rei). Dieses Verb wird in manchen Kontexten mit dem Hilfsverb essere konjugiert.

Merken Sie sich auch folgende Ausdrücke, die von vivere abgeleitet sind:

viveri	*Lebensmittel*
vivo/a	*lebendig*
musica dal vivo	*Livemusik*

48 volere

wollen

Indicativo

Presente	Passato prossimo	
voglio	ho	voluto
vuoi	hai	voluto
vuole	ha	voluto
vogliamo	abbiamo	voluto
volete	avete	voluto
vogliono	hanno	voluto

Imperfetto	Trapassato prossimo	
volevo	avevo	voluto
volevi	avevi	voluto
voleva	aveva	voluto
volevamo	avevamo	voluto
volevate	avevate	voluto
volevano	avevano	voluto

Passato remoto	Trapassato remoto	
volli	ebbi	voluto
volesti	avesti	voluto
volle	ebbe	voluto
volemmo	avemmo	voluto
voleste	aveste	voluto
vollero	ebbero	voluto

Futuro semplice	Futuro anteriore	
vorrò	avrò	voluto
vorrai	avrai	voluto
vorrà	avrà	voluto
vorremo	avremo	voluto
vorrete	avrete	voluto
vorranno	avranno	voluto

Congiuntivo

Presente

voglia
voglia
voglia
vogliamo
vogliate
vogliano

Imperfetto

volessi
volessi
volesse
volessimo
voleste
volessero

Passato

abbia	voluto
abbia	voluto
abbia	voluto
abbiamo	voluto
abbiate	voluto
abbiano	voluto

Trapassato

avessi	voluto
avessi	voluto
avesse	voluto
avessimo	voluto
aveste	voluto
avessero	voluto

Condizionale

Presente

vorrei
vorresti
vorrebbe
vorremmo
vorreste
vorrebbero

Passato

avrei	voluto
avresti	voluto
avrebbe	voluto
avremmo	voluto
avreste	voluto
avrebbero	voluto

Imperativo

—	
(tu)	vogli
(Lei)	voglia
(noi)	vogliamo
(voi)	vogliate
(loro)	vogliano

Gerundio

Presente

volendo

Passato

avendo voluto

Infinito

Passato

avere voluto

Participio

Passato

voluto

Beispiele und Wendungen

Non voglio andare a casa. — *Ich möchte nicht nach Hause gehen.*

Ci vogliono tre ore per andare a Firenze.
Man braucht drei Stunden, um nach Florenz zu fahren.

voler bene a qu	*jdn. gern haben*
Cosa vuol dire?	*Was bedeutet das?, Was heißt das?*
vorrei	*ich würde gerne; ich hätte gerne*

Weitere Verben

stravolere

stravolere — *zu viel wollen*

Besonderheiten

Im Futur und Konditional Präsens ist der Verbstamm verkürzt (vgl. vo**rr**ò ↔ cerch**e**rò, vo**rr**ei ↔ cerch**e**rei) und erhält zudem -rr-.

Die zusammengesetzten Zeiten von volere* werden in der Regel mit dem Hilfsverb avere gebildet. Folgt dem Verb allerdings noch ein Infinitiv, so verlangt volere dasselbe Hilfsverb wie der nachfolgende Infinitiv.

*Vgl. dovere, potere

Ho voluto mangiare una pizza.	*Ich wollte eine Pizza essen.*
Sono voluti andare a piedi.	*Sie wollten zu Fuß gehen.*

Volere gehört neben dovere, potere und sapere zu den Modalverben. Diese werden im Italienischen sehr häufig verwendet. Lernen Sie deren Bedeutung und Konjugation daher sehr sorgfältig.

Weitere Verben

Verben der 2. Konjugation, bei denen nur Formen des *Passato remoto* und / oder das *Participio* unregelmäßig sind.
Alle Verben, bei denen nichts Gegenteiliges angegeben ist, bilden die zusammengesetzten Zeiten mit avere.

49

affiggere
anschlagen

Passato remoto		Participio
affissi	affiggemmo	affisso
affiggesti	affiggeste	
affisse	affissero	

Devo affigere questo manifesto in tutta la città.
Ich muss dieses Plakat in der ganzen Stadt aufhängen.

affiggere lo sguardo su qu *den Blick auf jdn. heften*

50

ardere
brennen

Passato remoto		Participio
arsi	ardemmo	arso
ardesti	ardeste	
arse	arsero	

La legna arde nel camino.
Das Holz brennt im Kamin.

Steht nach ardere kein direktes Objekt, werden die zusammengesetzten Zeiten mit essere gebildet:
ardere d'amore / d'ira *vor Liebe / Zorn brennen*
ardere di febbre *vor Fieber glühen, hohes Fieber haben*

Steht dagegen nach ardere ein direktes Objekt, werden die zusammengesetzten Zeiten mit avere gebildet:
ardere qc / qu *etw. / jdn. verbrennen*

51

assolvere
freisprechen

Passato remoto		Participio
assolsi	assolvemmo	assolto
assolvesti	assolveste	
assolse	assolsero	

L'imputato è stato assolto per mancanza di prove.
Der Angeklagte ist aus Mangel an Beweisen freigesprochen worden.

assolvere da una promessa *von einem Versprechen befreien*
assolvere qu dai peccati *jdm. die Absolution erteilen*

52

assumere
übernehmen

Passato remoto		Participio
assunsi	assumemmo	assunto
assumesti	assumeste	
assunse	assunsero	

Il direttore generale dell'azienda assume una nuova segretaria.
Der Geschäftsführer des Betriebs stellt eine neue Sekretärin ein.

assumere un farmaco *ein Medikament einnehmen*
assumersi la responsabilità *die Verantwortung übernehmen*

53

assurgere
emporsteigen

Passato remoto		Participio
assursi	assurgemmo	assurto
assurgesti	assurgeste	
assurse	assursero	

Gesù assurge in cielo.
Jesus steigt in den Himmel auf.

Die zusammengesetzten Zeiten werden mit essere gebildet.

54

concedere
gewähren

Passato remoto		Participio
concessi / concedetti	concedemmo	concesso
concedesti	concedeste	
concesse / concedette	concessero / concedettero	

Il re concesse udienza al conte.
Der König gewährte dem Grafen Audienz.

concedersi qc *sich etw. gönnen*
concedersi a qu *sich jdm. hingeben*

55

conoscere
kennen

Passato remoto		Participio
conobbi	conoscemmo	conosciuto
conoscesti	conosceste	
conobbe	conobbero	

Non conosco bene la sorella di Stefano.
Ich kenne die Schwester von Stefano nicht gut.

conoscere qu di vista *jdn. vom Sehen kennen*

Weitere Verben

56

contundere
prellen

Passato remoto		Participio
contusi	contundemmo	contuso
contundesti	contundeste	
contuse	contusero	

Cadendo il ragazzo si è contuso un piede.
Beim Hinfallen hat sich der Junge ein Bein geprellt.

57

correre
rennen

Passato remoto		Participio
corsi	corremmo	corso
corresti	correste	
corse	corsero	

Die zusammengesetzten Zeiten werden mit essere gebildet, wenn ein Ziel angegeben wird:
Sono corso alla stazione.
Ich bin zum Bahnhof gerannt.

Die zusammengesetzten Zeiten werden dagegen mit avere gebildet, wenn kein Ziel angegeben wird:
Oggi abbiamo corso più di due ore.
Heute sind wir über zwei Stunden gelaufen.

correre il rischio di	*Gefahr laufen zu*
correre tra qc	*zwischen etw. liegen* (z. B. Zeit)
correre il Giro d'Italia	*den Giro d'Italia fahren*

58

crescere
wachsen

Passato remoto		Participio
crebbi	crescemmo	cresciuto
crescesti	cresceste	
crebbe	crebbero	

Steht nach crescere kein direktes Objekt, werden die zusammengesetzten Zeiten mit essere gebildet:
Michele è cresciuto in un paese vicino a Milano.
Michele ist in einem Dorf in der Nähe von Mailand aufgewachsen.

Steht dagegen nach crescere ein direktes Objekt, werden die zusammengesetzten Zeiten mit avere gebildet:
Lucio e Roberta hanno cresciuto tre figli.
Lucio und Roberta haben drei Kinder großgezogen.

farsi crescere i capelli	*sich die Haare wachsen lassen*
crescere a qu	*jdm. übrig bleiben*

59

discụtere
diskutieren

Passato remoto		Participio
discussi	discutemmo	discusso
discutesti	discuteste	
discusse	discụssero	

Mi piace discutere di politica.
Ich diskutiere gerne über Politik.

discutere un problema *ein Problem erörtern*

60

dissuadere
ausreden

Passato remoto		Participio
dissuasi	disuademmo	dissuaso
dissuadesti	dissuadeste	
dissuase	dissuạsero	

Paola ha dissuaso la figlia dal viaggiare da sola.
Paola hat ihre Tochter davon abgebracht, alleine zu reisen.

dissuadere qu (da qc) *jdm. etw. ausreden*

61

distịnguere
unterscheiden

Passato remoto		Participio
distinsi	distinguemmo	distinto
distinguesti	distingueste	
distinse	distịnsero	

Non riesco a distinguere Maurizio da suo fratello.
Ich kann Maurizio nicht von seinem Bruder unterscheiden.

62

emẹrgere
hervorragen

Passato remoto		Participio
emersi	emergemmo	emerso
emergesti	emergeste	
emerse	emẹrsero	

Gli scogli emergono dall'acqua.
Die Felsen ragen aus dem Wasser hervor.

Die zusammengesetzten Zeiten werden mit essere gebildet.

63

ẹrgere
erheben

Passato remoto		Participio
ersi	ergemmo	erto
ergesti	ergeste	
erse	ẹrsero	

La torre si erge tra due edifici.
Der Turm ragt zwischen zwei Gebäuden hervor.

64

erigere
errichten

Passato remoto		Participio
eressi	erigemmo	eretto
erigesti	erigeste	
eresse	eressero	

Il monumento è stato eretto in onore di una scienziata.
Das Denkmal ist zu Ehren einer Wissenschaftlerin errichtet worden.

65

espandere
ausdehnen

Passato remoto		Participio
espansi	espandemmo	espanso
espandesti	espandeste	
espanse	espansero	

La spiaggia si espande lungo la costa.
Der Strand erstreckt sich entlang der Küste.

66

espellere
ausweisen

Passato remoto		Participio
espulsi	espellemmo	espulso
espellesti	espelleste	
espulse	espulsero	

Il giocatore è stato espulso dal campo.
Der Spieler wurde des Feldes verwiesen.

espellere qu dalla scuola *jdn. von der Schule verweisen*

67

esprimere
ausdrücken

Passato remoto		Participio
espressi	esprimemmo	espresso
esprimesti	esprimeste	
espresse	espressero	

Non riesco ad esprimere i miei sentimenti.
Ich kann meine Gefühle nicht ausdrücken.

68

figgere
hineintreiben

Passato remoto		Participio
fissi	figgemmo	fitto
figgesti	figgeste	
fisse	fissero	

Mi figgo un'idea in testa.
Ich setze mir eine Idee in den Kopf.

figgere lo sguardo su qc / qu *den Blick fest auf etw. / jdn. richten*

69

fingere
vortäuschen

Passato remoto		Participio
finsi	fingemmo	finto
fingesti	fingeste	
finse	finsero	

Gli allievi fingono di studiare.
Die Schüler tun so, als ob sie lernen würden.

fingere di fare qc	*so tun, als ob man etw. täte*
fingersi pazzo	*sich verrückt stellen*
fingere di non sentire	*sich taub stellen, so tun, als ob man nichts hört*

70

fondere
schmelzen

Passato remoto		Participio
fusi	fondemmo	fuso
fondesti	fondeste	
fuse	fusero	

Indossa gli occhiali di protezione prima di fondere l'oro!
Zieh eine Schutzbrille an, bevor du das Gold schmilzt!

fondere qc con qc	*etw. mit etw. verschmelzen, vereinigen*

71

frangere
pressen

Passato remoto		Participio
fransi	frangemmo	franto
frangesti	frangeste	
franse	fransero	

Le onde si frangono sugli scogli.
Die Wellen brechen sich an den Felsen.

frangere le olive	*die Oliven pressen*

72

fungere
fungieren

Passato remoto		Participio
funsi	fungemmo	funto
fungesti	fungeste	
funse	funsero	

Questo tavolo funge da scrivania.
Dieser Tisch dient als Schreibtisch.

fungere da ministro	*das Amt eines Ministers ausüben*

Weitere Verben

73

giungere
ankommen

Passato remoto

giunsi	giungemmo
giungesti	giungeste
giunse	giunsero

Participio

giunto

I soldati giunsero al castello all'alba.
Die Soldaten kamen bei Tagesanbruch am Schloss an.

giungere le mani — *die Hände falten*

Die zusammengesetzten Zeiten werden mit essere gebildet.

Giungere ist ein literarisches Verb, im alltäglichen Italienisch würde man eher arrivare bzw. raggiungere verwenden.

74

indulgere
nachgeben

Passato remoto

indulsi	indulgemmo
indulgesti	indulgeste
indulse	indulsero

Participio

indulto

Carla non indulge ai capricci dei suoi bambini.
Carla gibt den Launen ihrer Kinder nicht nach.

indulgere a qc — *einer Sache nachgeben*

75

invadere
überfallen

Passato remoto

invasi	invademmo
invadesti	invadeste
invase	invasero

Participio

invaso

Tra 58 e 50 a. C. Giulio Cesare invase la Gallia.
Cäsar überfiel zwischen 58 und 50 v. Chr. Gallien.

invadere un paese — *ein Land besetzen*
invadere la campagna — *das Land überschwemmen*

76

leggere
lesen

Passato remoto

lessi	leggemmo
leggesti	leggeste
lesse	lessero

Participio

letto

Mi piace leggere prima di dormire.
Ich lese gerne vor dem Schlafen.

leggere un libro / il giornale — *ein Buch / die Zeitung lesen*

77

mettere
setzen, legen, stellen

Passato remoto		Participio
misi	mettemmo	messo
mettesti	metteste	
mise	misero	

Dove hai messo il telefono, Alessandro?
Wo hast du das Telefon hingelegt, Alessandro?

mettere qc su / dentro qc	*etw. auf / in etw. setzen; stellen; legen*
mettere addosso qc	*etw. anziehen*
mettere giù qc	*etw. hinlegen; etw. hin-, abstellen*
mettersi a fare qc	*beginnen, etw. zu tun*

78

mordere
beißen

Passato remoto		Participio
morsi	mordemmo	morso
mordesti	mordeste	
morse	morsero	

Il cane ha morso la gamba del ragazzo.
Der Hund hat dem Jungen ins Bein gebissen.

mordersi la lingua	*sich auf die Zunge beißen*
mordersi le mani *(fig.)*	*sich die Haare raufen*

79

nascere
geboren werden

Passato remoto		Participio
nacqui	nascemmo	nato
nascesti	nasceste	
nacque	nacquero	

Ilaria è nata a Lucca il 9 aprile 2009.
Ilaria ist am 9. April 2009 in Lucca geboren.

Giacomo Leopardi nacque il 29 giugno 1798.
Giacomo Leopardi wurde am 29. Juni 1798 geboren.

essere nato per qc	*für etw. geboren sein*
nascere bene	*in einer wohlhabenden Familie geboren sein*
Non sono nato ieri!	*Ich bin nicht von gestern!*

Die zusammengesetzten Zeiten werden mit essere gebildet.

80

perdere
verlieren

Passato remoto		Participio
persi / perdei / -etti	perdemmo	perso / perduto
perdesti	perdeste	
perse / perdé / -ette	persero / perderono / perdettero	

Ho perso la chiave mentre facevo una passeggiata.
Ich habe den Schlüssel verloren, während ich einen Spaziergang machte.

perdere la pazienza	*die Geduld verlieren*
Lascia perdere!	*Lass gut sein!*
perdersi	*verloren gehen; sich verlaufen*
perdersi qc	*etw. versäumen, verpassen*

Die unregelmäßigen Formen persi, perse, persero, perso etc. sind die geläufigeren.

81

piangere
weinen

Passato remoto		Participio
piansi	piangemmo	pianto
piangesti	piangeste	
pianse	piansero	

Mia madre al mio matrimonio si è messa a piangere.
Meine Mutter hat auf meiner Hochzeit angefangen zu weinen.

far piangere qu	*jdn. zum Weinen bringen*
piangere qc	*etw. beweinen*
piangere di gioia	*vor Freude weinen*

82

piovere
regnen

Passato remoto		Participio
—	—	piovuto
—	—	
piovve	piovvero	

Sta piovendo tutto il giorno.
Es regnet den ganzen Tag.

Piove a catinelle / dirotto.	*Es gießt in Strömen. / Es schüttet wie aus Eimern.*

Die zusammengesetzten Zeiten von piovere können sowohl mit essere als auch mit avere gebildet werden:

È / Ha piovuto.	*Es hat geregnet.*

	Passato remoto		Participio
83			
prendere nehmen	presi	prendemmo	preso
	prendesti	prendeste	
	prese	presero	

Perché non prendi la macchina per fare la spesa?
Warum nimmst du nicht das Auto, um einkaufen zu gehen?

prendere il raffreddore	*sich erkälten*
passare a prendere qu	*jdn. abholen*
prendere paura	*sich erschrecken*
prendere un caffè con qu	*mit jdm. Kaffee trinken*
prendere alla lettera	*wörtlich nehmen*
prendere di mira qu	*es auf jdn. abgesehen haben*
Prendere o lasciare!	*Friss oder stirb!*
Mi prendi in giro?	*Nimmst du mich auf den Arm?*
Non te la prendere!	*Ärgere dich nicht!*

	Passato remoto		Participio
84			
redigere verfassen	redassi	redigemmo	redatto
	redigesti	redigeste	
	redasse	redassero	

Il giornalista redige il testo del suo articolo.
Der Journalist verfasst den Text seines Artikels.

	Passato remoto		Participio
85			
redimere erlösen	redensi	redimemmo	redento
	redimesti	redimeste	
	redense	redensero	

Cristo ha redento l'umanità.
Christus hat die Menschheit erlöst.

	Passato remoto		Participio
86			
resistere aushalten	resistei / -etti	resistemmo	resistito
	resistesti	resisteste	
	resisté / -ette	resisterono / resistettero	

Questa pianta non resiste al freddo.
Diese Pflanze ist nicht winterhart.

resistere a qc / qu	*einer Sache / jdm. widerstehen*

	Passato remoto		Participio
87 **ridere** lachen	risi ridesti rise	ridemmo rideste risero	riso
	Leonardo è un tipo che fa ridere. *Leonardo ist jemand, der einen zum Lachen bringt.* Ma non farmi ridere! *Dass ich nicht lache!* Non c'è niente da ridere! *Da gibt es nichts zu lachen!*		
88 **riflettere** widerspiegeln; nachdenken	riflessi / riflettei riflettesti riflesse / rifletté	riflettemmo rifletteste riflessero / rifletterono	riflesso / riflettuto
	Non mi disturbare! Devo riflettere. *Stör mich nicht! Ich muss nachdenken.* C'è poco da riflettere! *Da gibt es nicht viel zu überlegen!* Die unregelmäßigen Formen riflessi, riflesso etc. sind geläufiger.		
89 **rispondere** antworten	risposi rispondesti rispose	rispondemmo rispondeste risposero	risposto
	Non vuoi rispondere alla mia domanda? *Willst du meine Frage nicht beantworten?* rispondere al telefono *ans Telefon gehen* rispondere male a qu *jdm. unfreundlich antworten*		
90 **rodere** nagen	rosi rodesti rose	rodemmo rodeste rosero	roso
	I topi di Amalia amano rodere il legno. *Die Mäuse von Amalia nagen gerne an Holz.*		

91	Passato remoto		Participio
rompere brechen	ruppi rompesti ruppe	rompemmo rompeste ruppero	rotto

Raimondo si è rotto una gamba.
Raimondo hat sich ein Bein gebrochen.

rompere qc	*etw. kaputt machen*
rompersi	*kaputt gehen*
Quanto rompi!	*Du nervst vielleicht!*

92	Passato remoto		Participio
scindere spalten	scissi scindesti scisse	scindemmo scindeste scissero	scisso

Il partito si scinde in due gruppi.
Die Partei spaltet sich in zwei Gruppen.

93	Passato remoto		Participio
scrivere schreiben	scrissi scrivesti scrisse	scrivemmo scriveste scrissero	scritto

La figlia di Isabella sa già leggere e scrivere.
Die Tochter von Isabella kann schon lesen und schreiben.

scrivere qc	*etw. schreiben*
scrivere di qc, su qc	*über etw. schreiben*
scrivere a qu	*jdm. schreiben*
scrivere appunti	*sich Notizen machen*

94	Passato remoto		Participio
sorgere aufgehen; sich erheben	sorsi sorgesti sorse	sorgemmo sorgeste sorsero	sorto

Oggi il sole è sorto alle 7.15 e tramonta alle 16.55.
Die Sonne ist heute um 7:15 Uhr aufgegangen und geht um 16:55 Uhr unter.

Die zusammengesetzten Zeiten werden mit essere gebildet.

Weitere Verben

95

spargere
verstreuen; verbreiten

Passato remoto		Participio
sparsi	spargemmo	sparso
spargesti	spargeste	
sparse	sparsero	

La notizia si è sparsa in tutto il quartiere.
Die Nachricht hat sich im ganzen Viertel verbreitet.

96

stringere
drücken

Passato remoto		Participio
strinsi	stringemmo	stretto
stringesti	stringeste	
strinse	strinsero	

Marta stringe i suoi figli fra le braccia.
Marta schließt ihre Kinder in die Arme.

stringere la mano	*die Hand schütteln*
stringere la cinghia	*den Gürtel enger schnallen*
stringersi	*enger werden*

97

struggere
(dahin)schmelzen

Passato remoto		Participio
strussi	struggemmo	strutto
struggesti	struggeste	
strusse	strussero	

La neve comincia già a struggersi.
Der Schnee beginnt schon zu schmelzen.

98

torcere
drehen

Passato remoto		Participio
torsi	torcemmo	torto
torcesti	torceste	
torse	torsero	

Se lo vedo gli torco il collo.
Wenn ich ihn sehe, drehe ich ihm den Hals um.

	Passato remoto		Participio
99			
vincere gewinnen	vinsi	vincemmo	vinto
	vincesti	vinceste	
	vinse	vinsero	
	Laura ha vinto il concorso. *Laura hat den Wettbewerb gewonnen.*		
	vincere qu	*jdn. besiegen*	
	vincere per uno a zero	*eins zu null gewinnen*	
100	**Passato remoto**		**Participio**
volgere wenden	volsi	volgemmo	volto
	volgesti	volgeste	
	volse	volsero	
	Mi volse le spalle e se ne andò. *Er kehrte mir den Rücken zu und ging weg.*		
	volgere a destra	*nach rechts abbiegen*	
	volgere al termine	*dem Ende zugehen*	
	volgere le cose in burla	*die Dinge ins Lächerliche ziehen*	
	volgersi contro qu / qc	*sich gegen jdn. / etw. richten*	

Bei den Verben mit unregelmäßigem Partizip sollten Sie diese zusammen mit dem Infinitiv lernen. Zu dieser Gruppe gehören auch einige sehr häufige Verben, lernen Sie also immer: mettere – messo (setzen, stellen legen), rompere – rotto (brechen) etc.

Sie können sich diese Formen auch auf kleine Karteikärtchen schreiben und diese so lernen, z. B. den Infinitiv und seine Übersetzung auf die Vorderseite und das Partizip auf die Rückseite.

sentire

hören, fühlen

Regelmäßiges Verb

Indicativo

Presente
sent**o**
sent**i**
sent**e**
sent**iamo**
sent**ite**
sent**ono**

Passato prossimo
ho sentito
hai sentito
ha sentito
abbiamo sentito
avete sentito
hanno sentito

Imperfetto
sent**ivo**
sent**ivi**
sent**iva**
sent**ivamo**
sent**ivate**
sent**ivano**

Trapassato prossimo
avevo sentito
avevi sentito
aveva sentito
avevamo sentito
avevate sentito
avevano sentito

Passato remoto
sent**ii**
sent**isti**
sent**ì**
sent**immo**
sent**iste**
sent**irono**

Trapassato remoto
ebbi sentito
avesti sentito
ebbe sentito
avemmo sentito
aveste sentito
ebbero sentito

Futuro semplice
sent**irò**
sent**irai**
sent**irà**
sent**iremo**
sent**irete**
sent**iranno**

Futuro anteriore
avrò sentito
avrai sentito
avrà sentito
avremo sentito
avrete sentito
avranno sentito

Congiuntivo

Presente
sent**a**
sent**a**
sent**a**
sent**iamo**
sent**iate**
sent**ano**

Imperfetto
sent**issi**
sent**issi**
sent**isse**
sent**issimo**
sent**iste**
sent**issero**

Passato
abbia sentito
abbia sentito
abbia sentito
abbiamo sentito
abbiate sentito
abbiano sentito

Trapassato
avessi sentito
avessi sentito
avesse sentito
avessimo sentito
aveste sentito
avessero sentito

Condizionale

Presente
sent**irei**
sent**iresti**
sent**irebbe**
sent**iremmo**
sent**ireste**
sent**irebbero**

Passato
avrei sentito
avresti sentito
avrebbe sentito
avremmo sentito
avreste sentito
avrebbero sentito

Imperativo

—
(tu) sent**i**
(Lei) sent**a**
(noi) sent**iamo**
(voi) sent**ite**
(loro) sent**ano**

Gerundio

Presente
sent**endo**

Passato
avendo sentito

Infinito

Passato
avere sentito

Participio

Passato
sent**ito**

Beispiele und Wendungen

Mi sentite là in fondo o devo parlare più forte?
Hört ihr mich dort hinten oder soll ich lauter sprechen?

sentire qu / qc	*jdn. / etw. hören / fühlen / riechen / schmecken*
sentirsi bene / male	*sich gut / schlecht fühlen*
Ci sentiamo!	*Wir hören voneinander!*
Senti un po'!	*Hör mal!*

Weitere Verben

acconsentire - convertire - dormire - partire - vestire

acconsentire a qc	*einer Sache zustimmen*
convertire qu	*jdn. bekehren*
dormire bene / male	*gut / schlecht schlafen*
partire per Amburgo	*nach Hamburg abreisen*

Besonderheiten

Die regelmäßigen Endungen des Verbs sind in der Konjugationstabelle fett hervorgehoben.

Einige der Verben dieser Gruppe können auch nach dem Schema von capire konjugiert werden. Dazu zählen aborrire, applaudire, assorbire, dipartire, eseguire, inghiottire, languire, mentire, nutrire, ripartire, sbollire.

Einzelne Verben dieser Gruppe bilden das Partizip Präsens auf -ente und / oder -iente, z. B. dormire – dormente / dormiente, fuggire – fuggente.

Merken Sie sich den Unterschied zwischen sentire im Sinne von *hören / wahrnehmen* und ascoltare *zuhören*:

Valerio non mi sente.	*Valerio hört mich nicht.*
Valerio non mi ascolta.	*Valerio hört mir nicht zu.*

apparire

erscheinen

Indicativo

Presente
appaio / apparisco
appari / apparisci
appare / apparisce
appariamo
apparite
appaiono / appariscono

Passato prossimo
sono apparso
sei apparso
è apparso
siamo apparsi
siete apparsi
sono apparsi

Imperfetto
apparivo
apparivi
appariva
apparivamo
apparivate
apparivano

Trapassato prossimo
ero apparso
eri apparso
era apparso
eravamo apparsi
eravate apparsi
erano apparsi

Passato remoto
apparii / -arsi / -arvi
apparisti
apparì / -arse / -arve
apparimmo
appariste
apparirono / -arsero / -arvero

Trapassato remoto
fui apparso
fosti apparso
fu apparso
fummo apparsi
foste apparsi
furono apparsi

Futuro semplice
apparirò
apparirai
apparirà
appariremo
apparirete
appariranno

Futuro anteriore
sarò apparso
sarai apparso
sarà apparso
saremo apparsi
sarete apparsi
saranno apparsi

Congiuntivo

Presente
appaia / apparisca
appaia / apparisca
appaia / apparisca
appariamo
appariate
appaiano / appariscano

Imperfetto
apparissi
apparissi
apparisse
apparissimo
appariste
apparissero

Passato
sia apparso
sia apparso
sia apparso
siamo apparsi
siate apparsi
siano apparsi

Trapassato
fossi apparso
fossi apparso
fosse apparso
fossimo apparsi
foste apparsi
fossero apparsi

Condizionale

Presente
apparirei
appariresti
apparirebbe
appariremmo
apparireste
apparirebbero

Passato
sarei apparso
saresti apparso
sarebbe apparso
saremmo apparsi
sareste apparsi
sarebbero apparsi

Imperativo

—
(tu) appari / apparisci
(Lei) appaia / apparisca
(noi) appariamo
(voi) apparite
(loro) appaiano / appariscano

Gerundio

Presente
apparendo

Passato
essendo apparso

Infinito

Passato
essere apparso

Participio

Passato
apparso

Beispiele und Wendungen

Il comportamento di Fabio mi appare inadeguato.
Fabios Verhalten erscheint mir unangebracht.

In sogno gli è apparso un buon amico. — *Im Traum ist ihm ein guter Freund erschienen.*

apparire a qu	*jdm. erscheinen*
apparire strano / triste	*seltsam / traurig erscheinen*

Weitere Verben

comparire – scomparire

comparire a qu	*jdm. erscheinen*
scomparire	*verschwinden*

Besonderheiten

Die Verben dieser Gruppe können auch nach dem Schema von capire konjugiert werden (z. B. appare – apparisce), wobei die Formen ohne Stammerweiterung (z. B. appare) geläufiger sind. Beachten Sie bitte auch die 1. und 3. Person Singular und 3. Person Plural im Passato remoto, bei denen drei verschiedene Formen möglich sind (z. B. apparii – apparsi – apparvi). Die Endungen mit -v- (z. B. appar**v**e) sind etwas verbreiteter als die beiden anderen Varianten.

Merken Sie sich auch die von apparire abgeleiteten Wörter, z. B.:

l'apparenza	*der (An)schein*
l'apparizione	*das Erscheinen, die Erscheinung*

aprire

öffnen

Regelmäßiges Verb

Indicativo

Presente

apro
apri
apre
apriamo
aprite
aprono

Passato prossimo

ho	aperto
hai	aperto
ha	aperto
abbiamo	aperto
avete	aperto
hanno	aperto

Imperfetto

aprivo
aprivi
apriva
aprivamo
aprivate
aprivano

Trapassato prossimo

avevo	aperto
avevi	aperto
aveva	aperto
avevamo	aperto
avevate	aperto
avevano	aperto

Passato remoto

aprii / apersi
apristi
aprì / aperse
aprimmo
apriste
aprirono / apersero

Trapassato remoto

ebbi	aperto
avesti	aperto
ebbe	aperto
avemmo	aperto
aveste	aperto
ebbero	aperto

Futuro semplice

aprirò
aprirai
aprirà
apriremo
aprirete
apriranno

Futuro anteriore

avrò	aperto
avrai	aperto
avrà	aperto
avremo	aperto
avrete	aperto
avranno	aperto

Congiuntivo

Presente

apra
apra
apra
apriamo
apriate
aprano

Imperfetto

aprissi
aprissi
aprisse
aprissimo
apriste
aprissero

Passato

abbia	aperto
abbia	aperto
abbia	aperto
abbiamo	aperto
abbiate	aperto
abbiano	aperto

Trapassato

avessi	aperto
avessi	aperto
avesse	aperto
avessimo	aperto
aveste	aperto
avessero	aperto

Condizionale

Presente

aprirei
apriresti
aprirebbe
apriremmo
aprireste
aprirebbero

Passato

avrei	aperto
avresti	aperto
avrebbe	aperto
avremmo	aperto
avreste	aperto
avrebbero	aperto

Imperativo

—	
(tu)	apri
(Lei)	apra
(noi)	apriamo
(voi)	aprite
(loro)	aprano

Gerundio

Presente

aprendo

Passato

avendo aperto

Infinito

Passato

avere aperto

Participio

Passato

aperto

Beispiele und Wendungen

Potresti aprire la finestra, per cortesia? *Würdest du bitte das Fenster öffnen?*

Il supermercato è aperto dalle 9.00 alle 20.30.
Der Supermarkt ist von 9:00 Uhr bis 20:30 Uhr geöffnet.

aprire il libro / giornale	*das Buch / die Zeitung aufschlagen*
aprire l'acqua	*das Wasser aufdrehen*
aprire un negozio	*ein Geschäft eröffnen*

Weitere Verben

coprire - riaprire - scoprire

coprire qc	*etw. bedecken, zudecken*
riaprire un negozio	*ein Geschäft wiedereröffnen*
scoprire qc	*etw. entdecken*

Besonderheiten

Im Passato remoto sind in der 1. und 3. Person Singular und 3. Person Plural folgende Doppelformen möglich: aprii / apersi - aprì / aperse - aprirono / apersero. Die regelmäßigen Formen aprii - aprì - aprirono sind jedoch geläufiger.

Merken Sie sich die Partizipien aperto *geöffnet* und chiuso *geschlossen* gut. In Italien kommt es oft vor, dass Banken und Geschäfte um die Mittagszeit geschlossen sind und erst spät am Nachmittag wieder öffnen.

capire

verstehen

Regelmäßiges Verb mit Stammerweiterung -isc-

Indicativo

Presente
capisco
capisci
capisce
capiamo
capite
capiscono

Passato prossimo
ho	capito
hai	capito
ha	capito
abbiamo	capito
avete	capito
hanno	capito

Imperfetto
capivo
capivi
capiva
capivamo
capivate
capivano

Trapassato prossimo
avevo	capito
avevi	capito
aveva	capito
avevamo	capito
avevate	capito
avevano	capito

Passato remoto
capii
capisti
capì
capimmo
capiste
capirono

Trapassato remoto
ebbi	capito
avesti	capito
ebbe	capito
avemmo	capito
aveste	capito
ebbero	capito

Futuro semplice
capirò
capirai
capirà
capiremo
capirete
capiranno

Futuro anteriore
avrò	capito
avrai	capito
avrà	capito
avremo	capito
avrete	capito
avranno	capito

Congiuntivo

Presente
capisca
capisca
capisca
capiamo
capiate
capiscano

Imperfetto
capissi
capissi
capisse
capissimo
capiste
capissero

Passato
abbia	capito
abbia	capito
abbia	capito
abbiamo	capito
abbiate	capito
abbiano	capito

Trapassato
avessi	capito
avessi	capito
avesse	capito
avessimo	capito
aveste	capito
avessero	capito

Condizionale

Presente
capirei
capiresti
capirebbe
capiremmo
capireste
capirebbero

Passato
avrei	capito
avresti	capito
avrebbe	capito
avremmo	capito
avreste	capito
avrebbero	capito

Imperativo

—	
(tu)	capisci
(Lei)	capisca
(noi)	capiamo
(voi)	capite
(loro)	capiscano

Gerundio

Presente
capendo

Passato
avendo capito

Infinito

Passato
avere capito

Participio

Passato
capito

Beispiele und Wendungen

Stefano non ha capito una parola.	*Stefano hat überhaupt nichts verstanden.*
capire qc / qu	*etw. / jdn. verstehen*
capirsi	*sich verstehen*
farsi capire	*sich verständlich machen*
Si capisce!	*Das versteht sich von selbst!*

Weitere Verben

agire – chiarire – definire – dimagrire – distribuire – ferire – finire – garantire – impazzire – partorire – preferire – pulire – reagire – sostituire – spedire – tradire – ubbidire

chiarire qc	*etw. klären*
dimagrire di ... chili	*... Kilo abnehmen*
finire di fare qc	*aufhören, etw. zu tun*
spedire qc per e-mail	*etw. per E-Mail verschicken*

Besonderheiten

Zu dieser Gruppe gehören die Verben mit Stammerweiterung. Das bedeutet, dass im Präsens die Endungen an den Stamm mit -isc angehängt werden, z. B.: capisco (cap + isc – o). Die 1. und 2. Person Plural werden allerdings ohne Stammerweiterung gebildet (capiamo, capite). Einige Verben dieser Gruppe bilden das Partizip Präsens auf -iente, zum Beispiel: ubbidire – ubbidiente.

Es gibt eine Vielzahl an Verben mit Stammerweiterung. Merken Sie sich daher den Infinitiv immer mit der 1. Person Singular, z. B.: finire – finisco etc.

cucire

nähen

Regelmäßiges Verb, aber -c- wird -ci- vor -a und -o

Indicativo

Presente

cucio
cuci
cuce
cuciamo
cucite
cuciono

Passato prossimo

ho	cucito
hai	cucito
ha	cucito
abbiamo	cucito
avete	cucito
hanno	cucito

Imperfetto

cucivo
cucivi
cuciva
cucivamo
cucivate
cucivano

Trapassato prossimo

avevo	cucito
avevi	cucito
aveva	cucito
avevamo	cucito
avevate	cucito
avevano	cucito

Passato remoto

cucii
cucisti
cucì
cucimmo
cuciste
cucirono

Trapassato remoto

ebbi	cucito
avesti	cucito
ebbe	cucito
avemmo	cucito
aveste	cucito
ebbero	cucito

Futuro semplice

cucirò
cucirai
cucirà
cuciremo
cucirete
cuciranno

Futuro anteriore

avrò	cucito
avrai	cucito
avrà	cucito
avremo	cucito
avrete	cucito
avranno	cucito

Congiuntivo

Presente

cucia
cucia
cucia
cuciamo
cuciate
cuciano

Imperfetto

cucissi
cucissi
cucisse
cucissimo
cuciste
cucissero

Passato

abbia	cucito
abbia	cucito
abbia	cucito
abbiamo	cucito
abbiate	cucito
abbiano	cucito

Trapassato

avessi	cucito
avessi	cucito
avesse	cucito
avessimo	cucito
aveste	cucito
avessero	cucito

Condizionale

Presente

cucirei
cuciresti
cucirebbe
cuciremmo
cucireste
cucirebbero

Passato

avrei	cucito
avresti	cucito
avrebbe	cucito
avremmo	cucito
avreste	cucito
avrebbero	cucito

Imperativo

—	
(tu)	cuci
(Lei)	cucia
(noi)	cuciamo
(voi)	cucite
(loro)	cuciano

Gerundio

Presente

cucendo

Passato

avendo cucito

Infinito

Passato

avere cucito

Participio

Passato

cucito

Beispiele und Wendungen

Mia zia ha imparato a cucire a scuola. — *Meine Tante hat in der Schule nähen gelernt.*
Questa camicia è stata cucita a mano. — *Dieses Hemd wurde von Hand genäht.*

cucire a mano	*mit der Hand nähen*
cucire a macchina	*mit der Maschine nähen*
saper cucire	*nähen können*
macchina da cucire	*Nähmaschine*

Weitere Verben

ricucire - scucire

ricucire qc	*etw. zunähen, zusammennähen*
scucire qc	*etw. auftrennen*

Besonderheiten

Die Verbformen dieser Gruppe werden regelmäßig gebildet. Beachten Sie jedoch folgende Besonderheit: -c- wird -ci- vor -a und -o (z. B. cu**ci**o, cu**ci**a)

Merken Sie sich neben cucire noch weitere Handarbeiten:

lavorare a maglia	*stricken*
lavorare all'uncinetto	*häkeln*

inorgoglire

stolz machen

Verb mit Stammerweiterung -isc- / Gerundio auf -iendo

Indicativo

Presente	Passato prossimo	
inorgoglisco	ho	inorgoglito
inorgoglisci	hai	inorgoglito
inorgoglisce	ha	inorgoglito
inorgogliamo	abbiamo	inorgoglito
inorgoglite	avete	inorgoglito
inorgogliscono	hanno	inorgoglito

Imperfetto	Trapassato prossimo	
inorgoglivo	avevo	inorgoglito
inorgoglivi	avevi	inorgoglito
inorgogliva	aveva	inorgoglito
inorgoglivamo	avevamo	inorgoglito
inorgoglivate	avevate	inorgoglito
inorgoglivano	avevano	inorgoglito

Passato remoto	Trapassato remoto	
inorgoglii	ebbi	inorgoglito
inorgoglisti	avesti	inorgoglito
inorgoglì	ebbe	inorgoglito
inorgoglimmo	avemmo	inorgoglito
inorgogliste	aveste	inorgoglito
inorgoglirono	ebbero	inorgoglito

Futuro semplice	Futuro anteriore	
inorgoglirò	avrò	inorgoglito
inorgoglirai	avrai	inorgoglito
inorgoglirà	avrà	inorgoglito
inorgogliremo	avremo	inorgoglito
inorgoglirete	avrete	inorgoglito
inorgogliranno	avranno	inorgoglito

Congiuntivo

Presente	Imperfetto
inorgoglisca	inorgoglissi
inorgoglisca	inorgoglissi
inorgoglisca	inorgoglisse
inorgogliamo	inorgoglissimo
inorgogliate	inorgogliste
inorgogliscano	inorgoglissero

Passato		Trapassato	
abbia	inorgoglito	avessi	inorgoglito
abbia	inorgoglito	avessi	inorgoglito
abbia	inorgoglito	avesse	inorgoglito
abbiamo	inorgoglito	avessimo	inorgoglito
abbiate	inorgoglito	aveste	inorgoglito
abbiano	inorgoglito	avessero	inorgoglito

Condizionale

Presente	Passato	
inorgoglirei	avrei	inorgoglito
inorgogliresti	avresti	inorgoglito
inorgoglirebbe	avrebbe	inorgoglito
inorgogliremmo	avremmo	inorgoglito
inorgoglireste	avreste	inorgoglito
inorgoglirebbero	avrebbero	inorgoglito

Imperativo

—	
(tu)	inorgoglisci
(Lei)	inorgoglisca
(noi)	inorgogliamo
(voi)	inorgoglite
(loro)	inorgogliscano

Gerundio

Presente

inorgogliendo

Passato

avendo inorgoglito

Infinito

Passato

avere inorgoglito

Participio

Passato

inorgoglito

Beispiele und Wendungen

Mi inorgoglisco della laurea di mia figlia.
Ich bin stolz auf den Hochschulabschluss meiner Tochter.

Il successo di Simona inorgoglisce Andrea.
Simonas Erfolg macht Andrea stolz.

inorgoglire qu	*jdn. stolz machen*
inorgoglirsi di qc	*auf etw. stolz sein*

Besonderheiten

Inorgoglire gehört zu der Gruppe der Verben mit Stammerweiterung*. Das bedeutet, dass im Präsens die Endungen an den Stamm mit -isc angehängt werden: (inorgogl + isc - o). Die 1. und 2. Person Plural werden allerdings ohne Stammerweiterung gebildet (inorgogliamo, inorgoglite).

* Vgl. capire

Beachten Sie bitte die besondere Form des Gerundiums: inorgogl**i**endo.
Steht nach dem Verb kein direktes Objekt, wird es mit dem Hilfsverb essere konjugiert.

Die Wendung inorgoglirsi di qc (*auf etw. stolz sein*) kann auch mit dem Adjektiv orgoglioso/a wiedergegeben werden:
Alessandra è orgogliosa del successo di suo figlio.
Alessandra ist auf den Erfolg ihres Sohnes stolz.

Die Bildung von Verben mit der Vorsilbe in- ist im Italienischen sehr verbreitet. Die Bedeutung ist oftmals *jdn. zu etw. bringen*, z. B.:

incoraggiare qu	*jdn. ermutigen*
incuriosire qu	*jdn. neugierig machen*

107 morire

sterben

Indicativo

Presente
muoio
muori
muore
moriamo
morite
muoiono

Passato prossimo
sono	morto
sei	morto
è	morto
siamo	morti
siete	morti
sono	morti

Imperfetto
morivo
morivi
moriva
morivamo
morivate
morivano

Trapassato prossimo
ero	morto
eri	morto
era	morto
eravamo	morti
eravate	morti
erano	morti

Passato remoto
morii
moristi
morì
morimmo
moriste
morirono

Trapassato remoto
fui	morto
fosti	morto
fu	morto
fummo	morti
foste	morti
furono	morti

Futuro semplice
mor(i)rò
mor(i)rai
mor(i)rà
mor(i)remo
mor(i)rete
mor(i)ranno

Futuro anteriore
sarò	morto
sarai	morto
sarà	morto
saremo	morti
sarete	morti
saranno	morti

Congiuntivo

Presente
muoia
muoia
muoia
moriamo
moriate
muoiano

Imperfetto
morissi
morissi
morisse
morissimo
moriste
morissero

Passato
sia	morto
sia	morto
sia	morto
siamo	morti
siate	morti
siano	morti

Trapassato
fossi	morto
fossi	morto
fosse	morto
fossimo	morti
foste	morti
fossero	morti

Condizionale

Presente
mor(i)rei
mor(i)resti
mor(i)rebbe
mor(i)remmo
mor(i)reste
mor(i)rebbero

Passato
sarei	morto
saresti	morto
sarebbe	morto
saremmo	morti
sareste	morti
sarebbero	morti

Imperativo

—	
(tu)	muori
(Lei)	muoia
(noi)	moriamo
(voi)	morite
(loro)	muoiano

Gerundio

Presente
morendo

Passato
essendo morto

Infinito

Passato
essere morto

Participio

Passato
morto

Beispiele und Wendungen

La nonna di Carlo è morta di vecchiaia.
Carlos Großmutter ist an Altersschwäche gestorben.

Il poeta Dante Alighieri morì nel 1321 a Ravenna.
Der Dichter Dante Alighieri starb im Jahr 1321 in Ravenna.

morire di qc	*an etw. sterben*
essere stanco da morire	*todmüde sein*
morire di fame / sete	*verhungern / verdursten*
avere una fame da morire	*einen Mordshunger haben*
morire di morte naturale	*eines natürlichen Todes sterben*
morire dal ridere	*sich totlachen*
morire per la libertà	*für die Freiheit sterben*

Besonderheiten

-o- wird -uo-
Im Indikativ Präsens und Konjunktiv sind die Formen mit -uo- zu beachten (z. B. m**uo**io, m**uo**ia). Die 1. und 2. Person Plural sind davon ausgenommen (m**o**riamo, m**o**rite). In den anderen Zeiten und Modi ist -o- im Verbstamm vorhanden.

Lesen Sie die Formen laut vor und achten Sie auf die Betonungen. Fällt die Betonung auf -uo- (z. B. m**uọ**io) so liegt der Akzent stets auf dem -o-. Vgl. muovere, nuocere, scuotere.

108 offrire

anbieten

Indicativo

Presente	Passato prossimo	
offro	ho	offerto
offri	hai	offerto
offre	ha	offerto
offriamo	abbiamo	offerto
offrite	avete	offerto
offrono	hanno	offerto

Imperfetto	Trapassato prossimo	
offrivo	avevo	offerto
offrivi	avevi	offerto
offriva	aveva	offerto
offrivamo	avevamo	offerto
offrivate	avevate	offerto
offrivano	avevano	offerto

Passato remoto	Trapassato remoto	
offrii / offersi	ebbi	offerto
offristi	avesti	offerto
offrì / offerse	ebbe	offerto
offrimmo	avemmo	offerto
offriste	aveste	offerto
offrirono / offersero	ebbero	offerto

Futuro semplice	Futuro anteriore	
offrirò	avrò	offerto
offrirai	avrai	offerto
offrirà	avrà	offerto
offriremo	avremo	offerto
offrirete	avrete	offerto
offriranno	avranno	offerto

Congiuntivo

Presente	Imperfetto
offra	offrissi
offra	offrissi
offra	offrisse
offriamo	offrissimo
offriate	offriste
offrano	offrissero

Passato		Trapassato	
abbia	offerto	avessi	offerto
abbia	offerto	avessi	offerto
abbia	offerto	avesse	offerto
abbiamo	offerto	avessimo	offerto
abbiate	offerto	aveste	offerto
abbiano	offerto	avessero	offerto

Condizionale

Presente	Passato	
offrirei	avrei	offerto
offriresti	avresti	offerto
offrirebbe	avrebbe	offerto
offriremmo	avremmo	offerto
offrireste	avreste	offerto
offrirebbero	avrebbero	offerto

Imperativo

—	
(tu)	offri
(Lei)	offra
(noi)	offriamo
(voi)	offrite
(loro)	offrano

Gerundio

Presente: offrendo

Passato: avendo offerto

Infinito

Passato: avere offerto

Participio

Passato: offerto

Beispiele und Wendungen

Le posso offrire qualcosa da bere? *Kann ich Ihnen etwas zu Trinken anbieten?*

Il direttore mi ha offerto un posto molto interessante.
Der Direktor hat mir eine sehr interessante Stelle angeboten.

offrire qc	*etw. (an)bieten*
offrire qc a qu	*jdm. etw. anbieten*
offrirsi di fare qc	*sich anbieten, etw. zu tun*

Weitere Verben

soffrire

soffrire di	*leiden an*
Mario soffre di asma.	*Mario leidet an Asthma.*

Besonderheiten

Im Passato remoto sind in der 1. und 3. Person Singular und 3. Person Plural folgende Doppelformen möglich: offrii / offersi – offrì / offerse – offrirono / offersero.
Die regelmäßigen Formen offrii – offrì – offrirono sind jedoch geläufiger.

Merken Sie sich: Wenn Sie in Italien jemanden im Restaurant oder in der Bar zu etwas einladen und die Rechnung übernehmen möchten, sagen Sie einfach:
Stasera offro io. *Heute Abend zahle ich / übernehme ich die Rechnung.*

109 riempire

auffüllen

Indicativo

Presente
riempio
riempi
riempie
riempiamo
riempite
riempiono

Passato prossimo
ho	riempito
hai	riempito
ha	riempito
abbiamo	riempito
avete	riempito
hanno	riempito

Imperfetto
riempivo
riempivi
riempiva
riempivamo
riempivate
riempivano

Trapassato prossimo
avevo	riempito
avevi	riempito
aveva	riempito
avevamo	riempito
avevate	riempito
avevano	riempito

Passato remoto
riempii
riempisti
riempì
riempimmo
riempiste
riempirono

Trapassato remoto
ebbi	riempito
avesti	riempito
ebbe	riempito
avemmo	riempito
aveste	riempito
ebbero	riempito

Futuro semplice
riempirò
riempirai
riempirà
riempiremo
riempirete
riempiranno

Futuro anteriore
avrò	riempito
avrai	riempito
avrà	riempito
avremo	riempito
avrete	riempito
avranno	riempito

Congiuntivo

Presente
riempia
riempia
riempia
riempiamo
riempiate
riempiano

Imperfetto
riempissi
riempissi
riempisse
riempissimo
riempiste
riempissero

Passato
abbia	riempito
abbia	riempito
abbia	riempito
abbiamo	riempito
abbiate	riempito
abbiano	riempito

Trapassato
avessi	riempito
avessi	riempito
avesse	riempito
avessimo	riempito
aveste	riempito
avessero	riempito

Condizionale

Presente
riempirei
riempiresti
riempirebbe
riempiremmo
riempireste
riempirebbero

Passato
avrei	riempito
avresti	riempito
avrebbe	riempito
avremmo	riempito
avreste	riempito
avrebbero	riempito

Imperativo

—	
(tu)	riempi
(Lei)	riempia
(noi)	riempiamo
(voi)	riempite
(loro)	riempiano

Gerundio

Presente
riempiendo

Passato
avendo riempito

Infinito

Passato
avere riempito

Participio

Passato
riempito

Beispiele und Wendungen

La presenza dei miei amici mi riempie di gioia.
Die Anwesenheit meiner Freunde erfüllt mich mit Freude.

Ho dovuto riempire questo modulo per la domanda.
Ich musste dieses Formular für den Antrag ausfüllen.

riempire qc	*etw. (aus)füllen*
riempire il bicchiere	*das Glas füllen*
riempire qc di qc	*etw. mit etw. (auf)füllen*
riempire qu di qc	*jdn. mit etw. überhäufen, überschütten*
riempirsi	*sich füllen*

Weitere Verben

ademprire - empire

adempire qc	*etw. erfüllen*
empire qc	*etw. (auf)füllen*
empirsi di qc	*sich mit etw. vollstopfen*

Besonderheiten

Beachten Sie die Formen, in denen ein zusätzliches -i- eingeschoben wird: riempi**o**, riempi**e**, riempi**ono**, riempi**a**, riempi**ano**. Dies betrifft auch das Gerundium im Präsens: riempi**endo**.

Konjugieren Sie das Verb laut und achten Sie bei den unregelmäßigen Formen darauf, dass das -i- hörbar ist.

salire

(hinauf)steigen

-l- wird -lg-

Indicativo

Presente	Passato prossimo	
salgo	sono	salito
sali	sei	salito
sale	è	salito
saliamo	siamo	saliti
salite	siete	saliti
salgono	sono	saliti

Imperfetto	Trapassato prossimo	
salivo	ero	salito
salivi	eri	salito
saliva	era	salito
salivamo	eravamo	saliti
salivate	eravate	saliti
salivano	erano	saliti

Passato remoto	Trapassato remoto	
salii	fui	salito
salisti	fosti	salito
salì	fu	salito
salimmo	fummo	saliti
saliste	foste	saliti
salirono	furono	saliti

Futuro semplice	Futuro anteriore	
salirò	sarò	salito
salirai	sarai	salito
salirà	sarà	salito
saliremo	saremo	saliti
salirete	sarete	saliti
saliranno	saranno	saliti

Congiuntivo

Presente
salga
salga
salga
saliamo
saliate
salgano

Imperfetto
salissi
salissi
salisse
salissimo
saliste
salissero

Passato

sia	salito
sia	salito
sia	salito
siamo	saliti
siate	saliti
siano	saliti

Trapassato

fossi	salito
fossi	salito
fosse	salito
fossimo	saliti
foste	saliti
fossero	saliti

Condizionale

Presente
salirei
saliresti
salirebbe
saliremmo
salireste
salirebbero

Passato

sarei	salito
saresti	salito
sarebbe	salito
saremmo	saliti
sareste	saliti
sarebbero	saliti

Imperativo

—	
(tu)	sali
(Lei)	salga
(noi)	saliamo
(voi)	salite
(loro)	salgano

Gerundio

Presente: salendo

Passato: essendo salito

Infinito

Passato: essere salito

Participio

Passato: salito

Beispiele und Wendungen

Rodolfo sale sul tetto per riparare l'antenna.
Rodolfo steigt auf das Dach, um die Antenne zu reparieren.

Il prezzo della benzina è di nuovo salito.	*Der Benzinpreis ist schon wieder gestiegen.*
salire le scale / il monte	*die Treppen / den Berg hinaufsteigen*
salire con l'ascensore	*mit dem Aufzug nach oben fahren*
salire sul treno / tram	*in den Zug / in die Straßenbahn einsteigen*

Weitere Verben

assalire - risalire

assalire qu	*jdn. angreifen*
risalire	*wieder hinaufsteigen*

Besonderheiten

-l- → -lg- (z. B. sal**g**o, sal**g**ono)
Die zusammengesetzten Zeiten können mit den Hilfsverben avere und essere gebildet werden, z. B.:

Ho salito il Vesuvio.	*Ich habe den Vesuv bestiegen.* (mit direktem Objekt)
Sono salito sul treno.	*Ich bin in den Zug eingestiegen.* (ohne direktes Objekt)

Lernen Sie salire zusammen mit rimanere, spegnere, tenere, valere und venire, da diese Verben im Präsens dieselbe Unregelmäßigkeit aufweisen:
sal**g**o - riman**g**o - spen**g**o - ten**g**o - val**g**o - ven**g**o
sal**g**ono - riman**g**ono - spen**g**ono - ten**g**ono - val**g**ono - ven**g**ono

111 udire

hören

betontes -u- wird -o-

Indicativo

Presente

odo
odi
ode
udiamo
udite
ọdono

Passato prossimo

ho	udito
hai	udito
ha	udito
abbiamo	udito
avete	udito
hanno	udito

Imperfetto

udivo
udivi
udiva
udivamo
udivate
udịvano

Trapassato prossimo

avevo	udito
avevi	udito
aveva	udito
avevamo	udito
avevate	udito
avẹvano	udito

Passato remoto

udii
udisti
udì
udimmo
udiste
udịrono

Trapassato remoto

ebbi	udito
avesti	udito
ebbe	udito
avemmo	udito
aveste	udito
ẹbbero	udito

Futuro semplice

ud(i)rò
ud(i)rai
ud(i)rà
ud(i)remo
ud(i)rete
ud(i)ranno

Futuro anteriore

avrò	udito
avrai	udito
avrà	udito
avremo	udito
avrete	udito
avranno	udito

Congiuntivo

Presente

oda
oda
oda
udiamo
udiate
ọdano

Imperfetto

udissi
udissi
udisse
udịssimo
udiste
udịssero

Passato

abbia	udito
abbia	udito
abbia	udito
abbiamo	udito
abbiate	udito
ạbbiano	udito

Trapassato

avessi	udito
avessi	udito
avesse	udito
avẹssimo	udito
aveste	udito
avẹssero	udito

Condizionale

Presente

ud(i)rei
ud(i)resti
ud(i)rebbe
ud(i)remmo
ud(i)reste
ud(i)rẹbbero

Passato

avrei	udito
avresti	udito
avrebbe	udito
avremmo	udito
avreste	udito
avrẹbbero	udito

Imperativo

—	
(tu)	odi
(Lei)	oda
(noi)	udiamo
(voi)	udite
(loro)	ọdano

Gerundio

Presente

udendo

Passato

avendo udito

Infinito

Passato

avere udito

Participio

Passato

udito

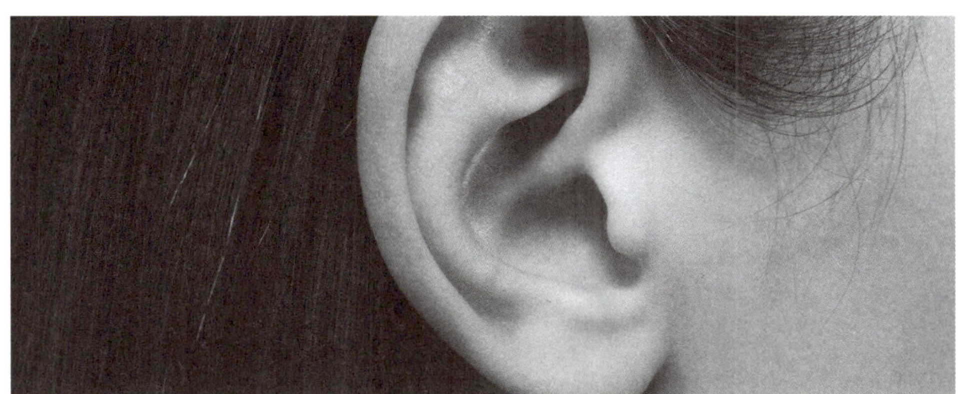

Beispiele und Wendungen

Nel buio ho udito un grido.
Im Dunkeln habe ich einen Schrei gehört.

Hai udito la notizia?
Hast du die Nachricht erfahren?

udire qu / qc	*jdn. / etw. hören*
udire qc	*etw. erfahren*
udire un consiglio	*auf einen Rat hören*

Besonderheiten

-u- wird o-
Bei den Formen mit o- im Wortanlaut fällt die Betonung auf die erste Silbe:
ọdo, ọdi, ọde, ọdono, ọda, ọdano.

Udire ist auf *hören* im Sinne von *wahrnehmen mit dem Gehör* beschränkt und wird im gesprochenen Italienisch meistens durch sentire ersetzt. Sentire kann neben *hören* noch weitere Wahrnehmungen ausdrücken. Dazu zählen *riechen, schmecken* und *fühlen*.

Merken Sie sich auch die mit udire verwandten Begriffe:

l'udito	*Gehör, Hörsinn*
essere duro d'udito	*schwerhörig sein*
l'udienza	*Audienz*
l'uditore / l'uditrice	*Zuhörer / Zuhörerin*
l'uditorio	*Zuhörerschaft, Auditorium*

112 uscire

(hin)ausgehen

betontes -u- wird -e-

Indicativo

Presente	Passato prossimo	
esco	sono	uscito
esci	sei	uscito
esce	è	uscito
usciamo	siamo	usciti
uscite	siete	usciti
escono	sono	usciti

Imperfetto	Trapassato prossimo	
uscivo	ero	uscito
uscivi	eri	uscito
usciva	era	uscito
uscivamo	eravamo	usciti
uscivate	eravate	usciti
uscivano	erano	usciti

Passato remoto	Trapassato remoto	
uscii	fui	uscito
uscisti	fosti	uscito
uscì	fu	uscito
uscimmo	fummo	usciti
usciste	foste	usciti
uscirono	furono	usciti

Futuro semplice	Futuro anteriore	
uscirò	sarò	uscito
uscirai	sarai	uscito
uscirà	sarà	uscito
usciremo	saremo	usciti
uscirete	sarete	usciti
usciranno	saranno	usciti

Congiuntivo

Presente	Imperfetto
esca	uscissi
esca	uscissi
esca	uscisse
usciamo	uscissimo
usciate	usciste
escano	uscissero

Passato		Trapassato	
sia	uscito	fossi	uscito
sia	uscito	fossi	uscito
sia	uscito	fosse	uscito
siamo	usciti	fossimo	usciti
siate	usciti	foste	usciti
siano	usciti	fossero	usciti

Condizionale

Presente	Passato	
uscirei	sarei	uscito
usciresti	saresti	uscito
uscirebbe	sarebbe	uscito
usciremmo	saremmo	usciti
uscireste	sareste	usciti
uscirebbero	sarebbero	usciti

Imperativo

—	
(tu)	esci
(Lei)	esca
(noi)	usciamo
(voi)	uscite
(loro)	escano

Gerundio

Presente	Passato
uscendo	essendo uscito

Infinito

Passato

essere uscito

Participio

Passato

uscito

Beispiele und Wendungen

Daniele esce con i suoi amici verso le otto.
Daniele geht gegen acht Uhr mit seinen Freunden aus.

Il giornale non è uscito oggi.
Die Zeitung ist heute nicht erschienen.

uscire con qu	*mit jdm. ausgehen*
uscire a fare qc	*hinausgehen, um etw. zu tun*
uscire in bicicletta / macchina	*mit dem Fahrrad / Auto wegfahren*
uscire a piedi	*zu Fuß weggehen*
uscirne bene / male	*gut / schlecht davonkommen*

Weitere Verben

fuoriuscire – riuscire

fuoriuscire da qc	*aus etw. entweichen, strömen*
Non ci riesco!	*Ich schaffe es nicht!*

Besonderheiten

u- wird e-

Bei den Formen mit e- im Wortanlaut fällt die Betonung auf die erste Silbe: ẹsco, ẹsci, ẹsce, ẹscono, ẹsca, ẹscano.

In öffentlichen Einrichtungen zeigt Ihnen der Hinweis uscita, wo sich der *Ausgang* befindet.

venire

kommen

Indicativo

Presente

vengo
vieni
viene
veniamo
venite
vengono

Passato prossimo

sono	venuto
sei	venuto
è	venuto
siamo	venuti
siete	venuti
sono	venuti

Imperfetto

venivo
venivi
veniva
venivamo
venivate
venivano

Trapassato prossimo

ero	venuto
eri	venuto
era	venuto
eravamo	venuti
eravate	venuti
erano	venuti

Passato remoto

venni
venisti
venne
venimmo
veniste
vennero

Trapassato remoto

fui	venuto
fosti	venuto
fu	venuto
fummo	venuti
foste	venuti
furono	venuti

Futuro semplice

verrò
verrai
verrà
verremo
verrete
verranno

Futuro anteriore

sarò	venuto
sarai	venuto
sarà	venuto
saremo	venuti
sarete	venuti
saranno	venuti

Congiuntivo

Presente

venga
venga
venga
veniamo
veniate
vengano

Imperfetto

venissi
venissi
venisse
venissimo
veniste
venissero

Passato

sia	venuto
sia	venuto
sia	venuto
siamo	venuti
siate	venuti
siano	venuti

Trapassato

fossi	venuto
fossi	venuto
fosse	venuto
fossimo	venuti
foste	venuti
fossero	venuti

Condizionale

Presente

verrei
verresti
verrebbe
verremmo
verreste
verrebbero

Passato

sarei	venuto
saresti	venuto
sarebbe	venuto
saremmo	venuti
sareste	venuti
sarebbero	venuti

Imperativo

—	
(tu)	vieni
(Lei)	venga
(noi)	veniamo
(voi)	venite
(loro)	vengano

Gerundio

Presente

venendo

Passato

essendo venuto

Infinito

Passato

essere venuto

Participio

Passato

venuto

Beispiele und Wendungen

A che ora vengono i tuoi genitori?	*Um wie viel Uhr kommen deine Eltern?*
venire da Cagliari	*aus Cagliari kommen*
Quanto viene il libro?	*Wie viel kostet das Buch?*
Mi viene da piangere.	*Ich muss weinen.*
venire a trovare qu	*jdn. besuchen (kommen)*
venire alla luce	*auf die Welt kommen*
Non mi viene in mente.	*Es fällt mir nicht ein.*

Weitere Verben

avvenire - convenire - divenire - intervenire - prevenire - svenire

avvenire	*geschehen, sich ereignen*
prevenire qu	*jdm. zuvorkommen*
svenire	*ohnmächtig werden*

Besonderheiten

Im Futur und Konditional Präsens ist der Verbstamm verkürzt (vgl. verrò ↔ pren**de**rò, verrei ↔ pren**de**rei).
Das Verb venire wird auch zur Bildung des Vorgangspassivs verwendet (siehe Nr. 115).

Lernen Sie venire zusammen mit rimanere, salire, spegnere, tenere und valere, da alle Verben im Präsens dieselbe Unregelmäßigkeit aufweisen:
ven**g**o- riman**g**o - sal**g**o - spen**g**o - ten**g**o - val**g**o
ven**g**ono - riman**g**ono - sal**g**ono- spen**g**ono - ten**g**ono - val**g**ono

114 essere preparato

Zustandspassiv

vorbereitet sein

Indicativo

Presente

sono	preparato
sei	preparato
è	preparato
siamo	preparati
siete	preparati
sono	preparati

Passato prossimo

sono	stato	preparato
sei	stato	preparato
è	stato	preparato
siamo	stati	preparati
siete	stati	preparati
sono	stati	preparati

Imperfetto

ero	preparato
eri	preparato
era	preparato
eravamo	preparati
eravate	preparati
erano	preparati

Trapassato prossimo

ero	stato	preparato
eri	stato	preparato
era	stato	preparato
eravamo	stati	preparati
eravate	stati	preparati
erano	stati	preparati

Passato remoto

fui	preparato
fosti	preparato
fu	preparato
fummo	preparati
foste	preparati
furono	preparati

Trapassato remoto

fui	stato	preparato
fosti	stato	preparato
fu	stato	preparato
fummo	stati	preparati
foste	stati	preparati
furono	stati	preparati

Futuro semplice

sarò	preparato
sarai	preparato
sarà	preparato
saremo	preparati
sarete	preparati
saranno	preparati

Futuro anteriore

sarò	stato	preparato
sarai	stato	preparato
sarà	stato	preparato
saremo	stati	preparati
sarete	stati	preparati
saranno	stati	preparati

Congiuntivo

Presente

sia	preparato
sia	preparato
sia	preparato
siamo	preparati
siate	preparati
siano	preparati

Imperfetto

fossi	preparato
fossi	preparato
fosse	preparato
fossimo	preparati
foste	preparati
fossero	preparati

Passato

sia	stato	preparato
sia	stato	preparato
sia	stato	preparato
siamo	stati	preparati
siate	stati	preparati
siano	stati	preparati

Trapassato

fossi	stato	preparato
fossi	stato	preparato
fosse	stato	preparato
fossimo	stati	preparati
foste	stati	preparati
fossero	stati	preparati

Condizionale

Presente

sarei	preparato
saresti	preparato
sarebbe	preparato
saremmo	preparati
sareste	preparati
sarebbero	preparati

Passato

sarei	stato	preparato
saresti	stato	preparato
sarebbe	stato	preparato
saremmo	stati	preparati
sareste	stati	preparati
sarebbero	stati	preparati

Imperativo

—		
(tu)	sii	preparato
(Lei)	sia	preparato
(noi)	siamo	preparati
(voi)	siate	preparati
(loro)	siano	preparati

Gerundio

Presente

essendo preparato

Passato

essendo stato preparato

Infinito

Passato

essere stato preparato

Participio

Passato

stato preparato

Beispiele und Wendungen

La cena è preparata.	*Das Abendessen ist zubereitet.*
Il viaggio è stato preparato.	*Die Reise ist vorbereitet worden.*

Besonderheiten

Das Zustandspassiv wird mit essere + Partizip Perfekt gebildet und drückt in der Regel einen Zustand aus, d.h. es steht nicht die Handlung im Vordergrund, sondern deren Ergebnis.

Dabei richtet sich das Partizip in Genus und Numerus nach dem Subjekt:

Il cellulare è spento.	*Das Handy ist ausgeschaltet.*
La radio è spenta.	*Das Radio ist ausgeschaltet.*
I libri sono letti.	*Die Bücher sind gelesen.*
Le lettere sono lette.	*Die Briefe sind gelesen.*

Es kann auch in den zusammengesetzten Zeiten gebildet werden:

Il cellulare è stato spento.	*Das Handy ist ausgeschaltet worden.*
La radio è stata spenta.	*Das Radio ist ausgeschaltet worden.*
I libri sono stati letti.	*Die Bücher sind gelesen worden.*
Le lettere sono state lette.	*Die Briefe sind gelesen worden.*

Bilden Sie Sätze nach dem oben angegeben Muster. Gehen Sie dabei alle Varianten durch (maskulin, feminin, Singular, Plural) und achten Sie stets auf die Endungen. Sie können dabei auf ganz alltägliche Dinge zurückgreifen, z. B.: la lettera è scritta, il caffè è bevuto, i pantaloni sono lavati etc.

venire preparato

Vorgangspassiv

vorbereitet werden

Indicativo

Presente

vengo	preparato
vieni	preparato
viene	preparato
veniamo	preparati
venite	preparati
vengono	preparati

Passato prossimo

—
—
—
—
—
—

Imperfetto

venivo	preparato
venivi	preparato
veniva	preparato
venivamo	preparati
venivate	preparati
venivano	preparati

Trapassato prossimo

—
—
—
—
—
—

Passato remoto

venni	preparato
venisti	preparato
venne	preparato
venimmo	preparati
veniste	preparati
vennero	preparati

Trapassato remoto

—
—
—
—
—
—

Futuro semplice

verrò	preparato
verrai	preparato
verrà	preparato
verremo	preparati
verrete	preparati
verranno	preparati

Futuro anteriore

—
—
—
—
—
—

Congiuntivo

Presente

venga	preparato
venga	preparato
venga	preparato
veniamo	preparati
veniate	preparati
vengano	preparati

Imperfetto

venissi	preparato
venissi	preparato
venisse	preparato
venissimo	preparati
veniste	preparati
venissero	preparati

Passato

—
—
—
—
—
—

Trapassato

—
—
—
—
—
—

Condizionale

Presente

verrei	preparato
verresti	preparato
verrebbe	preparato
verremmo	preparati
verreste	preparati
verrebbero	preparati

Passato

—
—
—
—
—
—

Imperativo

—

(tu)	vieni	preparato
(Lei)	venga	preparato
(noi)	veniamo	preparati
(voi)	venite	preparati
(loro)	vengano	preparati

Gerundio

Presente

venendo preparato

Passato

—

Infinito

Passato

—

Participio

Passato

—

Beispiele und Wendungen

Il discorso viene preparato. — *Die Rede wird vorbereitet.*
La lezione veniva preparata. — *Der Unterricht wurde vorbereitet.*

Besonderheiten

Das Vorgangspassiv wird mit venire + Partizip Perfekt gebildet und drückt einen Vorgang aus, wobei das Objekt im Vordergrund steht. Das Partizip richtet sich in Genus und Numerus nach dem Substantiv, auf das es sich bezieht:

Il lavoro verrà fatto. — *Die Arbeit wird gemacht werden.*
La stanza viene pulita. — *Das Zimmer wird geputzt.*
Gli amici vengono chiamati. — *Die Freunde werden angerufen.*
Le case venivano costruite. — *Die Häuser wurden gebaut.*

Bilden Sie Sätze nach dem oben angegeben Muster. Gehen Sie dabei alle Varianten durch (maskulin, feminin, Singular, Plural) und achten Sie stets auf die Endungen.
Sie können dabei auf ganz alltägliche Dinge zurückgreifen, z. B.: il pranzo viene fatto, la porta viene chiusa, i compiti vengono fatti etc.

Beachten Sie den Unterschied zwischen Zustands- und Vorgangspassiv: Essere + Partizip wird meist benutzt, um einen Zustand auszudrücken, während die Konstruktion venire + Partizip benutzt wird, um einen Vorgang auszudrücken, z. B.:
La porta è chiusa. — *Die Tür ist geschlossen / ist zu. (Zustand)*
La porta viene chiusa. — *Die Tür wird geschlossen. (Vorgang)*

116 lavarsi

sich waschen

Indicativo

Presente
mi lavo
ti lavi
si lava
ci laviamo
vi lavate
si lavano

Passato prossimo
mi sono lavato
ti sei lavato
si è lavato
ci siamo lavati
vi siete lavati
si sono lavati

Imperfetto
mi lavavo
ti lavavi
si lavava
ci lavavamo
vi lavavate
si lavavano

Trapassato prossimo
mi ero lavato
ti eri lavato
si era lavato
ci eravamo lavati
vi eravate lavati
si erano lavati

Passato remoto
mi lavai
ti lavasti
si lavò
ci lavammo
vi lavaste
si lavarono

Trapassato remoto
mi fui lavato
ti fosti lavato
si fu lavato
ci fummo lavati
vi foste lavati
si furono lavati

Futuro semplice
mi laverò
ti laverai
si laverà
ci laveremo
vi laverete
si laveranno

Futuro anteriore
mi sarò lavato
ti sarai lavato
si sarà lavato
ci saremo lavati
vi sarete lavati
si saranno lavati

Congiuntivo

Presente
mi lavi
ti lavi
si lavi
ci laviamo
vi laviate
si lavino

Imperfetto
mi lavassi
ti lavassi
si lavasse
ci lavassimo
vi lavaste
si lavassero

Passato
mi sia lavato
ti sia lavato
si sia lavato
ci siamo lavati
vi siate lavati
si siano lavati

Trapassato
mi fossi lavato
ti fossi lavato
si fosse lavato
ci fossimo lavati
vi foste lavati
si fossero lavati

Condizionale

Presente
mi laverei
ti laveresti
si laverebbe
ci laveremmo
vi lavereste
si laverebbero

Passato
mi sarei lavato
ti saresti lavato
si sarebbe lavato
ci saremmo lavati
vi sareste lavati
si sarebbero lavati

Imperativo

—
(tu) lavati
(Lei) si lavi
(noi) laviamoci
(voi) lavatevi
(loro) si lavino

Gerundio

Presente
lavandosi

Passato
essendosi lavato

Infinito

Passato
essersi lavato

Participio

Passato
lavatosi

Beispiele und Wendungen

Mi lavo con l'acqua fredda.	*Ich wasche mich mit kaltem Wasser.*
lavarsi con qc	*sich mit etw. waschen*
lavarsi le mani / la faccia	*sich die Hände / das Gesicht waschen*
lavarsi i denti	*sich die Zähne putzen*

Besonderheiten

Reflexive Verben werden in den zusammengesetzten Zeiten in der Regel mit essere konjugiert. Das Partizip Perfekt muss dem Subjekt in Genus und Numerus angeglichen werden:

Mi sono lavato/a.	*Ich habe mich gewaschen.*
I ragazzi si sono lavati.	*Die Jungen haben sich gewaschen.*

Wenn das reflexive Verb in Verbindung mit einem Modalverb (dovere, potere, volere) steht, gibt es zwei Möglichkeiten:
Das Reflexivpronomen steht vor dem Hilvsverb → Bildung mit essere:
Lucia si è voluta lavare. *Lucia wollte sich waschen.*
Das Reflexivpronomen wird an den Infinitiv gehängt → Bildung mit avere:
Lucia ha voluto lavarsi. *Lucia wollte sich waschen.*

Üben Sie doch die reflexiven Verben, indem Sie beispielsweise Ihre morgendlichen Aktivitäten durchgehen. Sie werden sehen, dass Sie dabei auf einige dieser Verben stoßen werden, z. B.: svegliarsi *aufwachen*, alzarsi *aufstehen*, vestirsi *sich anziehen*, lavarsi *sich waschen*, pettinarsi *sich kämmen*, farsi la barba *sich rasieren*, truccarsi *sich schminken*. Schreiben Sie doch mal Ihren Tagesablauf auf: Mi sono svegliato/a, mi sono alzato/a...

Präpositionen der häufigsten Verben

Dem Italienischlernenden kann der Gebrauch der richtigen Präposition nach einem Verb, ob mit oder ohne Infinitiv, Schwierigkeiten bereiten. Die folgende Auswahl berücksichtigt daher vor allem Verben, die im Italienischen eine andere Präposition führen als im Deutschen.

Verwendete Abkürzungen:
qc = qualcosa (etwas), qu = qualcuno (jemand / jemanden / jemandem)
etw. = etwas, jdm. = jemandem, jdn. = jemanden, jds. = jemandes

abusare **di** qc / qu *etw. / jdn. missbrauchen* — Abusare dell'alcol può essere molto pericoloso.
accontentarsi **di** qc *sich mit etw. zufriedengeben* — Mi accontento di starti vicino.
accorgersi **di** qc *etw. (be)merken* — Sua madre si accorge di tutto.
accusare qu **di** qc *jdn. einer Sache beschuldigen* — Quell'uomo è stato accusato di furto.
adattarsi **a** fare qc *sich (damit) abfinden, etw. zu tun* — Giulia si è dovuta adattare a vivere al piano terra.
aiutare qu **a** fare qc *jdm. helfen, etw. zu tun* — Se vuoi, ti aiuto a preparare le valigie.
andare **a** fare qc *etw. tun gehen* — Vado a fare la spesa.
approfittare **di** qc *etw. (aus)nutzen* — Oliver approfitta dell'assenza dei suoi genitori per fare grandi feste.

arrabbiarsi **con** qu **per** qc *sich über jdn. wegen etw. ärgern* — Mi sono arrabbiata con Sandro per il suo disordine.
aspettare **di** fare qc *(darauf) warten, etw. zu tun* — Aspetto di andare in pensione e poi faccio il giro del mondo.
assistere **a** qc *einer Sache beiwohnen, an etw. teilnehmen* — Ho assistito anch'io all'ultimo concerto di Luciano Pavarotti.
astenersi **da** qc *sich einer Sache enthalten* — Qualcuno si è astenuto dalle votazioni.
attenersi **a** qc *sich an etw. halten* — Per favore attenetevi alle istruzioni!
augurare qc **a** qu *jdm. etw. wünschen* — Ti auguro delle belle vacanze.
augurare **a** qu **di** fare qc *jdm. wünschen, etw. zu tun* — Ti auguro di fare belle vacanze.
augurarsi **di** fare qc *sich wünschen, etw. zu tun* — Mi auguro di rivederti presto.
basarsi **su** qc *sich auf etw. stützen* — Spesso è utile basarsi sul proprio intuito.
cedere **a** qu / qc *jdm / einer Sache nachgeben* — Ho dovuto cedere alla sua insistenza.
cercare **di** fare qc *versuchen, etw. zu tun* — Cercava di aiutarlo, ma lui non voleva.
chiedere qc **a** qu *jdn. um etw. bitten* — Giusi mi ha chiesto la macchina per sabato.
chiedere **di** qu *nach jdm. fragen* — Adam ha chiesto di te.
chiedere **a** qu **di** fare qc *jdn. bitten, etw. zu tun* — Giusi mi ha chiesto di prestarle la macchina.
cominciare / ricominciare **da** qc *bei etw. anfangen* — „Ricomincio da 3" è il primo film di Massimo Troisi.
cominciare **a** fare qc *beginnen, etw. zu tun* — Piano piano, comincio a capire come sei fatto.
commerciare **in** qc *mit etw. handeln* — Il signor Tommasini commercia in stoffe e pellami.
comporsi **di** qc *aus etw. bestehen* — La commissione di esame si compone di 5 membri.
confessare qc **a** qu *jdm. etw. gestehen* — Ti confesso la mia ignoranza.
confessare **a** qu **di** fare qc *jdm. gestehen, etw. zu tun* — Ti confesso di non capire niente.
confidarsi **con** qu *sich jdm. anvertrauen* — Quando ho problemi mi confido sempre con la mia amica Gloria.

congratularsi **con** qu **di / per** qc *jdm. zu etw. gratulieren* — Mi congratulo con te per i tuoi bellissimi voti.
consigliare qc **a** qu *jdm. etw. empfehlen* — Le consiglio gli gnocchi alla salvia.
consigliare **a** qu **di** fare qc *jdm. raten, etw. zu tun* — Le consiglio di provare questi gnocchi.
consistere **di** qc *aus etw. bestehen* — La casa consiste di tre stanze.
consistere **in** qc *in / aus etw. bestehen* — In che cosa consiste la differenza?

continuare **a** fare qc *weiterhin etw. tun*	Paolo continua a dirmi che mi ama, ma io non ci credo.
contribuire **a** qc *zu etw. beitragen*	Contribuiamo anche noi alla salvaguardia dell'ambiente!
convincere qu **di** qc *jdn. von etw. überzeugen*	L'ho convinto della mia innocenza.
convincere qu **a** fare qc *jdn. überreden, etw. zu tun*	Mi ha convinto a partire con lui.
costringere qu **a** fare qc *jdn. zwingen, etw. zu tun*	Non mi costringere a prendere provvedimenti!
credere **a** qu / qc *jdm. / einer Sache glauben*	Credo ciecamente alla sua versione dei fatti.
credere **in** qu / qc *an jdn. / etw. glauben*	Giovanni crede molto in Dio.
credere **di** avere fatto qc *glauben, etw. getan zu haben*	Credevo di avere capito tutto ma non era vero.
decidere **di** fare qc *beschließen, etw. zu tun*	Mia ha deciso di iscriversi all'università.
dichiarare **di** fare qc *erklären, etw. zu tun*	L'accusato ha dichiarato di essere innocente.
dimenticare **di** fare qc *vergessen, etw. zu tun*	Ho dimenticato di telefonare a Francesca.
dire qc **a** qu *jdm. etw. sagen*	Come lo dico ai miei genitori?
dire **a** qu **di** fare qc *jdn. bitten, etw. zu tun*	Gli ho detto di non telefonarmi più.
discutere **di** / **su** qc *über etw. diskutieren*	Abbiamo discusso di politica tutta la notte.
disporre **di** qc / qu *über etw. / jdn. verfügen*	Non disponevo di molti soldi quando ero studentessa.
distinguersi **da** qu / qc *sich von jdm. / etw. unterscheiden*	Questa birra si distingue dalle altre per il suo gusto intenso.
distinguersi **per** qc *sich in / durch etw. unterscheiden*	Monica si distingue sempre per la sua eleganza.
domandare **di** qu *nach jdm. fragen*	Non domandare sempre di Alessandra, è partita per l'America.
domandare qc **a** qu *jdn. um etw. bitten*	Domando la chiave a mia madre.
dubitare **di** qu / qc *an jdm. / etw. zweifeln*	Gianni dubita sempre di se stesso e delle sue capacità.
evitare **di** fare qc *vermeiden, etw. zu tun*	Evitiamo di fare tardi stasera, se è possibile!
fidarsi **di** qu *jdm. vertrauen*	Mi fido ciecamente di Giuliano.
fingere **di** fare qc *so tun, als ob man etw. tun würde*	Fingeva di non capire ma si vedeva che non era vero.
finire **di** fare qc *aufhören, etw. zu tun*	Quando ho finito di studiare vado in Brasile.
fondarsi **su** qc *sich auf etw. stützen*	L'accusa si fonda su semplici indizi.
fregarsene **di** qu / qc *auf jdn. / etw. pfeifen*	Non me ne frega niente della sua situazione.
giurare **di** fare qc *schwören, etw. zu tun*	L'accusato ha giurato di essere innocente.
guardarsi **da** qu / qc *sich vor jdm. / etw. hüten*	Ragazzi, guardatevi dalle cattive compagnie!
illudersi **di** essere qc *sich vormachen, etw. zu sein*	Si illudeva di essere il più bravo.
imparare qc **da** qu *etw. von jdm. lernen*	Ho imparato l'ungherese da un mio amico.
imparare **a** fare qc *etw. zu tun lernen*	Devi imparare ad ascoltare prima di parlare.
impedire **a** qu **di** fare qc *jdn. (daran) hindern, etw. zu tun*	Mia madre mi ha impedito di venire alla tua festa.
incominciare **a** fare qc *beginnen, etw. zu tun*	Oggi incomincio a lavorare nella ditta di mio padre.
incoraggiare qu **a** fare qc *jdn. ermutigen, etw. zu tun*	Roberta incoraggiava sempre sua figlia a studiare di più.
informarsi **su** / **di** qc / qu *sich über etw. / jdn. informieren*	Dopo mi informo sugli orari dei treni per Udine.
insegnare qc **a** qu *jdn. etw. lehren*	Insegno l'italiano ai tedeschi dal 2004.
insegnare **a** qu **a** fare qc *jdm. beibringen, etw. zu tun*	Se vuoi, ti insegno a usare il computer.
insistere **su** qc *auf etw. bestehen*	Insisto ancora una volta sulle mie proposte.
intendersi **di** qc *sich in etw. auskennen*	Mi intendo molto di fotografia.
interessarsi **di** qu / qc *sich für jdn. / etw. interessieren*	Mi interesso molto di letteratura.
innamorarsi **di** qu / qc *sich in jdn. / etw. verlieben*	Mi sono innamorata di Raffaele e soprattutto della sua sincerità.
invitare qu **a** qc *jdn. zu etw. einladen*	Il 14 luglio vorrei invitarti alla mia festa di compleanno.
invitare qu **a** fare qc *jdn. bitten, etw. zu tun*	Ti invito a parlare più lentamente.

iscriversi **a** qc *sich bei / in / zu etw. anmelden*	Mi sono iscritta all'Università di Venezia.
lamentarsi **di** qc / qu *sich über etw. / jdn. beklagen*	Gianna si lamenta sempre del suo lavoro.
limitarsi **a** qc *sich auf etw. beschränken*	Dovremmo limitarci all'essenziale.
limitarsi **a** fare qc *sich (darauf) beschränken, etw. zu tun*	Mi limiterò a dire il necessario.
meritare **di** fare qc *verdienen, etw. zu tun*	Sandro non merita di essere trattato così male.
mettersi **a** fare qc *beginnen, etw. zu tun*	Domani mi metto a studiare per l'esame di francese.
occuparsi **di** qu / qc *sich um jdn. / etw. kümmern*	Mi occupo di linguistica.
parlare **con** qu **di** qc / qu *mit jdm. über etw. / jdn. sprechen*	Ieri ho parlato con Gloria del suo ragazzo.
partecipare **a** qc *an etw. teilnehmen*	L'Italia ha partecipato ai mondiali di calcio.
pensare **a** qu / qc *an jdn. / etw. denken*	Penso spesso a Daniele e alle nostre vacanze in Sardegna.
pensare qc **di** qu / qc *etw. von jdm. / etw. halten*	Che cosa pensi di questo libro?
pensare **di** fare qc *vorhaben, etw. zu tun*	Quando pensi di partire?
perdonare qc **a** qu *jdm. etw. verzeihen*	La signora Rossi perdona sempre i ritardi a suo marito.
perdonare qu **di** avere fatto qc *jdm. verzeihen, etw. getan zu haben*	Va beh', ti perdono di avermi fatto aspettare così tanto.
pregare qu **di** fare qc *jdn. bitten, etw. zu tun*	Ti prego di venire puntuale, stasera.
preoccuparsi **di / per** qu / qc *um jdn. / etw. besorgt sein*	Non ti preoccupare per me, sto bene.
preoccuparsi **di** fare qc *sich bemühen, etw. zu tun*	Maurizio si preoccupa sempre di essere gentile.
prepararsi **a** qc *sich auf etw. vorbereiten*	Massimo si sta preparando alla visita di sua madre.
promettere qc **a** qu *jdm. etw. versprechen*	Mi promette la luna e poi non succede mai niente.
promettere **di** fare qc *versprechen, etw. zu tun*	Ti prometto di non parlare più di Roberto.
proporsi **di** fare qc *sich vornehmen, etw. zu tun*	Mi propongo sempre di essere ordinata e poi...
proteggere qu / qc **da** qu / qc *jdn. / etw. vor jdm. / etw. schützen*	L'ombrello ci protegge dalla pioggia.
provare **a** fare qc *versuchen, etw. zu tun*	Proverò a fare l'allenamento a casa.
provvedere **a** qc / qu *für etw. / jdn. sorgen*	Non ti preoccupare, provvedo a tutto io!
raccontare qc **a** qu *jdm. etw. erzählen*	A chi hai raccontato che sei incinta?
raccontare **di** qc / qu *von / über etw. / jdn. erzählen*	Se vuoi ti racconto della mia infanzia in Italia.
rassegnarsi **a** fare qc *sich (damit) abfinden, etw. zu tun*	Gaia si è rassegnata a partire soltanto il 30 agosto.
reagire **a** qc / qu *auf etw. / jdn. reagieren*	Devi reagire a questa situazione.
riconoscere qu / qc **da** qc *jdn. / etw. an etw. erkennen*	L'ho riconosciuto dalla voce.
ricordare qc **a** qu *jdn. an etw. erinnern*	Ti ricordo il tuo appuntamento con Daniel domani sera.
ricordarsi **di** qc *sich an etw. erinnern*	Mi devo assolutamente ricordare del compleanno di Paola.
ricordare / ricordarsi **di** fare qc *sich (daran) erinnern, etw. zu tun*	Mi devo ricordare di passare in banca.
riempire qc **di** qc *etw. mit etw. füllen*	Riempio la mia stanza di cose inutili.
rifiutare / rifiutarsi **di** fare qc *sich weigern, etw. zu tun*	Roberto si è rifiutato di aiutare sua moglie.
ringraziare qu **di / per** qc *jdm. für etw. danken*	Ti ringrazio molto per la / della tua pazienza.
rinunciare **a** qc *auf etw. verzichten*	Quest'anno non voglio rinunciare alle vacanze in Italia.
rischiare **di** fare qc *riskieren, etw. zu tun*	Rischiamo di perdere l'aereo se non ci muoviamo.
rispondere **a** qu *jdm. antworten*	Gli ho risposto di no.
rispondere **a** qc *etw. beantworten*	Rispondo sempre ai messaggi che ricevo.
rispondere **di** qu / qc *für jdn. / etw. bürgen*	Rispondo io dei miei figli.
ritornare **su** qc *auf etw. zurückkommen*	Se vuoi, ritorniamo sull'argomento.
sapere qc **di** qu / qc *etw. von jdm. / etw. wissen*	Tutto quello che so di lui, è che è molto simpatico.

sapere qc **da** qu *etw. von jdm. erfahren*	Ho saputo tutto da mio fratello.
sapere **di** qc *nach etw. schmecken*	Questa minestra sa di bruciato.
scusarsi **con** qu **di / per** qc *sich bei jdm. für etw. entschuldigen*	Luca si è scusato con lei per non averla più chiamata.
servire **a** qc *zu etw. dienen*	A che cosa mi serve questa cosa?
servire **da** qc *als etw. dienen*	Questo locale serve da magazzino.
servirsi **di** qc *etw. benutzen*	Quando posso mi servo sempre dei mezzi pubblici.
sognare (**di**) qu / qc *von jdm. / etw. träumen*	Ho sognato (di) una spiaggia bellissima e (di) un ragazzo stupendo.
sognarsi **di** fare qc *sich einfallen lassen, etw. zu tun*	Non ti sognerai mica di uscire con questo tempo!?
sospettare qu **di** qc *jdn. einer Sache verdächtigen*	La signora Bianchi sospetta suo marito di tradimento.
sospettare qc **in** qu *etw. bei jdm. vermuten*	Non sospettavo tanta pazienza in lui.
sostituire qu / qc **a / con** qu / qc *jdn. / etw. durch jdn. / etw. ersetzen*	Bisogna sostituire la lampadina con una a LED.
telefonare **a** qu *jdn. anrufen*	Telefono a Renato e poi ti faccio sapere.
temere **di** fare qc *fürchten, etw. zu tun*	Temeva di arrivare troppo tardi.
tentare **di** fare qc *versuchen, etw. zu tun*	Ho tentato di imparare l'ungherese ma è una lingua molto difficile.
tradurre qc **da** qc *etw. aus etw. übersetzen*	Devo tradurre questo testo dall'inglese.
trattare / trattarsi **di** qc *von etw. handeln / sich um etw. handeln*	Qui si tratta di vita o di morte!
vantarsi **di** qc *sich einer Sache rühmen*	Lui si vanta sempre della sua bellezza.
vendicarsi **di** qc *sich für etw. rächen*	Giuseppe si è vendicato del torto subito.
vergognarsi **di** qu / qc *sich jds. / einer Sache schämen*	Non ti vergognare mai delle tue origini.

Grammatik

Die Formen der regelmäßigen Verben

Im Italienischen unterscheidet man drei Konjugationen:
1. Konjugation: die Verben auf -are (am**are**)
2. Konjugation: die Verben auf -ere (vend**ere**)
3. Konjugation: die Verben auf -ire (sent**ire**)

Vergessen Sie bitte nicht: Im Italienischen sind Subjektpronomen nicht obligatorisch, außer wenn sie betont sind! Aus der Endung des Verbs ist die Person ersichtlich. Das bedeutet jedoch, dass Sie die Endungen besonders aufmerksam lernen müssen.

Abito a Roma.	*Ich wohne in Rom.*
Studia greco.	*Er/Sie studiert Griechisch.*

Die Höflichkeitsform ist die 3. Person Singular in der Einzahl (Lei) und meist die 2. Person Plural in der Mehrzahl (voi). Bei formeller Ausdrucksweise wird auch die 3. Person Plural (loro) benutzt.

Besonderheiten bei den Verben auf -are

1. Verben auf -care und -gare		2. Verben auf -iare		3. Verben auf -ciare, -giare	
cercare	pagare	studiare	inviare	cominciare	mangiare
cerco cerchi cerca cerchiamo cercate cercano	pago paghi paga paghiamo pagate pagano	studio studi studia studiamo studiate studiano	invio invii invia inviamo inviate inviano	comincio cominci comincia cominciamo cominciate cominciano	mangio mangi mangia mangiamo mangiate mangiano

Zu 1.
Bei Verben auf -care und -gare wird vor die Endung -e und -i ein -h- geschoben, damit die Aussprache erhalten bleibt.

Zu 2.
Bei Verben auf -iare entfällt das -i- vor einer Endung mit -i. Wenn das -i- des Stammes betont ist (wie bei inviare), bleibt es jedoch erhalten.

Zu 3.
Bei Verben auf -ciare und -giare entfällt das -i- auch vor einer Endung mit -e (also im Futuro semplice!).

Nur vier Verben auf -are sind unregelmäßig: andare, dare, stare, fare.

Besonderheiten bei den Verben auf -ere

vincere *siegen*	vinco vinci vince vinciamo vincete vincono	conoscere *kennen*	conosco conosci conosce conosciamo conoscete conoscono	leggere *lesen*	leggo leggi legge leggiamo leggete leggono
	vinca		conosca		legga

Bei den Verben auf -cere und -gere hängt die Aussprache von c und g vom nachfolgenden Vokal ab; wenn ein -e oder ein -i folgt, wird es weich ausgesprochen (wie in *Matsch* bzw. *Gin*), ansonsten hart (wie in *Koffer* bzw. *Gast*).

Passato remoto der regelmäßigen Verben auf -ere

vendere *verkaufen*	vendei *oder* vendetti vendesti vendé *oder* vendette vendemmo vendeste venderono *oder* vendettero

Das Passato remoto der Verben auf -ere ist meist unregelmäßig. Die wenigen regelmäßigen Verben haben im Passato remoto in der 1. Person Singular und in der 3. Person im Singular und Plural zwei Formen. Die Langformen auf -etti -ette, -ettero werden häufiger verwendet.

Bei Verben, deren Stamm auf -t endet (wie potere), werden nur die Kurzformen verwendet:
potei, poté, poterono.

Besonderheiten bei den Verben auf -ire

Ein Musterverb für die Verben auf -ire ist sentire.

Nicht alle Verben auf -ire werden jedoch wie sentire konjugiert. Sehr viele dieser Verben haben eine Stammerweiterung, und haben in manchen Zeiten und Personen die Buchstaben -isc- vor der Endung. In der folgenden Tabelle finden Sie die davon betroffenen Formen:

	io	tu	lui	noi	voi	loro
Indicativo presente	finisco	finisci	finisce	finiamo	finite	finiscono
Congiuntivo Presente	finisca	finisca	finisca	finiamo	finiate	finiscano
Imperativo		finisci!	finisca!	finiamo!	finite!	

Orthografische Besonderheiten

Zahlreiche italienische Verben weisen regelmäßige orthografische Veränderungen auf, damit die Aussprache der Grundform beibehalten werden kann:

Bei Verben, die auf -care und -gare enden, wird vor den Endungen -e und -i ein -h eingefügt, d. h. also: c wird ch und g wird gh.

cer**care** — cerco, cer**ch**i, cerca, cer**ch**iamo, ...
pa**gare** — pago, pa**gh**i, paga, pa**gh**iamo, ...

Verben auf -ciare, -giare und -sciare verlieren das -i- ihres Stamms vor Endungen, die mit -i oder -e anfangen.

ba**ciare** — bac**i**, bac**iamo**, ...
man**giare** — mang**erò**, mang**erai**, ...
la**sciare** — lasc**iamo**, lasc**erete**, ...

Bei Verben auf -iare entfällt das unbetonte -i- vor dem -i der Endung.

stud**iare** — studio, st**u**d**i**, studia, stud**iamo**, ...

Das betonte -i- bleibt jedoch erhalten.

avv**iare** — avvio, avv**ii**, avvia, avv**iino**, ...

Achtung! Bei Verben auf -cere und -gere variiert die Aussprache von -c- und -g- je nach der Endung, es wird also kein Buchstabe eingefügt oder geändert.

vin**cere** — vin**c**o, vin**c**i, vin**c**e, vin**c**iamo, ...
leg**gere** — leg**g**o, leg**g**i, leg**g**e, leg**g**iamo, ...

Doch keine Regel ohne Ausnahme: Bei cuocere wird die Aussprache der Grundform beibehalten und daher vor -a und -o ein -i- eingeschoben, d. h. also: c wird ci.

cuo**cere** — cuo**ci**o, cuoci, cuoce, cuo**ci**amo, ...

Aber: Verben auf -cere, die das Participio passato regelmäßig auf -uto bilden, erhalten vor dieser Endung zusätzlich ein -i-.

pia**cere** — piac**i**uto
conos**cere** — conosc**i**uto

Bei Verben, die auf -cire enden, wird vor den Endungen -a und -o ein -i- eingeschoben, d.h. also: c wird ci.

cu**cire** — cuc**i**o, cuci, cuc**i**ono, ...

Achtung! Bei Verben auf -gire wird die Aussprache von -g- durch die Endung bestimmt, d. h. es erfolgt keine Änderung.

fug**gire** — fug**g**o, fug**g**i, fug**g**e, ...

Das reflexive Verb

Es gibt reflexive Verben auf -are, -ere und -ire; ihre Konjugation richtet sich nach den allgemeinen Regeln, allerdings mit zwei wichtigen Unterschieden:

1. Die Reflexivpronomen mi, ti, si, ci, vi, si stehen immer beim Verb, und zwar in der Regel vor dem Verb.

2. Reflexive Verben werden in den zusammengesetzten Zeiten immer mit essere konjugiert. Das Partizip richtet sich dabei in Geschlecht und Zahl nach dem Subjekt.

Wenn ein reflexives Verb zusammen mit einem Modalverb (volere, potere, dovere) auftritt, steht:

1. als Hilfsverb essere, wenn das Reflexivpronomen vor dem konjugierten Verb steht:
   Mi sono dovuta lavare. *Ich musste mich waschen.*

2. als Hilfsverb avere, wenn das Reflexivpronomen an den Infinitiv angehängt wird:
   Ho dovuto lavarmi. *Ich musste mich waschen.*

Die Hilfsverben 

Mit den Hilfsverben essere und avere werden die zusammengesetzten Zeiten gebildet.

Mit avere werden verbunden:

- alle transitiven Verben (Verben mit einem direkten Objekt)
  Ho mangiato una pizza. *Ich habe eine Pizza gegessen.*

- manche intransitive Verben (Verben ohne direktes Objekt)
  Ha riso. *Er hat gelacht.*

- folgende Verben – im Gegensatz zum Deutschen:

camminare	*gehen, laufen*
girare	*schlendern, herumlaufen; herumfahren*
nuotare	*schwimmen*
passeggiare	*spazieren gehen*
sciare	*Ski fahren*
viaggiare	*reisen*

Ein Beispiel:
Hai viaggiato molto? *Bist du viel gereist?*

Mit essere werden verbunden:

- die meisten Verben, die eine Bewegung, einen Wechsel oder das Beibehalten eines Zustands bezeichnen (wie im Deutschen), wie z. B. andare *(gehen)*, cadere *(fallen)*, diventare *(werden)*, entrare *(betreten)*, morire *(sterben)*, nascere *(geboren werden)*, rimanere *(bleiben)*.

- reflexive (und reflexiv gebrauchte) Verben

Mi sono lavata i capelli.	*Ich habe mir die Haare gewaschen.*
Si è mangiato tutta la torta.	*Er hat den ganzen Kuchen gegessen.*

- unpersönliche und unpersönlich gebrauchte Verben

È piovuto tutta la notte.	*Es hat die ganze Nacht geregnet.*
È successo di tutto.	*Es ist alles Mögliche passiert.*
Si è discusso a lungo.	*Man hat lange diskutiert.*

- Die Verben, die die Wetterlage ausdrücken, werden in der Umgangssprache oft mit avere verbunden:

Stanotte è / ha nevicato.	*Heute Nacht hat es geschneit.*

- die Modalverben dovere, potere, volere, wenn auf sie ein Verb folgt, das essere verlangt:

Non sono potuta venire.	*Ich konnte nicht kommen.*

- im Gegensatz zum Deutschen werden folgende Verben mit essere verbunden:

bastare	*reichen, genügen*
costare	*kosten*
dispiacere	*leidtun*
durare	*dauern*
esistere	*existieren*
parere	*scheinen*
piacere	*gefallen*
servire	*nützen, dienen*

  Ein Beispiel:

Il film è durato tre ore.	*Der Film hat drei Stunden gedauert.*

Bei der Bildung mit essere richtet sich das Partizip in Geschlecht und Zahl nach dem Subjekt.

Der Indikativ

Der Indikativ wird meist gebraucht, wenn ein Geschehen als wahr dargestellt wird. Im Indikativ können drei Zeitstufen unterschieden werden:

Vorzeitigkeit	*Gleichzeitigkeit*	*Nachzeitigkeit*
Passato prossimo Imperfetto Passato remoto Trapassato prossimo Trapassato remoto	Presente	Futuro semplice Futuro anteriore

Das Presente

Das Präsens wird aus dem Stamm des Verbs + den folgenden Endungen gebildet:
Verben auf -are: -o, -i, -a, -iamo, -ate, -ano
Verben auf -ere: -o, -i, -e, -iamo, -ete, -ono
Verben auf -ire: -o, -i, -e, -iamo, -ite, -ono

Das Presente (Präsens) wird benutzt für:

1. Zustände oder Handlungen,
- die sich in der Gegenwart abspielen:
  Oggi piove. — *Heute regnet es.*
- die bis in die Gegenwart dauern:
  Abito a Pisa da cinque anni. — *Ich wohne seit fünf Jahren in Pisa.*

2. Gewohnheiten:
   La sera mi piace leggere un libro. — *Abends lese ich gerne ein Buch.*

3. zeitlos gültige Feststellungen:
   Lavorare stanca. — *Arbeiten ermüdet.*

4. eine zukünftige Handlung, die als sicher angesehen wird:
   Domani parto. — *Morgen fahre ich weg.*

5. historisches Presente: Von der Vergangenheit wird berichtet, als ob es Gegenwart wäre; dient dazu dramatisch / lebhaft zu erzählen:
   Nel 1969 Neil Armstrong sbarca sulla luna. — *1969 landet Neil Armstrong auf dem Mond.*

Das Passato prossimo

Das Passato prossimo (Perfekt) wird aus einer Präsensform des Hilfsverbs (essere oder avere) und dem Partizip Perfekt gebildet:

Das Passato prossimo (Perfekt) bezeichnet:

1. vergangene Handlungen, deren Folgen noch in der Gegenwart andauern:
   Gino mi ha scritto una lettera; devo rispondergli. — *Gino hat mir einen Brief geschrieben; ich muss ihm darauf antworten.*
2. Handlungen, die gerade eben passiert sind:
   Siamo appena arrivati. — *Wir sind gerade angekommen.*
3. Handlungen, die sich in einem Zeitraum abgespielt haben, der noch andauert:
   Che cosa hai fatto oggi? — *Was hast du heute gemacht?*
4. in manchen Fällen Handlungen, die in der Zukunft abgeschlossen werden (anstelle des Futuro anteriore):
   Alle tre ho finito e passo a prenderti. — *Um drei bin ich fertig, ich hole dich dann ab.*

Das Passato remoto

Das Passato remoto (historisches Perfekt) wird aus dem Stamm des Verbs + den folgenden Endungen gebildet:
Verben auf -are: -ai, -asti, -ò, -ammo, -aste, -arono
Verben auf -ere: -ei, -esti, -é, -emmo, -este, -erono
Die 1. und 3. Person Singular und die 3. Person Plural der Verben auf -ere haben auch noch eine Langform auf -etti, -ette und -ettero.
Verben auf -ire: -ii, -isti, -ì, -immo, -iste, -irono

Das Passato remoto (historisches Perfekt) bezeichnet einen in der Vergangenheit abgeschlossenen Vorgang, unabhängig von seinen Auswirkungen auf die Gegenwart. Die Dauer oder Häufigkeit des Vorgangs ist dabei nicht von Belang:

Petrarca visse ad Avignone. — *Petrarca lebte in Avignon.*
Manzoni morì nel 1873. — *Manzoni starb 1873.*

Der Unterschied zwischen Passato remoto und Passato prossimo besteht im unterschiedlichen Grad der „Gegenwartsnähe“: Während das Passato prossimo die „Aktualität“ von Handlungen unterstreicht, rückt sie das Passato remoto in eine entferntere Vergangenheit. Vergleichen Sie die folgenden zwei Beispiele:

Italo Svevo ha scritto "La Coscienza di Zeno". — *Italo Svevo hat „La Coscienza di Zeno" geschrieben.*

Passato prossimo: Betonung liegt auf Aktualität. Svevo ist der Autor des Buches, das Buch gibt es, wir können es heute lesen.

Italo Svevo scrisse "La Coscienza di Zeno" dal 1919 al 1923. — *Italo Svevo schrieb „La Coscienza di Zeno" von 1919 bis 1923.*

Passato remoto: Anfang und Ende der Handlung stehen im Vordergrund, die Handlung ist in der Vergangenheit abgeschlossen.

In der gesprochenen Sprache wird in Norditalien das Passato prossimo immer mehr anstelle des Passato remoto verwendet; das Passato remoto wird weiterhin in der Schriftsprache benutzt, insbesondere als Erzählzeit. In Süditalien werden sowohl das Passato prossimo als auch das Passato remoto gebraucht mit der Tendenz, auch ganz nahe Ereignisse im Passato remoto wiederzugeben. Nur in Mittelitalien werden Passato prossimo und Passato remoto streng auseinandergehalten.

Das Imperfetto

Das Imperfetto (Imperfekt) wird aus dem Stamm des Verbs + den folgenden Endungen gebildet:
Verben auf -are: -avo, -avi, -ava, -avamo, -avate, -avano
Verben auf -ere: -evo, -evi, -eva, -evamo, -evate, -evano
Verben auf -ire: -ivo, -ivi, -iva, -ivamo, -ivate, -ivano

Das Imperfetto (Imperfekt) bezeichnet:

1. vergangene Handlungen, Vorgänge oder Zustände, die als nicht abgeschlossen angesehen werden (Hintergrundschilderung):
   Il cavallo galoppava nella foresta. — *Das Pferd lief im Galopp durch den Wald.*
   Nevicava fitto fitto. — *Es schneite heftig.*
   Mio fratello stava male. — *Meinem Bruder ging es schlecht.*
2. in der Vergangenheit regelmäßig wiederholte Handlungen:
   Da piccola giocavo sempre fuori. — *Als ich klein war, spielte ich immer draußen.*

Weitere Verwendungen des Imperfetto:

3. abgeschwächte, höfliche Darstellung eines Anliegens / eines Einwandes / einer Absage:
   Buongiorno, volevo parlare con Lucia. — *Guten Tag, ich wollte Lucia sprechen.*

4. umgangssprachlicher Ersatz für:
- das Condizionale passato
  Potevi dirmelo. — *Das hättest du mir sagen können.*
  statt: Avresti potuto dirmelo.
- das Congiuntivo trapassato
  Se venivi prima, ce la facevamo. — *Wärst du früher gekommen, hätten wir's geschafft.*
  statt: Se fossi venuto prima, ce l'avremmo fatta.

Gegenüberstellung von Imperfetto und Passato prossimo

1. Wenn mehrere Vorgänge in der Vergangenheit gleichzeitig nebeneinander verlaufen, ohne zu einem Abschluss zu kommen, so stehen sie alle im Imperfetto:
   Mentre lavoravo, mio marito guardava la Formula Uno. — *Während ich arbeitete, sah sich mein Mann die Formel Eins an.*
2. Ist von zwei vergangenen Geschehen das eine noch im Verlauf, während das zweite einsetzt, so steht das erste im Imperfetto, und das zweite im Passato prossimo:
   Mentre lavoravo, è suonato il telefono. — *Während ich arbeitete, hat das Telefon geklingelt.*
3. Wenn mehrere in sich abgeschlossene Vorgänge der Vergangenheit aufeinanderfolgen, stehen sie im Passato prossimo:
   È suonato il telefono, così mi sono alzata e ho risposto. — *Das Telefon hat geklingelt, deshalb bin ich aufgestanden und bin rangegangen.*

Hier noch eine kleine Hilfe, welche Zeitform Sie wann benutzen:
Als Begleitumstände zählen Beschreibungen, Kommentare, Erklärungen, Begründungen, Absichten usw. Sie müssen zeitlich ohne Begrenzung dargestellt sein. Dann wird das Imperfetto benutzt.
Die Ereignisse der Handlungskette werden oft durch Signalwörter wie improvvisamente, allora, poi usw. angezeigt. Zur Darstellung der Handlungskette wird das Passato prossimo verwendet.

Bei einigen Verben ergibt sich ein Bedeutungsunterschied, je nachdem, ob sie im Imperfetto oder im Passato prossimo stehen (im Deutschen wird es durch zwei verschiedene Verben wiedergegeben):

avere	Avevo paura.	*Ich hatte Angst.*
	Ho avuto paura.	*Ich bekam Angst.*

Imperfetto oder Passato prossimo?

conoscere	Lo conoscevo dal 1995.	*Ich kannte ihn seit 1995.*
	L'ho conosciuto nel 1995.	*Ich habe ihn 1995 kennengelernt.*
sapere	Lo sapevi?	*Wusstest du das?*
	Da chi l'hai saputo?	*Von wem hast du das erfahren?*
sentirsi	Si sentiva male.	*Er fühlte sich schlecht.*
	Si è sentito male.	*Es wurde ihm schlecht.*

Das Futuro und das Futuro anteriore

Das Futuro (Futur I) wird aus dem Infinitiv des Verbs ohne -e + den folgenden Endungen gebildet: -ò, -ai, -à, -emo, -ete, -anno.
Dabei wird jedoch bei den Verben auf -are das -a- zu einem -e-, also trovare – troverò.

Das Futuro (Futur I) wird verwendet, um

1. Handlungen oder Zustände auszudrücken, die in der Zukunft liegen:
   Arriverò domani. — *Ich werde morgen ankommen.*
2. eine Vermutung auszudrücken:
   Il mio dentista avrà quarant'anni. — *Mein Zahnarzt dürfte 40 Jahre alt sein.*
3. einen Befehl auszudrücken:
   Farai quello che dico io! — *Du wirst tun, was ich dir sage!*

Das Futuro anteriore (Futur II) wird aus einer Futurform des Hilfsverbs (essere oder avere) und dem Partizip Perfekt gebildet:

Das Futuro anteriore (Futur II) bezeichnet:

1. Handlungen oder Zustände, die vor anderen Handlungen in der Zukunft stattfinden (eine Art „Vergangenheit in der Zukunft"):
   Quando lo avrai visto, — *Wenn du ihn gesehen hast*
   capirai perché dico questo. — *wirst du verstehen, warum ich das sage.*
   Ti telefonerò appena sarò arrivato. — *Ich rufe dich an, sobald ich angekommen bin.*

   In der Umgangssprache wird in diesen Fällen häufig auch das einfache Futuro gebraucht, oder – im Zusammenhang mit dem als Futuro gebrauchten Presente – das Passato prossimo:

Futuro	Ti telefonerò	*Ich werde dich anrufen,*
Futuro anteriore	appena sarò arrivato.	*sobald ich angekommen bin.*
Futuro	Ti telefonerò	*Ich werde dich anrufen,*
Futuro	appena arriverò.	*sobald ich ankomme.*

Presente Ti telefono *Ich rufe dich an,*
Passato prossimo appena sono arrivato. *sobald ich angekommen bin.*

2. eine Vermutung in der Vergangenheit:
   Saranno state le otto. *Es wird 8 Uhr gewesen sein.*

Der Imperativo – Die Befehlsform

Zu den Formen des Imperativs:

- Fast alle Imperativformen stimmen mit den Präsensformen überein, außer bei den Verben auf -are, die den Imperativ der 2. Person Singular auf -a bilden (z. B. mangia!, studia!).
- Der verneinte Imperativ der 2. Person Singular wird mit non + Infinitiv gebildet, z. B.:
  Non fumare! *Rauche nicht!*
  Non parlare! *Sprich nicht!*
- Der Imperativ der Höflichkeitsform stammt aus den Formen des Congiuntivo presente:
  Congiuntivo: Vuole che vada via. *Er/Sie will, dass ich weggehe.*
  Imperativo: (Lei) vada via! *Gehen Sie weg!*

Der Condizionale

Der Condizionale (Konditional I) wird aus dem Infinitiv des Verbs ohne -e + den folgenden Endungen gebildet: -ei, -esti, -ebbe, -emmo, -este, -ebbero.
Dabei wird jedoch bei den Verben auf -are das -a- zu einem e, also trovare – troverei.

Der Condizionale (Konditional I) wird verwendet:

1. in Bedingungssätzen, um etwas Mögliches oder Irreales auszudrücken:
   Se fossi ricchissima, viaggerei molto. *Wenn ich sehr reich wäre, würde ich viel verreisen.*
2. zum Ausdruck eines Wunsches:
   Vorrei andare in Australia. *Ich würde gerne nach Australien fliegen.*
3. zum Ausdruck einer höflichen Bitte oder Aufforderung:
   Ti dispiacerebbe aprire la porta? *Würde es dir etwas ausmachen, die Tür zu öffnen?*
4. zur Abschwächung von Aussagen:
   Secondo me sarebbe il caso di scusarsi. *Meiner Meinung nach wäre es angebracht, sich zu entschuldigen.*
5. zur vorsichtigen Wiedergabe von Nachrichten:
   Secondo alcune indiscrezioni, il presidente sarebbe stato visto in un locale del centro. *Einigen Gerüchten zufolge sei der Präsident in einem Lokal in der Stadtmitte gesehen worden.*

6. zum Ausdruck einer gewissen Skepsis:
   E quanto hai detto che costerebbe? — *Und was hast du gemeint, was es kosten soll?*

Der Condizionale passato (Konditional II) wird aus einer Konditionalform des Hilfsverbs (essere oder avere) und dem Partizip Perfekt gebildet. Er wird verwendet:

1. in Bedingungssätzen, um etwas Irreales auszudrücken:
   Se fossi uscita prima, sarei arrivata puntuale.
   Wenn ich früher losgegangen wäre, wäre ich pünktlich gekommen.
2. in der indirekten Rede, um die Nachzeitigkeit zu bezeichnen (Zukunft in der Vergangenheit):
   Dissi che l'avrei fatto subito. — *Ich sagte, dass ich es gleich tun würde.*

Der Congiuntivo 

Während der Indikativ ein Geschehen als wahr und objektiv darstellt, tritt mit dem Congiuntivo (Konjunktiv) die Subjektivität in den Vordergrund.

Indicativo	
Carlo è malato.	*Carlo ist krank.*
Congiuntivo	
Mi dispiace che Carlo sia malato. Temo che Carlo sia malato.	*Es tut mir leid, dass Carlo krank ist.* *Ich fürchte, dass Carlo krank ist.*

Der Congiuntivo wird aus dem Stamm des Verbs + den folgenden Endungen gebildet:
Verben auf -are: -i, -i, -i, -iamo, -iate, -ino
Verben auf -ere und -ire: -a, -a, -a, -iamo, -iate, -ano

Der Congiuntivo (Konjunktiv) steht in Nebensätzen nach bestimmten Konjunktionen bzw. nach Verben, die einen Nebensatz mit che einleiten. Er wird von den Konjunktionen bzw. Ausdrücken automatisch ausgelöst. Er steht nach:

- Verben / Ausdrücken des Meinens und Glaubens
  Penso che mia madre debba consultare un medico. — *Ich denke, dass meine Mutter einen Arzt konsultieren sollte.*
- Verben / Ausdrücken der Willensäußerung / Hoffnung / Erlaubnis / des Verbietens
  Voglio che lui mi dia una risposta. — *Ich möchte, dass er mir eine Antwort gibt.*

- Verben / Ausdrücken der Gefühlsäußerung
  Sono contenta che tu mi venga a trovare. — *Ich freue mich, dass du mich besuchst.*
- Verben / Ausdrücken des Zweifelns und der Unsicherheit
  Dubito che dica la verità. — *Ich bezweifle, dass er / sie die Wahrheit sagt.*
- unpersönlichen Verben / Ausdrücken
  Può darsi che io abbia ragione. — *Es kann sein, dass ich recht habe.*

Der Bedingungssatz

Im Italienischen wird die Konstruktion mit dem Bedingungssatz periodo ipotetico genannt. Die Konstruktion besteht aus dem durch se eingeleiteten Satz, der die Bedingung enthält, und dem Hauptsatz, in dem die Folge dargestellt wird. Im Deutschen entspricht dieser Konstruktion das Prinzip *wenn ..., dann ...* Je nachdem, wie wahrscheinlich die Bedingung und die Folge sind, werden unterschiedliche Zeitformen verwendet.

1. Reale Hypothese = Bedingung und Folge sind sehr wahrscheinlich.

se + Indikativ + Indikativ	
Se esco con questo tempo, mi ammalo / ammalerò.	*Wenn ich bei diesem Wetter rausgehe, werde ich krank (werden).*
se + Indikativ + Condizionale presente	
Se ti impegni di più, potresti riuscirci.	*Wenn du dir mehr Mühe gibst, könntest du es schaffen.*
se + Indikativ + Imperativo	
Se esci, comprami le sigarette.	*Falls du rausgehst, kauf mir Zigaretten.*

2. Mögliche Hypothese = Bedingung und Folge sind zwar möglich, aber nicht sehr wahrscheinlich.

se + Congiuntivo imperfetto + Condizionale presente	
Se mangiassi regolarmente, non avresti mal di stomaco.	*Wenn du regelmäßig essen würdest, hättest du keine Magenschmerzen.*
se + Congiuntivo imperfetto + Imperativo	
Se ti sentissi male, telefonami.	*Falls es dir schlecht gehen sollte, ruf mich an.*

3. Irreale Hypothese = Bedingung und Folge sind unmöglich.

se + Congiuntivo imperfetto + Condizionale presente	
Se vincessi alla lotteria, comprerei una villa al mare.	*Wenn ich im Lotto gewinnen würde, würde ich mir eine Villa am Meer kaufen.*
se + Congiuntivo trapassato + Condizionale passato	
Se fosse stato al posto mio, non l'avrebbe fatto.	*Wenn er an meiner Stelle gewesen wäre, hätte er es nicht gemacht.*
se + Congiuntivo trapassato + Condizionale presente	
Se fossimo arrivati in tempo, i negozi sarebbero ancora aperti.	*Wenn wir rechtzeitig gekommen wären, wären die Läden noch offen.*

Das Gerundium

Das Gerundium wird folgendermaßen gebildet:

- bei Verben auf -are: Infinitivstamm + -ando.

  Beispiel: pensare: pens- + -ando = pensando
- bei Verben auf -ere und -ire: Infinitivstamm + -endo.

  Beispiel: vedere: ved- + -endo = vedendo
  sentire: sent- + -endo = sentendo

Das Gerundium wird benutzt, um Nebensätze zu verkürzen. Meist hat das Gerundium das gleiche Subjekt wie der Hauptsatz. Die Übersetzung dieser Konstruktion ins Deutsche hängt von der Funktion ab. Die Funktion des Gerundiums können Sie am besten aus dem Zusammenhang ableiten:

1. Betonung der Gleichzeitigkeit
   Uscendo di casa si è ricordato di aver dimenticato la borsa. — *Als er das Haus verließ, erinnerte er sich daran, dass er die Tasche vergessen hatte.*
2. Grund
   Essendo stanca, rimasi a casa. — *Da ich müde war, blieb ich zu Hause.*
3. Art und Weise, Mittel
   Sbagliando s'impara. — *Aus Fehlern lernt man.*
4. Bedingung, Voraussetzung
   Prendendo un taxi ce la facciamo. — *Wenn wir ein Taxi nehmen, schaffen wir es.*

5. Einräumung (mit pur!)
   Pur avendo tempo, non avevo voglia di vederlo. — *Obwohl ich Zeit hatte, hatte ich keine Lust ihn zu sehen.*

6. Folge
   La tazza mi è scivolata, rompendosi in mille pezzi. — *Die Tasse ist mir entglitten und in tausend Stücke zersprungen.*

Der Infinitiv

Die drei Konjugationsklassen der Verben bilden den Infinitiv Präsens durch Anhängen der Endungen -are, -ere und -ire an den Verbstamm: visitare - vedere - uscire

Der Infinitiv ohne Präposition

1. nach unpersönlichen Verben und Ausdrücken. Dazu gehören: basta, bisogna, conviene *(es ist besser)*, mi interessa, mi fa piacere, mi piace, è bene / meglio / possibile usw.:
   È interessante visitare chiese romaniche. — *Es ist interessant, romanische Kirchen zu besichtigen.*
   È un piacere incontrarti! — *Es ist eine Freude, dich zu treffen!*
   Bisogna andarci. — *Man muss hingehen.*
2. nach che + Substantiv im Ausruf:
   Che bello rivederti! — *Wie schön, dich wiederzusehen!*
3. nach den Verben amare, desiderare, intendere, osare, preferire:
   Amo bere il tè d'inverno. — *Ich liebe es, im Winter Tee zu trinken.*

Wie im Deutschen steht der Infinitiv ohne Präposition:

4. nach den Verben dovere, potere, sapere, volere, fare, lasciare:
   Non posso uscire, devo studiare. — *Ich kann nicht ausgehen, ich muss lernen.*
5. nach Verben der Wahrnehmung, z. B. vedere, sentire, guardare:
   Guardo mio figlio dormire. — *Ich schaue meinem Sohn beim Schlafen zu.*

Der Infinitiv steht darüber hinaus auch in den folgenden Fällen (die im Deutschen keine Entsprechung finden) ohne Präposition:

6. in emphatischen Aussagen und Fragesätzen:
   Io chiedergli scusa?! — *Ich soll mich entschuldigen?!*
7. in indirekten Fragesätzen:
   Non so come fare. — *Ich weiß nicht, wie ich es tun soll.*

8. in Relativsätzen zum Ausdruck einer Möglichkeit:
   Tutti hanno bisogno di qualcuno con cui parlare. — *Alle brauchen jemanden, mit dem sie reden können.*
9. in Arbeitsanweisungen und Aufforderungen:
   Leggere le avvertenze prima dell'uso. — *Vor der Benutzung die Gebrauchsanweisung lesen.*
10. im verneinten Imperativ der Du-Form:
    Non litigare con tuo fratello! — *Streite dich nicht mit deinem Bruder!*

Der Infinitiv mit di

Der Infinitiv mit di steht nach den Verben, die sonst ein direktes Objekt haben: Dazu gehören z. B.: ammettere di *(zugeben)*; aspettare di *(warten)*; credere di *(glauben)*; decidere di *(beschließen)*; dichiarare di *(erklären)*; dimenticare di *(vergessen)*; dire di *(sagen)*; evitare di *(vermeiden)*; finire di *(aufhören)*; giurare *(schwören)*; ricordare di *(sich erinnern)*; rifiutare di *(ablehnen)*; smettere di *(aufhören)*; sognare di *(träumen)*.

Ho giurato di non venirci più.	*Ich habe mir geschworen, nicht mehr herzukommen.*
Mi ha detto di aver comprato una casa.	*Er hat mir gesagt, dass er ein Haus gekauft hat.*

Außerdem kann der Infinitiv mit di nach folgenden Verben stehen: dubitare di *(Bedenken haben)*; accusare di *(anklagen)*; pregare / chiedere / domandare di *(bitten)*; consigliare di *(raten)*; permettere di *(erlauben)*; proporre di *(vorschlagen)*; pentirsi di *(bereuen)*; vergognarsi di *(sich schämen)*.

Der Infinitiv mit di steht auch nach den folgenden Ausdrücken:

- avere bisogno *(brauchen)*; avere tempo *(Zeit haben)*; avere voglia *(Lust haben)*; avere intenzione *(die Absicht haben)*; avere la possibilità *(die Möglichkeit haben)*; avere paura *(Angst haben)*; avere il coraggio *(den Mut haben)*; avere il dovere *(die Pflicht haben)*; avere il diritto *(das Recht haben)*:

  Ho voglia di andare a teatro. — *Ich habe Lust, ins Theater zu gehen.*

- mit **essere**:
  essere capace *(fähig sein)*; essere certo / sicuro *(sicher sein)*; essere contento / felice *(froh sein)*; essere convinto *(überzeugt sein)*; essere fiero / orgoglioso *(stolz sein)*; essere libero *(frei sein)*; essere stanco *(es satt haben)*:

  Sono stanco di sopportare questi rumori. — *Ich habe es satt, diese Geräusche zu ertragen.*

Der Infinitiv mit a

Der Infinitiv mit a steht:

1. nach Verben der Bewegung (andare, venire usw.) und des Bleibens (stare, rimanere usw.):
   Andiamo a mangiare. *Gehen wir essen.*
   Rimaniamo a chiacchierare. *Plaudern wir noch eine Weile.*
2. nach folgenden Verben:
   abituarsi *(sich gewöhnen)*; aiutare *(helfen)*; cominciare *(anfangen)*; continuare *(weitermachen)*; convincere *(überzeugen)*; costringere / obbligare *(zwingen)*; divertirsi *(Spaß haben)*; imparare *(lernen)*; invitare *(auffordern)*; prepararsi *(sich vorbereiten)*; provare a *(versuchen)*; rinunciare *(verzichten)*; riuscire *(es fertig bringen)*:
   Sei riuscito a vederlo? *Hast du es geschafft, ihn zu treffen?*
3. nach manchen Adjektiven, wie z. B.:
   abituato/a *(gewohnt)*, adatto/a *(geeignet)*, deciso/a *(entschlossen)*, pronto/a *(bereit)*:
   Sei pronto ad affrontare tutte le difficoltà? *Bist du bereit, alle Schwierigkeiten zu meistern?*
4. nach avere difficoltà und fare fatica:
   Ho difficoltà / faccio fatica a capirlo. *Ich habe Mühe, ihn zu verstehen.*

Der Infinitiv mit da

Der Infinitiv mit da steht:

1. zur Angabe der Bestimmung (vor allem nach che cosa, qualcosa, niente, molto, tanto, poco), des Zwecks oder der Notwendigkeit:
   Ho tanto da fare. *Ich habe viel zu tun.*
   Dammi qualcosa da bere. *Gib mir etwas zu trinken.*
2. zur Angabe der Folge (così / tanto + Adjektiv / Adverb):
   Chi è cosi gentile da aiutarmi? *Wer ist so nett und hilft mir?*
3. nach essere mit passivischer Bedeutung:
   Questo progetto è ancora da approvare. *Dieser Entwurf muss noch genehmigt werden.*